文史资料选辑

【第一七一辑】

全国政协文化文史和学习委员会 主办

中国政协文史馆 编

中国文史出版社

图书在版编目（CIP）数据

文史资料选辑 . 第 171 辑／中国政协文史馆编. —北京：中国文史出版社，2018.4

ISBN 978-7-5205-0378-5

Ⅰ.①文… Ⅱ.①中… Ⅲ.①文史资料 – 中国 Ⅳ.①K250.6

中国版本图书馆 CIP 数据核字（2018）第 145820 号

责任编辑：王文运　　　　　装帧设计：王　琳　欧阳春晓

出版发行：**中国文史出版社**

社　　址：北京市海淀区西八里庄路 69 号　　邮编：100142

电　　话：010 – 81136606　81136602　81136603（发行部）

传　　真：010 – 81136655

印　　装：北京温林源印刷有限公司　　邮编：102445

经　　销：全国新华书店

开　　本：787mm×1092mm　1/16

印　　张：25

字　　数：356 千字

印　　数：7500 册

版　　次：2019 年 12 月北京第 1 版

印　　次：2019 年 12 月第 1 次印刷

定　　价：78.00 元

出版说明

　　1948 年 4 月 30 日中共中央发布"五一口号"，号召迅速召开政治协商会议，成立民主联合政府，引起社会各界热烈响应。大批民主党派、无党派民主人士从香港、国统区、海外等地秘密奔赴解放区协商建国，拉开了具有中国特色多党合作、政治协商的大幕。

　　值此"五一口号"发布 70 周年之际，本辑将当时秘赴解放区的亲历者、见证者、亲闻者散见于各种文集、传记中的回忆文章汇编成一册，作为纪念专辑，展现这段中国共产党人与各民主党派、无党派民主人士安危与共、肝胆相照，为筹备新政治协商会议、建立新中国所发生的鲜为人知的历史真实，以此缅怀先辈，铭记历史。

　　需要说明的是，本辑收入的文章大多源自回忆，难免有与史实抵牾之处，为保持原貌供学术研究起见，未作相应的改订。

　　本书为中国政协文史馆 2016 年 10 月启动的"民主人士北上，新政协筹备会及政协第一届全体会议"文史项目系列成果之一。

2018 年 4 月

目 录

中共中央发布纪念"五一"劳动节口号

（1948 年 4 月 30 日）

　　中国共产党中央委员会发布 1948 年"五一"劳动节口号如下：

　　（一）今年的"五一"劳动节，是中国人民走向全国胜利的日子。向中国人民的解放者中国人民解放军全体将士致敬！庆祝各路人民解放军的伟大胜利！

　　（二）今年的"五一"劳动节，是中国人民死敌蒋介石走向灭亡的日子，蒋介石做伪总统，就是他快要上断头台的预兆。打到南京去，活捉伪总统蒋介石！

　　（三）今年的"五一"劳动节，是中国劳动人民和一切被压迫人民的觉悟空前成熟的日子。庆祝全解放区和全国工人阶级的团结！庆祝全解放区和全国农民的土地改革工作的胜利和开展！庆祝全国青年和全国知识分子争自由运动的前进！

　　（四）全国劳动人民团结起来，联合全国知识分子、自由资产阶级、各民主党派、社会贤达和其他爱国分子，巩固与扩大反对帝国主义、反对封建主义、反对官僚资本主义的统一战线，为着打倒蒋介石，建立新中国而共同奋斗。

　　（五）各民主党派、各人民团体、各社会贤达迅速召开政治协商会议，讨论并实现召集人民代表大会，成立民主联合政府！

　　（六）一切为着前线的胜利。解放区的职工，拿更多更好的枪炮弹药

1

和其他军用品供给前线！解放区的后方工作人员，更好地组织支援前线的工作！

（七）向解放区努力生产军火的职工致敬！向解放区努力恢复工矿交通的职工致敬！向解放区努力改进技术的工程师、技师致敬！向解放区一切努力后方勤务工作和后方机关工作的人员致敬！向解放区一切工业部门和后方勤务部门的劳动英雄、人民功臣、模范工作者致敬！

（八）解放区的职工和经济工作者，坚定不移地贯彻发展生产、繁荣经济、公私兼顾、劳资两利的工运政策和工业政策！

（九）解放区的职工，为增加工业品的产量、提高工业品的质量、减低工业品的成本而奋斗！拿更多更好的人民必需品供给市场！

（十）解放区的职工，发扬新的劳动态度，爱护工具，节省原料，遵守劳动纪律，反对一切怠惰、浪费和破坏行为，学习技术，提高生产效率！

（十一）解放区的职工，加强工人阶级的内部团结，加强工人与技术人员的团结，建立尊师爱徒的师徒关系！

（十二）解放区私营企业中的职工，与资本家建立劳资两利的合理关系，为共同发展国民经济而努力！

（十三）解放区的职工会与民主政府合作，保障职工适当的生活水平，举办职工福利事业，克服职工的生活困难。

（十四）解放区和蒋管区的职工联合起来，建立全国工人的统一组织，为全国工人阶级的解放而奋斗！

（十五）向蒋管区为生存和自由而英勇奋斗的职工致敬！欢迎蒋管区的职工到解放区来参加工业建设！

（十六）蒋管区的职工，用行动来援助解放军，不要替蒋介石匪徒制造和运输军用品！在解放军占领城市的时候，自动维持城市秩序，保护公私企业，不许蒋介石匪徒破坏！

（十七）蒋管区的职工，联合被压迫的民族工商业者，打倒官僚资本家的统治，反对美帝国主义者的侵略！

（十八）全国工人阶级和全国人民团结起来，反对美帝国主义者干涉中国内政，侵犯中国主权，反对美帝国主义者扶植日本侵略势力的复活！

（十九）中国工人阶级和各国工人阶级团结起来，反对美帝国主义者压迫亚洲、欧洲和美洲的民族解放运动、民主运动和职工运动！

（二十）向援助中国人民解放战争和援助中国职工运动的世界各国工人阶级致敬！向拒运拒卸美帝国主义和其他帝国主义援蒋物资的各国工人阶级致敬！向并肩反抗美帝国主义侵略的各国工人阶级和各国人民致敬！

（二十一）中国劳动人民和一切被压迫人民的团结万岁！

（二十二）中国人民解放战争的胜利万岁！

（二十三）中华民族解放万岁！

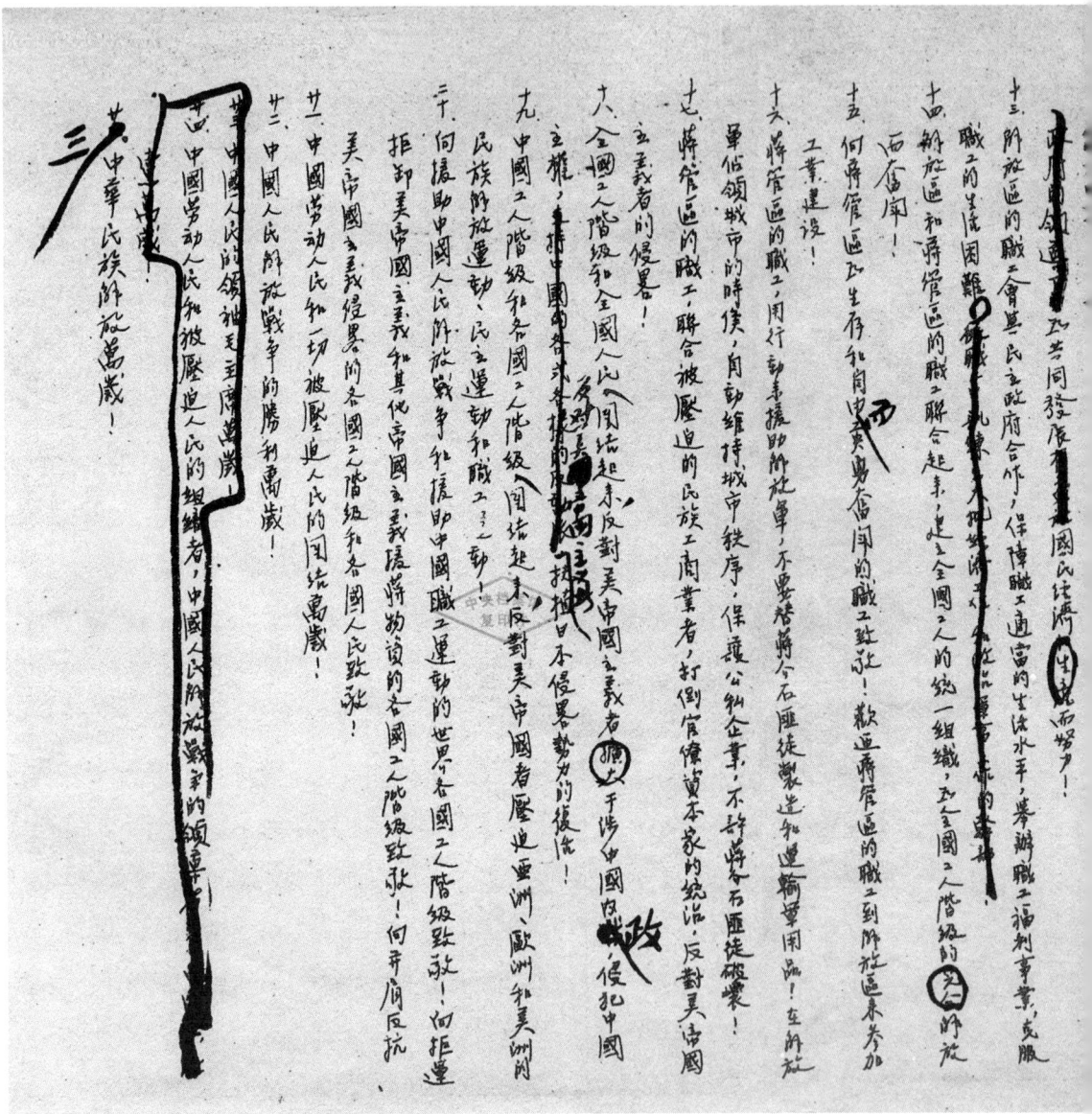

经毛泽东修改的“五一口号”原稿

（新华社陕北卅日电）中共中央为纪念一九四八年"五一"劳动节口号如下：

一、今年的五一劳动节，是中国人民走向全国胜利的日子，向中国人民的解放者中国人民解放军全体将士致敬！庆祝各路人民解放军的伟大胜利！

二、今年的五一劳动节，是中国人民死敌蒋介石走向灭亡的日子，蒋介石快要上断头台了，打到南京去，活捉伪总统蒋介石！

三、今年的五一劳动节，是中国劳动人民和一切被迫害人民迅速觉醒而成长的日子，庆祝全国劳动人民和全国农民获得土地，庆祝全国工人阶级的团结！庆祝全解放区各社会贤达齐集讨论主张建立新中国而共同奋斗！

四、全国劳动人民团结起来，和全国青年、知识份子、自由资产阶级和其他爱国份子，打倒蒋介石，建立新中国而共同奋斗！

五、各民主党派、各人民团体、各社会贤达迅速召开政治协商会议，讨论并实现召集人民代表大会，成立民主联合政府！

六、全世界劳动人民和一切爱好和平民主正义的人民与国家团结起来，反对新的战争挑拨者，保卫世界持久和平！

七、全国劳动人民更早地实现中国革命的最后胜利！

八、解放区的职工和农民加紧生产，一切为着前线的胜利，游击区的后方人员，支好地组织支援前线的工作，向解放区努力后方勤务工作的职工致敬！向解放区努力后方勤务部门的劳动英雄、模范工作者致敬！

九、解放区的职工努力增加工业品的质量、数量，提高工业品的质量，减低工业品的成本而适用！

十、解放区的职工和人民必需品供给市场，总结、发扬新的劳动态度，爱护工具、节省原料，遵守劳动纪律，反对一切怠惰、浪费和破坏行为，学习技术、提高生产效率！

各民主党派与民主人士李济深等
响应中共"五一"号召致毛泽东电

（1948 年 5 月 5 日）

中国共产党毛泽东先生，并转解放区全体同胞鉴：

南京独裁者窃权卖国，史无先例。近复与美帝国主义互相勾结，欲以伪装民主，欺蒙世界。人民虽未可欺，名器不容假借。当此解放军队所至，浆食集于道途；国土重光，大计亟宜早定。同人等盱衡中外，正欲主张，乃读贵党"五一"劳动节口号第五项："各民主党派、各人民团体及社会贤达，迅速召开政治协商会议，讨论并实现召集人民代表大会，成立民主联合政府"，适合人民时势之要求，尤符同人等之本旨，曷胜钦企。除通电国内外各界暨海外侨胞共同策进完成大业外，特此奉达，即希赐教。

李济深　何香凝（中国国民党革命委员会）

沈钧儒　章伯钧（中国民主同盟）

马叙伦　王绍鏊（中国民主促进会）

陈其尤（致公党）

彭泽民（中国农工民主党）

李章达（中国人民救国会）

蔡廷锴（中国国民党民主促进会）

谭平山（三民主义同志联合会）

郭沫若（无党派）

中共中央主席毛泽东
复各民主党派与民主人士李济深等电

（1948 年 8 月 1 日）

李济深、何香凝、沈钧儒、章伯钧、马叙伦、王绍鏊、陈其尤、彭泽民、李章达、蔡廷锴、谭平山、郭沫若诸先生，并转香港各民主党派、各人民团体及无党派民主人士公鉴：

5 月 5 日电示，因交通阻隔，今始奉悉。诸先生赞同敝党 5 月 1 日关于召开新的政治协商会议讨论并实现召集人民代表大会建立民主联合政府一项主张，并热心促其实现，极为钦佩。现在革命形势日益开展，一切民主力量亟宜加强团结，共同奋斗，以期早日消灭中国反动势力，制止美帝国主义的侵略，建立独立、自由、富强和统一的中华人民民主共和国。为此目的，实有召集各民主党派、各人民团体及无党派民主人士的代表们共同协商的必要。关于召集此项会议的时机、地点、何人召集、参加会议者的范围以及会议应讨论的问题等项，希望诸先生及全国各界民主人士共同研讨，并以卓见见示，曷胜感荷。谨电奉复，即祈谅察。

中国共产党中央委员会主席　毛泽东

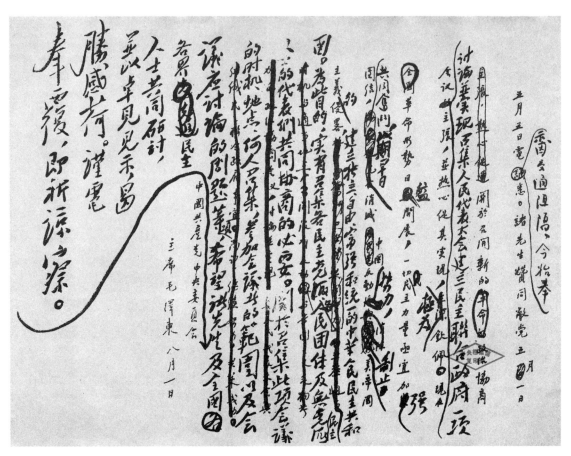

中共中央主席毛泽东复各民主党派与民主人士李济深等电文手稿

读了中共"五一口号"以后

马叙伦[*]

一

在中国历史上像唐朝陆贽替德宗写的一篇《奉天改元大赦制》，能够叫当时"骄将悍卒为之感泣"；我们如果用当时的眼光去读那篇文章，怕就是我们生在那时，也会很兴奋的。这才称得起时代文件，因为它在当时，的确起了扭转时局的作用。

同样的理由，像20多年来反动的独裁政权发表了许多的宣言和告什么什么文，真是"好话说尽"，形容得他怎样为国为民。但是，我们读了，固然一笑置之，就在他们自己人里，也觉得是又长又臭的裹脚带。这是为什么？因为没有起作用的可能，也就叫人感不到兴趣。那末，这种文章，不但称不得时代文件，倒是合了"擦屁股嫌罪过"的俗话。

中国共产党在本年5月1日为纪念劳动节发表了23个口号，被压迫到香港的我们，幸运地先听得了，我们感觉到无限的兴奋。现在我们并且晓得国内听到这个消息的人们，不论哪一方面，只除反动派以外，都"延

* 马叙伦（1885—1970），第四届全国政协副主席，民进第三、四、五届中央主席，民盟第二、三届中央副主席。曾任政务院文化教育委员会副主任，教育部、高等教育部部长。时任中国民主促进会常务理事。

马叙伦

颈企踵"希望即刻看到全文。因为他们都晓得，这些口号一定给新中国前途带来无限的喜慰。

是的，这些口号里最突出的是第五项："各民主党派、各人民团体、各社会贤达迅速召开政治协商会议，讨论并实现召集人民代表大会，成立民主联合政府。"时局发展到了今日，任何中国人（包括反动派）都晓得独裁政权虽能"沐猴而冠"，玩一套换汤不换药的把戏，虽能有美帝不断的援助，都是"无济于事"，注定了它的末日快到了，换句话说，人民的胜利已经决定了。任何人对这，已经不是感觉而是信心了。所以，可以说全国一致在企望着卖国殃民的反动的独裁政权早一日消灭，新中国的人民自己的民主政权早一日成立，在企望着真正的人民革命的领导者——中国共产党，给一个鼓励和安慰的启示。现在是得到了。

这些口号，虽然是为着纪念五一劳动节而发的，它的精神是贯彻到世界的民族解放运动、民主运动和职工运动。它的号召是普遍到全国劳动人民、全国知识分子、自由资产阶级、各民主党派、社会贤达和其他爱国分子。它的启示是巩固与扩大反对帝国主义、反对封建主义、反对官僚资本主义的统一战线，为着结束国民党反动统治，建立新中国而共同奋斗！

然而它更重要的启示，还在第五项："各民主党派、各人民团体、各社会贤达迅速召开政治协商会议，讨论并实现召集人民代表大会，成立民主联合政府。"这是一面对遵从美帝的命令，正披民主外衣、想骗取更合法的国际地位的反动的独裁政权下了另一个方式的讨伐令，意思是说你这种欺骗不了人民的伪装民主，只是小灯里的一点残火，告诉你吧，太阳就要出来了；一面对人民大众是像这样地说，我们的全面胜利快到面前了，我们该准备我们的新中国和世界见面了；另一面又告诉了美帝和世界：美帝制造成的伪装民主中国，不但是扶助了一个阿斗，也是像在热带地上装了一座冰山，一下子就变化了。所以，这次口号，实际上是对世界宣布了新中国将出现的姿态。

二

这次口号里吸引力最大的，自然是第五项了。这是任何阶级任何阶层没有不注意的。它不但是号召，已经指示了新中国形态建设的程序，和人民建立新国家基础的成分，尤其粉碎了反动集团"妖言惑众"的阴谋。

反动集团一向拿"向壁虚造"的什么共产党现在要实行无产阶级专政的口号，欺骗和恐吓人民大众，又拿什么共产党要排挤知识分子，要消灭资产阶级，不替无产阶级以外的人民谋福利等等的瞎说或故意诬蔑来离间人民大众。这固然都是它末路蠢笨的表现，但是，由于消息的被它封锁，也会有人被它迷惑的。现在由于革命势力的膨胀，解放的地方天天扩大，尤其人民解放军对俘虏的宽大，被释放的俘虏凭良心的说话，已叫反动集团无法继续造谣。而这次口号是一个对全国性的号召，把一个各方最关心的问题，在第五项里很庄严地宣布了。

这项里说明的是新中国的中央政府怎样组织起来，因为民主的全面胜利将迅速到临，不能不事先有个准备。当然，准备的是实质和形式两方面，实质自然重要过形式。实质方面，由于革命的胜利，虽然由于无产阶级的中国共产党领导，但革命的过程里，各阶级各阶层都参加了工作，而中国共产党领导的建立新中国的革命，并不像十五年国民党领导的革命一样独占了成果；并且它深切了解新中国的前程中，也要全国人民合作，所以它既不要它的一党来"专政"，并且主张一切反帝反封建的人民联合起来"专政"，这第五项口号就表示着这个意义。

政治协商会议是叫代表各阶级各阶层性的各方面拿出他们自己需要的政治主张和具体方案来，讨论出一个"衷于一是"的政治纲领，成立一个协议，来供给人民代表大会和民主联合政府的采纳。这是实现新中国的初步重要工作，同时它还要负担起人民代表大会怎样组织怎样召集的一件繁重工作。但是，新中国的基础是要建立在这一个会议上的。

政治协商会议这个名词，虽然已是历史性的，但是，这一个政协，不是继续上次的政协，它的性质完全和上次的政协不同。上次的政协，是民主和反民主、伪民主的集团妥协的。这次的政协，是民主方面的各阶级各阶层的代表自己互相商量"国是"，取得一个协议，只是"和衷共济"的而不是妥协的。这是性的不同。上次政协是反民主的反动集团做主体，而伪民主派也参加了的，这次是民主阵线的各方面自己的集合体，而中国共产党是当然的领导者。这是质的不同。

第五项里揭出的各民主党派便说明了反民主的或伪民主的并不包括在内。怎样是民主党派的标准？我敢简单地说我个人的意见：无疑地是一贯主张民主，而且有工作的表现，有群众的拥护，可以代表全国性的政治团体（中国学联应该属于这类里）。但是我以为这民主两个字还贯注到下文的各人民团体各社会贤达。这理由是显明的。人民团体比较党派来得广泛，除了合法代表各阶级各事业的农、工、商、教育等团体以外，还有文化、艺术等等，有全国性的团体，但是像中华全国文艺协会这个团体，反民主集团因为它的民主性很强，无法利用，就另外制造一个中国作家协会（名词我记不清了，是 CC 派张道藩干的）。当然，树倒猢狲散，它是会跟了反民主集团而消灭的，我不过举个例子，认为人民团体也该不包括反民主假民主的在内。社会贤达这个名词，是历史性的沿用，其实像郭沫若先生在上次政协里，就以这项资格参加的，但是郭先生现在听到这个名词在摇头了。但名词是个符号，不对可以修改的，实质是符号的来源，像上次政协里社会贤达的代表，怕除了郭先生以外，在那时，大家就觉得没有被公认的资格，结果，他们的表现是达而未必贤了。那末，这个口号是否应该修正，当然可以讨论的。至于实质上，除了他们本身在社会上不属于党派和团体而有领导资格和作用的以外，我以为还得通过民主两个字，不是可以拉黄牛当白马骑的。好在五一口号里第四项"全国劳动人民团结起来，联合全国知识分子、自由资产阶级、各民主党派、社会贤达和其他爱国分子，巩固与扩大反对帝国主义、反对封建主义、反对官僚资本主义的统一战线，为着打倒蒋介石，建立新中国而共同奋斗！"可以说已经给了一个唯一的方针，也就是我认为各人民团体、各社会贤达都得为民主奋斗才合标准的理由。

政协是人民代表大会的筹备员，不就等于人民代表大会，由为民主奋斗的各民主党派、各人民团体、各社会贤达来讨论并实现它是合理的。像辛亥革命时候，也由各参加革命的省份派出的代表协商而成立南京政府，就是先例。

我为着这第五项的重要性，所以给组织政协的成分加以个人的解释，供给讨论者参考。至于这项的目标，是在实现各革命阶级（就是反帝反封建反官僚资本的各阶级）联合专政的联合政府，建立新民主主义的共和国。

1948 年 5 月

（原载《迎来曙光的盛会——新政治协商会议亲历记》，
石光树编，中国文史出版社 1987 年版）

我秘密北上的经过

黄炎培[*]

脱离特务侦伺，进入解放区

日本就降，全国和平民主运动正在展开。1946 年 10 月 11 日蒋军突然袭取共军所驻张家口。同时颁令召集蒋方人员组织的所谓"国民大会"。我在日记上写着："完了，国共和谈从此破裂了！"从此决心留沪。除参加民盟、民建各项活动外，就上海故居，以较多时间悄然闭户读书，卖字以供生活费。方有所计划，而后发现有逻者追踪，继则特务据守荣康别墅弄口，经常侦伺行动，不离形影。无以自遣，取朱古薇辑宋词三百首，精选手钞，得长调、中调、小令共 42 首，命名《宋词隽》，以散闷怀，以掩谍目。1949 年 2 月 14 日我与爱人姚维钧乘汽车出弄，扬言赴永安公司购物。特务尾追，我们自公司前门入，边门出，坐上王艮仲预留的汽车到吴淞口，由中共同志陪同，搭特备轮船去香港。为了遮掩特务耳目，家中还大宴宾客三天。到第三天，报载黄某离开上海了。我呢，3 月 14 日偕维钧和女儿"当当"从香港去天津，3 月 25 日来北平，参加欢迎全国人民伟大领袖毛泽东主席一行自石家庄来到。

---

* 黄炎培（1878—1965），历任中央人民政府委员、政务院副总理兼轻工业部部长、全国人大常委会副委员长、全国政协副主席、民建中央委员会主任委员等职。时任民主建国会常务理事。

儿竞武的牺牲

我的儿子竞武在上海伪中央银行任职。上海解放前夕，蒋介石匪帮阴谋将中央银行全部的金银货币，秘密运往台湾。在地下党的领导下，竞武和银行职工联合发动罢工拒运，为匪帮特务侦悉，竞武忽告失踪。后来传闻匪帮在南火车站附近惨杀不少人，经人发掘，才发现竞武和另外七位革命志士的遗体埋在一堆土里，腿已被打断了。我 1949 年 6 月 25 日去上海时，才获知竞武牺牲的经过这样。

中国共产党领导中华职业教育社走向新生

中华职业教育社经历的 46 年是一个伟大的时代。社成立前三年的 1914 年，第一次世界大战爆发，在 1918 年 11 月 11 日宣布停战结束。1917 年 11 月 7 日，十月革命一声炮响，给中国人民送来马克思列宁主义。1919 年中国发生了"五四"运动，1921 年 7 月 1 日中国共产党诞生了。1927 年北伐胜利，接着蒋介石叛变革命。继 1931 年 9 月 18 日事变后，1937 年 7 月 7 日日本军阀进一步侵略中国。1939 年 9 月 1 日第二次世界大战在欧洲以法西斯德国进攻波兰开始，结束于 1945 年 5 月 7 日德国的无条件投降；在远东，以 1941 年 12 月 7 日日本偷袭美国珍珠港开始，结束于 1945 年 8 月 14 日日本宣告投降。1946 年 10 月国民党反动派悍然破坏国共和谈，中国共产党领导的人民解放战争节节取得胜利，终于把蒋介石匪帮赶出大陆，中华人民共和国于 1949 年 10 月 1 日庆告成立。中华职业教育社从此以后，发见了新生命。在反动派统治时期，它的事业年年壮大，但也遭遇到多次迫害。它之所以未被消灭，主要由于它的活动，还能适应当时环境的需要。1947 年李正文同志到职教社来，传达了中共毛主席对民族工商业的政策方针。当时我们把"发展生产，繁荣经济，公私兼顾，劳资两利"这 16 个字向部分社员和所联系的工商界作了宣传。中华职业教育社奋斗了 32 年以后，终于能在中国共产党的直接领导下，走向新生，今后将一心一意地为无产阶级政治服务，为人民群众的根本利益服务。

在中国共产党领导下代表民建会在反对
北大西洋公约联合声明上签名

黄炎培

1949 年 3 月 25 日毛主席到北京，第二天晚上主席招餐谈话。我自延安归来三年多了，除在重庆聚晤过以后，又得亲聆主席长时间的教益。3 月 31 日晚，李维汉同志交来反对北大西洋公约宣言稿，征询各党派意见。民主建国会在京常务理事即于第二天早晨在六国饭店举行紧急会议，一致同意这个稿子的内容，并公推我为代表在宣言上签名。4 月 4 日，由中国共产党毛主席领衔的 10 个民主党派负责人反对北大西洋公约的联合声明发表了。民主建国会在中国共产党领导下，同各民主党派一道，坚决反对北大西洋公约，这表明民建会在国际阶级斗争方面也否定了中间路线，把毛主席"一边倒"的指示正式接受下来了。

（节选自《八十年来》，文史资料出版社 1981 年版）

新中国向海外侨胞招手

司徒美堂[*]

旧中国由于农村破产，无法谋生，南方沿海各省跑到国外去的侨胞总数约达 1200 万人（其中南北美洲 20 万左右），他们对祖国的争取外汇，贡献实大；但也由于祖国积弱，百余年来，海外华侨成为"无母孤儿"，尝遍了甜酸苦辣的滋味。清朝政府时代，北洋军阀时代，蒋介石时代，一再派出许多人到海外去骗华侨的钱，名之曰："集合侨资，复兴中国"，"回到祖国，自由自在地经营工商业"。这正摸中了侨胞的苦闷心理，所以大家投了资，一次一次兴高采烈地回来，但又一次一次地在国内受尽冤屈，掉了本钱，咬牙切齿，返到美国，再做"骡仔"。华侨太老实，而骗子的花样又每次不同，高明的骗子，几乎每次都会得手。他们还给美国华侨起了个绰号，叫做"金山丁"，南洋华侨叫做"南洋伯"。广东人叫"笨伯"做"丁"，金山丁是"金山笨伯"的意思，你想可气不可气？

解放前，美洲华侨在广东大的投资有：（1）广东银行，后为宋子文所并吞；（2）广州电车公司，路轨做好，车也定了，当时的军阀要敲 100 万港元的竹杠始准行车，公司不愿受诈，被迫宣告破产关门；（3）宁阳铁路——即从江门经台山（新宁）到阳江的铁路，中国铁路中这是唯一民办侨资的铁路——行车数十年，抗战时被蒋介石强借铁轨，当事人又盗卖器

---

[*] 司徒美堂（1868—1955），第一、二届全国政协委员，著名爱国华侨。

材，至今荡然无存。许多矿务公司，华侨手存股票，公司早已不见；若干公路、铁路的股权，化为乌有。总之一句话：华侨一生血汗，付之东流。许多老华侨破产之后，老境凄凉，不得终其余年。

那时，华侨返国要受海关关员的敲诈、码头打手的勒索，特务官僚之布置圈套，使华侨上当。蒋军霸占侨胞房屋，侨汇美金变为蒋币废纸，华侨种种遭遇，不能尽述。

我记得有下列几件事：一位台山姓陈的华侨，抗战前存入中国银行大洋 5000 元，1948 年 12 月去提款，大洋折法币，关金折金圆券，得回金圆券四角五分，银行没有这些小额的金圆券辅币，给他一个价值五角的邮票了事，仅够买半斤米。另一位老华侨携带毕生积蓄美金万元归国，脚刚踏上广州大沙头火车站，就被蒋介石特务以不准携带金银外钞的罪名全数没收了去，老华侨抢地呼天，告诉无门，只有自杀。一位华侨回乡下盖房子，屋已上了梁，材料也都买好，国民党的书记长说他盖屋"有碍本村风水"，非要他拿出钱来消灾不可。他不给钱，宁可把房子丢了，跑回美国去，发誓再不回来。

华侨在海外饱受凌辱，回到祖国，复受鱼肉，真是一场噩梦！

可是，噩梦是到了完结的时候了，光明璀璨的中华人民共和国向"海外孤儿"招手，华侨何等高兴！一批批的人回来，人人有生存、温饱和发展的机会。另方面，过去压迫过我们的那一群四大家族的牛鬼蛇神逃到美国去了，这是一个很不错的对照。

我回到新中国

1949 年 8 月，中国人民政治协商会议前夕，我从生活过 60 多年的美国回来了，8 月中抵香港，9 月 4 日抵北平。飞机一落在香港启德机场，香港政府的警车就来监视我；我住在旅馆，有人相陪；我出街，有车子吊在尾后；我上茶楼喝茶，也决不寂寞；直至我乘岳阳轮北上，警车还送到码头上。我记得那辆十分小心地"保护"着我半个月的车子，号牌是"8692"号。

离美时，许多华侨朋友替我饯行，关心我这么年老脚跛，怎好单人独马地飞越半个地球？关心战争尚未完全结束，能不能安全开会？但众口一词地说："回去吧，带着我们华侨对祖国仰望的心回去向大会致敬，向毛主席致敬，向解放军致敬！同时请大家不要忘记海外华侨的痛苦！我们盼望这一天实在盼望得太久了……"是的，正如爱国的美洲华侨所瞩望的一样，在人民政协开幕典礼大会上，我用最炽热的声音，向毛主席和朱总司令致敬，并祝贺祖国的强盛！我回到北京以后，反动派是跳起来了，在纽约那边叫嚣，说要开除我致公堂的堂籍。民治党的喽啰却说：华侨并没选举我当代表去出席"共产党的政协"。移民局的"出番"放出恐吓空气：

毛泽东与爱国华侨领袖司徒美堂（左二）座谈

司徒美堂休想再回到美国来。联邦调查局大员四出访查，看哪一位侨胞跟我保持联络，予以警告。国民党的余孽是更加得意了，他们认为我这一走，去了他们的眼中钉，并且造成了致公堂、安良堂和其他侨团的分化。未回国之前，一些反动派和中立派和我见面时还是笑哈哈，弯腰握手，礼貌周到；回国之后，他们有着不能遏止的愤恨，啃啃狂吠露出真面目来。过去我不大能体会到"阶级斗争的残酷性"这个名词，现在上了一课，十分懂得了。

思想上解决了好几个问题

我回来已经 15 个月了，看得很多，知道得很多。单以我个人来说，解决了好几个问题。一般说来，这是大部分华侨间存在的问题：

第一，我们这个中央人民政府，不是如美国报纸所说的那样是"独裁的政府"，而是名副其实的人民民主专政的政府，由共产党领导，以工农联盟为基础的团结各民主党派、各人民团体、少数民族、爱国人士所共同组成的政府，1200 万华侨也包括在内。现在施政的纲领，是《共同纲领》，这个纲领经过政协全体代表三番四复的讨论，我本人也提过了关于"便利侨汇"的意见，为大会所接纳，写进共同纲领去。政协全国委员会第二次会议土地改革法中有关华侨土地问题的意见，我提出了几次建议，都为大家所尊重，转到侨乡作为华侨土改时的参考。又关于中华人民共和国是否要有个简称的问题，我和一些代表提出的意见，亦为大会所接受。所有这些，就是民主！我年幼失学，14 岁出门，只读过私塾四年，所知有限。但如有可取的意见，即会为大家所采用，民主的可贵处，就在于此。在美时对这一连串问题的疑虑，很快澄清。

第二，我们这个中央人民政府是一个有魄力、有效能、为人民热诚服务、使之各得其所的政府。美国报纸说我们只会打仗、搞政治，但必然在经济建设阵线上惨败，可是，决不。中央人民政府在经济阵线是胜利了。记得回国途中与回国初期我常常这样想：中国如此之大，又被蒋政权帝国主义榨得如此之穷，物价飞涨，通货贬值，天灾人祸，哀鸿遍野，怎样马上搞得好，这是一；其次，照顾得了工农，就冷落了工商，弄好了城市就疏忽了乡村，四个朋友，千头万绪，怎样合作得好？可是因为中央人民政府是由共产党领导的有魄力有效能的政府，是中国有史以来所不曾有过的好政府，经过很短时间，消灭了通货贬值物价飞涨之苦，连贯南北的京粤铁路也通了。再者经过半年的调整公私关系，使各得其所成为事实。今年3月，我返广州，路经上海，两地工商界，愁眉不展，对我诉苦；最近两三个月以来，大家都来信说"生意好转，共产党真有办法"了。至于救灾运动，一年来大力开展，解决了不少问题。如果这种灾荒是在解放以前，至少要死三几千万人呀！一年来政府的成就是巨大无比的，我的过虑是多余的。

第三，我们中国有力量。1949年10月1日我在红旗似海的天安门上参加开国大典，看见中国人民解放军，坐着卡车、驾着坦克、骑在马上、拉着大炮、列队而过，威风凛凛，军容极盛！另外还有海军。天空上则飞机盘旋。在兵器展览会里，名副其实是美国兵器展览，好家伙！解放军想要什么，杜鲁门一声"送到"。他先交给蒋介石"剿"民，人民改从蒋军手中用血肉用头颅把它夺过来。解放军消灭蒋军800万，解放全中国，中国人民靠着自己的力量（加上国际的支援）打天下，解决自己的历史命运。共产党所领导的500多万正规化解放军不再是当年的游击队，我们的雄壮兵力足以反抗帝国主义的侵略。在美时我还担心美国来打我们，我们会吃亏，这一下可太好了，我们中国真有力量，任何帝国主义敢于进犯是一定碰得头破血流的。

华侨资本的出路

在国外，华侨省吃省穿，以其每年血汗所得，寄回祖国，赡养家人，这就是侨汇的来源。侨汇经常起着繁荣侨乡经济，促进侨乡生产，支援祖国建设的积极作用。侨汇有爱国爱乡的意义。抗战期中，侨汇负担了很大一部分的抗战经费。可恨的是，旧政府侵吞了侨汇、饿死了侨眷，侨胞的血汗变为四大家族在花旗银行的私蓄。解放后，国家是人民的国家，人民政府关怀华侨的正当权益，侨汇的这种爱国意义才获得了空前的发展，发挥了更大的作用。政府又充分保障了侨眷对侨汇的所有权和使用权，因此给华侨很大的鼓舞。

《共同纲领》上"便利侨汇"的条文，政府早已把它付之实现。一年来执行结果，侨胞大感满意。据华侨来信反映，土改法上对于华侨土地房屋之规定，已打消了他们原来的疑惧。这两件事说明：华侨开始认识新中国，他们已了解华侨资本在中国还有出路，还可以安居乐业地发展一番工商业，人民政府对待华侨是采取保护和扶助的态度。以华侨那种刻苦耐劳、省吃省穿的精神，返到祖国来不是也可以获得温饱和发展么？这样，华侨资本会陆续地返回祖国，参加建设。

具体的方法，人民政府自会正确周详地拟定，一定可以保证侨资的合理发展，获得正当利润，这里我按下不谈。

（原载《回忆司徒美堂老人》，北京市政协文史资料研究委员会、广东省政协文史资料研究委员会编，中国文史出版社 1988 年版）

众星拱北　万水朝东

——忆参加第一届政协会议

朱学范 *

　　1949 年 9 月 21 日，这个伟
大的日子给我以不可磨灭的深刻
印象。毛泽东主席在一届政协开
幕词中庄严地宣告："占人类总数
四分之一的中国人从此站立起来
了！""我们的民族将再也不是一
个被人侮辱的民族了！"当时，我
激动得几乎落下了眼泪。中华民
族为了追求独立和自由，奋斗了
100 多年，如今在中国共产党的
领导下，中国人民终于站起来了。
凡我炎黄子孙，谁不振奋呢？

　　一届政协距今已经 35 年有
余，当时各民主党派、无党派和
华侨的代表性人士响应中国共产

朱学范在政协第一届全体会议上发言

　　*　朱学范（1905—1996），第五至七届全国人大常委会副委员长，第二、三、四届全国政
协常委，民革第七届中央主席、第八届名誉主席。时任中华全国总工会副主席。

党关于召开新政协的号召，从全国各地及海外纷纷赶到解放区，来到北平，汇聚在中国共产党的周围，拥护中国共产党的领导，恰似"众星拱北、万水朝东"，这是党和国家的事业兴旺发达的主要原因之一。

我是较早到达东北解放区的党外人士之一，能够以中华全国总工会代表的身份参加一届政协和参与一些筹备工作的商议活动，感到莫大的光荣。迄今回忆起来，犹历历在目，给我以鼓舞和力量。

1946 年 1 月，国民党当局在全国人民要求和平民主的压力下，被迫同意在重庆召开有国民党、共产党、民盟等其他党派和社会贤达代表参加的政治协商会议，通过了和平建国纲领等五项决议。会议期间重庆各界人民组成政治协商会议协进会，每天在沧白堂集会，邀请政协代表报告会议进展情况，以扩大政协影响。当时我担任中国劳动协会理事长，经与在渝劳协负责同志商量决定发动会员前去参加积极支持报告集会，并于 2 月 10 日与重庆各界 23 个团体在较场口广场为政治协商会议胜利召开举行庆祝大会。国民党特务、流氓肆意破坏会场，殴打大会主席团成员郭沫若、章乃器、李公朴、施复亮等知名人士，劳协组织参加大会的 500 名工人赶紧向前保护。一群暴徒便扑向劳协队伍，逢人便打，劳协队伍中很多人被打伤，有的还被打成重伤。

较场口事件发生后，周恩来、邓颖超、邓发、廖承志等领导同志先后到劳协大梁子工人福利社医院，慰问劳协受伤同志；解放区职工联合会筹备会也从延安拍来慰问与抗议国民党罪行的电报，给予我们极大的鼓励。

1946 年 6 月底，国民党以大举围攻中原解放区为起点，发动全面内战。因为劳协拥护旧政协，主张国共合作，和平建国，就成为国民党当局重点打击的对象之一。骇人听闻的"八六事件"，就是在此情势下，由国民党当局炮制出来的一幕丑剧。1946 年 8 月 6 日晨，200 多名国民党武装军警和便衣特务包围了劳协重庆工人福利社，接收了重庆所有劳协机构，逮捕了重庆福利社主任周颖等 38 人。我闻讯后，在上海举行中外记者招待会，揭露了"八六事件"的内幕。这次中外记者招待会影响很大，国民党当局摧残劳协的消息很快传遍全国、全世界。重庆《新华日报》发表《声援朱学范先生的呼吁》的社论；8月14日《中国工人》周刊举行文化界招待会的当晚，郭沫若、茅盾、叶圣陶、周建人、许广平、田汉等68位文化界著名人士，给劳协送来了热情洋溢的信件；在重庆的邓初民、李相符、史良、崔国翰等也相继发言或在《新华日报》上发表文章对国民党提出抗议。同时，我还向世界工联和苏美英法总工会呼吁，他们也纷纷来电支持劳协的斗争，抗议国民党政府的暴行；加上被捕劳协同志在法庭上坚持斗争，使国民党当局处境极为困窘。9月10日上午，蒋介石亲自邀我去庐山见面，被迫答应了我提出放人等三个条件。于是被关押了40天的劳协同志，于9月16日全部释放出狱。但是国民党当局并没有放松对劳协施加压力。那天，蒋介石在答应三个条件后，对我说："你回去后，要把劳协从政治上整顿整顿。"我回到上海，陆京士等就来找我，要我发表关于排斥解放区工会的声明，并于第二天送来已拟好的稿子，逼我签字，我当场拒绝。这时我才明白蒋介石所谓的要把劳协从政治上整顿整顿，原来是要我和劳协公开反共。我立即找刘宁一同志密商，决定利用我的世界工联副主席的身份，向国际呼吁，同蒋介石斗争。

国民党当局见我不仅一再拖延，拒绝在声明稿上签字，而且向国际呼吁，他们就双管齐下：一方面由重庆法院发出拘票，企图混淆视听，甚至阴谋策划把我拘到重庆听审；另一方面又诱迫我去南京出席国民党的伪国大。在这紧急关头，中国共产党又一次给我以及时的帮助，经刘宁一同志向周恩来副主席汇报，中共中央很快就支持我去香港的意见。我便于11月12日清晨飞达香港。

离开上海前，我公开发表了一个《反对伪国大与拒绝排斥解放区工会出劳协》的声明，以鲜明的态度维护中国工人的统一团结。这个声明的发表，对国民党当局是狠狠一击，于是他们对我进行迫害，11月25日在香港庄士顿道英国海军俱乐部门前制造车祸，我被撞伤骨折，住进玛丽医院。周恩来副主席在沪得讯，立即派刘宁一、俞志英同志到香港慰问，刘少奇同志也从延安拍来慰问电报；《解放日报》《新华日报》以及上海和重庆的一些进步报刊纷纷向国民党当局抗议，使我非常感动。

这时，陆京士等盗用劳协名义发表声明拥护伪国大，并强迫改组劳协。我与在港劳协同志一致认为，绝不能让国民党当局继续盗用劳协名义，进行欺骗。由我代表劳协发表声明，向全世界宣布：劳协已迁至香港，被篡夺的伪劳协只是国民党当局利用的反共反人民，分裂中国工人运动的工具，根本不能代表劳协 200 余万会员的意志。至此，劳协从 1935 年 2 月在上海成立，经过 11 年的曲折道路，终于在组织上与国民党当局正式决裂了。

国民党当局企图否认我和刘宁一代表劳协活动的权力，但是世界工联总书记赛扬仍然通知我和刘宁一于 1947 年 6 月 1 日到布拉格参加世界工联执行局会议，表示对香港劳协的支持。然而，蒋介石并不甘心失败，接着下令通缉我，并登报开除我的国民党党籍和上海邮局职务，还要吊销我的护照，禁止我参加国际活动。我排除阻挠去日内瓦参加国际劳工局理事会，路过巴黎会见了法国总工会总书记石屋等先生和英国总工会总书记刀逊先生，他们对于国民党当局摧残劳协的无耻行径极为愤慨，对我表示深切的友好和同情。

1947 年 6 月，我旅欧回香港时，特地绕道美国，到旧金山去看冯玉祥将军。我们都认为国民党当局反共和破坏旧政协，坐失了团结起来和平建国的良好时机，许多爱国的国民党员都叹惜不已。当时国民党当局已向延安进攻，与国民党合作已经不可能了。只有团结国民党中的一切爱国力量，走孙中山先生指出的联合共产党的道路，推翻蒋政权，中国才有希望。这样就得有一个组织，才能名正言顺地起来号召。冯玉祥将军写了封信，叫我代表他持信回港去见李济深先生。回到香港，我先征得梅龚彬、陈此生两人的同意，由他们陪我一同去见李济深。经我一再说明形势，李济深也就同意成立一个革命组织的建议，并与何香凝联名写信给当时在上海的谭平山、柳亚子、郭春涛、陈铭枢等人。信中说："国民党民主派，集中力量，正名领导，对内对外，紧要万分，盼先生等迅即来港。"信是写在手掌大的一块绸布上的。柳亚子等人接信，即分头抵达香港。于1947年秋，为成立一个革命组织进行多次座谈，参加座谈的有李济深、何香凝、蔡廷锴、王葆真、邓初民、张文、梅龚彬、朱蕴山、陈此生和我等10余人，柳亚子自告奋勇担任秘书长，得到大家的赞扬，于是分头进行筹备工作。当时，很多同志都嫌弃"国民党"三个字，何香凝先生坚持保留这三个字，认为可以多团结一些国民党中的爱国力量，于是定名为"中国国民党革命委员会"，着手草拟民革组织总章等文件。

当时，我通过在宋庆龄先生主持的中国儿童福利会工作的俞志英同志征求宋庆龄先生的意见，请她担任民革主席；章汉夫同志也与宋庆龄先生谈及此事，她表示支持成立民革，但不担任主席。此后，李济深、何香凝、柳亚子、李章达、彭泽民、陈其瑗六人亲笔签名，写了《上孙夫人书》，恳请宋庆龄先生命驾南来领导即将成立的民革工作，得到了如上相同的答复。

1948年元旦，民革成立大会上，推选宋庆龄为名誉主席，李济深为主席，并选举产生了民革中央委员会和监察委员会，我被选为常务委员兼任组织委员会主任委员。其实，我于1947年11月就离开香港，参加在巴黎召开的世界工联执行局会议，民革成立大会期间我不在香港，成立大会的签名，是我在赴巴黎前夕提前签好的。民革在香港成立伊始，即公开宣告以推翻蒋政权，反对美帝国主义破坏中国和平之政策为己任。

我在巴黎参加世界工联执行局会议之后，又去英国。1948年元旦是在伦敦度过的，听到民革在香港成立的消息非常振奋。这时刘宁一同志从巴黎来到伦敦，邀请并陪同我到解放区去。1月8日，在离开伦敦时，我向全世界发表一个时局声明，这就是号召中华全国工人以推翻蒋政权和拥护统一战线为主要内容的伦敦宣言。随后，我与刘宁一、俞志英先后到布拉格会合，由苏联总工会帮助路过莫斯科，于 1948 年 2 月 28 日到达东北解放区哈尔滨。第二天我就致电毛主席、周副主席，表示决心在中国共产党的领导下，参加伟大的革命斗争。3 月 4 日即接到毛主席和周恩来副主席复电，表示热烈的欢迎。

到达哈尔滨以后，由高岗和李富春同志接待我，住在总工会，先是参观访问，看到了解放区的民主政治和艰苦朴素的作风，非常感佩。

1948 年 4 月 30 日，中共中央发布"五一口号"，提出迅速召开政治协商会议，成立民主联合政府。5 月 5 日民革及其他民主党派领导人李济深、何香凝、沈钧儒等联合通电，公开响应中共"五一"号召。我在赴东北解放区途中，曾写信给李济深、沈钧儒先生，希望他们早日前来解放区，并得到李济深先生表示同意的复信。这时，获悉他们响应中共"五一"号召，更感欣慰。

8 月 1 日至 22 日，我被邀参加在哈尔滨举行的全国第六次劳动大会。大会决定恢复中国工人阶级统一的全国组织中华全国总工会，我被选为副主席，不少劳协同志当选执委和候补执委。大会还通过了中国劳协政治提案。提案第一条即：建议大会响应中共中央"五一口号"第五项，并主张由中共主持召开新政治协商会议。中华全国总工会恢复后，劳协成为全国总工会领导下的一个工人团体，它已在国际工运活动中完成了其本身的历史任务，今后有关国际工运的一切活动，由恢复光荣传统的中华全国总工会参加。后来，在 1949 年 11 月初在北京召开的劳协代表大会上，我代表全体劳动代表宣告劳协完成了历史任务，结束劳协工作，今后全国工人阶级统一组织在中华全国总工会之内。

9 月 29 日，沈钧儒、谭平山、章伯钧、蔡廷锴四人首批由香港来到哈尔滨。我从总工会搬到马迭尔旅馆与他们住在一起。10 月 8 日，高岗、李富春同志将中共中央《关于召开新的政治协商会议诸问题》草案，征求

全国总工会代表合影（右二为朱学范）

我和沈钧儒等七人的意见。10 月 21 日及 23 日，又约集我们举行座谈会，讨论该草案。这时李德全先生带着冯玉祥将军的骨灰经苏联回到祖国哈尔滨，也参加了座谈会。想起我与冯玉祥将军在美国共商国是，筹划请李济深出来组织革命团体，团结当时云集香港的国民党中的爱国力量参加到中共领导的统一战线里来，不料他在黑海途中轮船失事，不幸罹难，冯将军的爱国、报国之志未能如愿以偿，甚为痛惜。李德全先生见到我时，触景生情，格外伤心，痛哭流涕，我也十分悲痛。但是，我们决定化悲痛为力量，为实现冯将军的未竟事业而共勉。

　　经过几次座谈商谈，于 10 月 25 日，中共中央的代表高岗、李富春与在哈尔滨的沈钧儒、谭平山、章伯钧、蔡廷锴、王绍鏊、高崇民、李德全和我八人，达成关于召开新的政治协商会议诸问题的协议。现在参加这次商谈的十位同志，九位已经作古，我作为唯一的在世者，对当年参加新政协筹备工作的同志尤为怀念。记得当时讨论最热烈的是新政协参加的范围问题，大家一致主张，南京反动政府系统下的一切反动党派及反动分子必须排除，不得许其参加，但是一遇到具体问题意见就分歧了。例如民社党革新派是否参加的问题，有的同志认为不能参加，我想起同冯玉祥将军和何香凝先生接触中，他们都主张多团结一些国民党中愿意与我们合作的人，因此，我与李德全二人都认为是否准许这个组织的人参加，得视形势发展，审慎研议。从而在协议中规定："留待筹备会最后决定。"中共中央代表还加了一条"此外如再有增加单位的提议，可随时协商，在筹备会中作正式决定"。这就给国民党开明人士及其他方面的进步力量开了大门，留有余地，这是新政协获得大团结成功的非常关键的一条。

这时济南、长春、沈阳先后解放，我们一批在哈尔滨的党外人士到达沈阳，住铁路宾馆。李济深先生等 30 多人，于 1949 年 1 月 7 日抵达大连，我与李富春同志两人前去迎接他们，10 日到达沈阳。1 月 22 日李济深等 55 人发表题为《我们对时局的意见》的声明，明确拥护中国共产党的领导，拥护中共中央提出的和平八项条件。

1949 年 2 月，朱学范（右）、沙千里（左）等在沈阳车站合影

由于解放形势的发展，北平的和平解放，原来新政协决定在哈尔滨筹备，现在有条件在北平筹备了。2月25日，我们在东北的全部党外人士，在林伯渠同志陪同下抵达北平，住在六国饭店，有的住在北京饭店。翌日，北平市各界在中南海怀仁堂举行盛大欢迎会，董必武、叶剑英、彭真等同志先后在会上致辞欢迎。于6月15日开始，新政治协商会议筹备会第一次全体会议在中南海勤政殿开幕以后，我们都认真地学习文件和参加各项筹备工作。当时，我们通过学习和讨论，认识到我们国家是新民主主义国家；新中国需要一个统一战线的组织形式，这就是政治协商会议；第一届政协行使全国人民代表大会的职权等。所有这些，现在已经妇孺皆知，但在当时，确实还是新的事物。

9月21日，中国人民政治协商会议第一届全体会议在中南海怀仁堂隆重开幕，我被推为全体会议主席团成员。中共中央主席毛泽东主持会议，并致开幕词。何香凝代表民革讲了话。她说：现在蒋介石垮台了，人民政协开幕了，孙中山致力革命四十年，谋求"中国的自由平等，节制资本，耕者有其田，联合世界上以平等待我之民族"，这些革命目的，在毛主席的领导下得到了实现，我们可以告慰在九泉下的孙先生了。她说："我们信仰孙先生的革命三民主义的信徒，今天要来做一个模范的新民主主义工作者，就要做人民政治协商会议共同纲领的模范执行者。"她的讲话表达了民革同志的心声。

一届政协通过了《共同纲领》，宣告了中央人民政府的成立，民革同志中有李济深当选为中央人民政府副主席；何香凝、李锡九、蔡廷锴、陈铭枢、谭平山、柳亚子当选为中央人民政府委员会委员，不少成员参加了中央人民政府各部门的领导工作，我担任邮电部部长。10月1日，中华人民共和国诞生，我们都光荣地参加了开国大典，为五星红旗升起而欢欣鼓舞，振臂高呼！

（原载《迎来曙光的盛会——新政治协商会议亲历记》）

破 晓 之 前

——我北上参加新政协筹备工作的经过

楚图南*

一

1946 年底，蒋介石撕毁了旧政协决议，决心进行反人民的内战。1947年 3 月，强令中共驻南京代表团撤退，同年 10 月，又宣布民盟为非法团体。在这种危难的时刻，民盟内部的朋友由于各自不同的处境和考虑，意见和做法并非完全一致。我当时听从了沈衡老（沈钧儒）的意见：民盟还要搞下去，在内地搞不成，就到香港去，内地的组织转入地下。他并告诉我，他要邀集一些民盟的中央委员到香港去商议这些事，并让我做去香港的准备。

听到沈衡老的这些意见后，我尽快离开了环境险恶的上海，到了香港。当时香港的政治形势十分复杂，除了党领导的进步力量外，国民党的各派系、有各种背景的反蒋政治力量都在香港活动。我到香港后住在当时生活书店负责人黄洛峰同志家里，并通过《华商报》找到中共在香港的负

---

　　* 楚图南（1899—1994），第六届全国人大常委会副委员长，第一届全国政协委员、第二至五届全国政协常委；民盟第一、二届中央常委和第三、四届中央副主席，第五届中央代主席、主席和名誉主席。时任中国民主同盟中央执行委员。

责人章汉夫、乔冠华同志，他们告诉我，沈衡老、章伯钧等还未到香港。香港情况复杂，因此商定最好早日到解放区去。

当时去解放区有两条路线可走，一是由香港去东北，另一条路是经天津过封锁线去华北解放区。因为去东北时间要晚，我决定先回上海安顿一下家小，准备由天津进解放区。回到上海，我和过去在昆明的一位学生，当时在中共中央城工部工作的辛毓庄同志取得了联系，他专程从天津来看我。我向他说明了汉夫、冠华同志的意见以及我要进解放区的愿望，他告我将回天津和城工部商酌为我预先做好安排，并和我商定了联系办法，让我静候他的通知。

1948 年初，民盟在香港举行三中全会，我当时在上海准备北上，未能参加，是由周新民、冯素陶两同志代表我出席的。

直到这年的秋季，我得到辛毓庄的来信，让我从上海乘船由海路去天津。当时决定和我一起去北方的还有一位在昆明工作过的进步青年学生侯大乾。去天津，第一道难关是买船票，当时国民党特务对去北方的人盘查甚严，买船票前要经卫生检疫，要打防疫针，实际上是观察旅客中有无行迹可疑的人。这时有一名在上海的进步青年学生曾宪洛同志（已去世的中国人民大学教授）主动替我去接受"检疫"，打防疫针，取得了证件，并买到了去天津的船票，这样我就和侯大乾同志同行，携带一些简单行李，告别了家人乘船北上。

几天后船到了天津，时逢夜晚，港口码头上探照灯照得雪亮。荷枪实弹的国民党警宪林立，如临大敌，对下船乘客及携带物品逐一搜身检查。我悄声告诉侯大乾，由他照料我的衣物行李，我好设法混进接旅客的人群溜出去。就在此紧要时刻，辛毓庄同志已在码头上的栅外等候。他看见我，即一把抓着我的手，将我推进停在附近的一辆小汽车里。开车的是一位身穿国民党军官制服名叫周匡的同志，不通过检查立即将我们一直送到他的家里，辛毓庄同志和他商量后作了简单的安顿，并告诉我不要出去，不要和外人接触，在房间里休息，一切听候他的安排。不久侯大乾也到这里来了。这时，我才知道周匡同志是城工部派在傅作义部队做地下工作的。

几天以后，我们和辛毓庄同志再一次见面，他告诉我们已同各方面取得联系，安排好了去解放区的路线。同时派了一位姓张的同志扮做我的侄子，沿途护送我们，说是长久离家，现在要回沧州原籍。由于我的南方口音很重，交代我一路上少说话，一切由"侄子"代答。并告诉了我们沿途回答的口令和万一出现意外时的一些应急的措施。这样我和"回老家"的"人力车夫"侄子两人，从陆路冒着寒风顺利地经过当时国共双方军事封锁线静海县到了对面唐官屯解放区。这时在沧州工作的萧敏同志已派人来唐官屯相接。我们到沧州见到了萧敏同志，并由萧敏同志联系安排经过衡水到达石家庄。此后由交际处的申伯纯同志接待，侯大乾同志则留下学习。我由中央派车来接到达了平山县的李家庄，时为 1948 年 11 月上旬。就这样，我总算度过了破晓前最黑暗的时光。

二

平山县是当时中共中央所在地，毛主席住在李家庄附近的西柏坡。由中共中央统战部接待的一批爱国民主人士聚集在李家庄。我到达李家庄后，李维汉同志接待了我，并和先到的周建人、胡愈之、沈兹九等同志会合。

时值中国人民革命胜利的前夕，辽沈战役结束，北平即将和平解放。蒋介石经营多年的军队行将土崩瓦解。全国各民主党派和进步力量都积极响应中共中央在"五一口号"中提出的关于召开新政协、成立民主联合政府的号召。在这样一种形势下，我一到李家庄，立即感到这里的热烈紧张充满了希望的气氛。中央统战部的负责同志召集我们就新政协的召开时间、地点、参加单位等问题交换意见，并和已到东北解放区的李济深、沈钧儒、

李维汉（右一）和楚图南（右四）等在西柏坡李家庄合影

章伯钧等沟通情况、交换看法。此外中共的负责同志还亲自来给我们讲全国军事、政治形势。当时中共中央特别关注北平的和平解放和争取傅作义将军和平起义。另外还组织我们学习党的城市政策、文化政策、对知识分子的政策和对原国民党政府中人员的政策，并讨论当时全国都关注的国共和谈问题。在此期间身负重任的周恩来同志经常亲自来给我们讲话。周恩来同志很忙，只在傍晚有些时间，这时他就从西柏坡赶来和我们见面，和我们亲切的交谈，讲形势、讲政策，并听取大家的意见，气氛亲切融洽，待人有如师友、有如兄长。周恩来同志对民主党派朋友这种待人以诚，服人以理，谦逊厚重的精神，给我和很多朋友的印象极为深刻，永志不忘。

在李家庄期间，我还应邀到西柏坡，受到毛主席的接见，这是我第一次见到毛主席。毛主席还请来刘少奇、任弼时等同志，一道询问我关于云南和西南的政治情况，谈到争取这些省区地方势力站到反蒋爱国方面的可能性。毛主席办公和居住的地方简单、朴素，除了文电外，木质沙发上放着一册册《故宫周刊》。毛主席当时还十分关心文化和文化人。他还说，北平解放，如果胡适之先生不去台湾，也要对他进行安排。总之，在全国胜利前夕，我见到的毛主席，是一位镇定从容、恢宏大度、思维缜密的统帅，令人景仰，令人敬服！

但是就是在这样一种迎接胜利的气氛下，统一战线内部也并不是没有矛盾和斗争的。新政协的筹备过程中，很重要一条是毛主席在 1949 年新年献词《将革命进行到底》一文中所说的："没有反动分子参加。"当时在中国人民大革命胜利的形势下，难免"泥沙俱下、鱼龙混杂"，例如有些类似青洪帮的组织，也想列名"民主党派"，有些和国民党反动势力关系很深的人，也想混迹"民主人士"行列。对这些，中共中央统战部召集我们多次交换看法。除了听取我们对蒋介石 1949 年元旦的求和声明、对中共拟定的战犯名单的意见外，还就参加新政协的单位和个人的名单征求大家的意见。例如，当时，大家一致认为，像民社党革新派这样的组织，不宜列为新政协的参加单位，但其中的个别爱国人士，则可以在他们明确表示和反动阵营决裂后，特别邀请他们参加新政协会议。

在民盟内部，意见也并不完全一致，甚至还有极为尖锐的矛盾。如在淮海战役取得决定性的胜利以后，国民党提出和谈，企图维持旧政权，阻止解放事业的顺利前进。中共中央及各民主党派也并不拒绝和谈，但要废除法西斯的独裁统治，全国各民族和平统一建立人民民主的新中国。在蒋管区的盟员同志中，大多数是坚决同国民党反动派斗争到底的，像史良同志等始终和宋庆龄同志一道，大义凛然，坚持到上海解放。但有些人不免有些模糊认识，其中罗隆基一人还很热心于第三条道路，对于"和谈"问题也有不同的看法。经和胡愈之等同志研究以后，才由我们联名通电，表明应遵循民盟三中全会所决定的政治路线，任何违背三中全会的做法和主张都是非法的，这样总算阻止了这一活动。但罗隆基仍写了一份将民盟作为资产阶级政党的所谓纲领，要求同共产党讨价还价，如得不到同意，即不参加政协不参加联合政府，要作为在野党同新政府进行斗争。这份所谓的"纲领"由一位同志带到李家庄来。当时在李家庄的民盟及其他方面朋友都不同意罗的意见，最后连替罗隆基带信来的同志也声明，罗的来信只代表罗自己，表示不同意罗的看法。另外我们还一致认为，要防止国民党反动派的分别利用，防止民盟内部及民主党派之间的不和与分裂。为此，在李家庄的各民主党派的朋友，都分别做了一些工作。最后蒋管区盟员同志都先后到了和平解放的北平，并与经由香港到东北来的盟员同志和李家庄来的盟员同志三路会合在一起，共同参加了新政协的筹备会议和民盟的四中全会。在民盟四中全会上一些不同的意见，特别一些派别的不同意见又爆发出来，争论很激烈，延续几个月还得不到解决。中共中央和各民主党派都很关心这个问题。直到毛主席在赴苏联访问的前一天晚上，在中南海西花厅接见了民盟中央的各方面的负责同志，对大家讲了三国时古城会的故事，肯定了在根据地的张飞对从敌人营盘中过来的关羽有警惕是可以理解的。另外关羽斩了蔡阳用行动证明了自己不是曹操的人，张飞立即开门迎接，对关羽待之以兄弟之礼。毛主席就这样生动而巧妙地对民盟中的争论做了启发性的指示，既弄清了是非，又达到了团结。这样也就使民盟四中全会顺利地结束，并选出了以张澜为主席、沈钧儒为第一副主席、章伯钧为副主席兼秘书长的领导机构，群策群力，团结一致地开展了民盟新的时期的工作。

现在再回溯 1949 年初北平和平解放后，在李家庄的各民主党派同志经由石家庄到达北平的经过。我记得，我和周建人、胡愈之、沈兹九等同志几十人组成一队，由齐燕铭同志照应着，分乘几辆中吉普车离开了李家庄。到达石家庄后，住了一天，原来准备赶赴北平，但打前站去定县的同志打电话回来，说定县附近还有傅作义将军的不少部队，当时考虑到傅作义将军虽已表示起义，但其各部队情况动向究竟如何，还不清楚。从安全考虑，齐燕铭同志当即决定我们全体暂留在石家庄，他只身带一支卡宾枪

当时用来在石家庄、西柏坡、李家庄之间接送民主人士的美式吉普车

连同一名司机乘一辆吉普车前往定县了解情况，而且嘱咐我们，在没有接到他亲自打来的电话之前，不要离开石家庄。说完，他即乘坐着吉普车在夜幕中北上了。后来接到他的电话说前线无事，我们大伙才顺利地通过定县到达了北平。燕铭同志是我从白区回到中国共产党组织怀抱时，党指派的和我联系的人。我虽然和燕铭同志交往不多，但是十分尊敬这位同志。回想到在离开李家庄前几天，在中共中央统战部招待我们的宴会之后所举行的晚会上，燕铭同志还欣然应大家的邀请，清唱了一段昆曲《林冲夜奔》。我这才了解到燕铭同志的多才多艺，既有深湛的文化艺术修养，又有燕赵之士的豪情，更有一个坚强革命者的机智和勇敢，给我的印象是非常深刻的。

我们到了北平以后，参加解放军的入城式，也出席了毛主席到达北平在西郊对解放军各军兵种部队的检阅。此时正是我们伟大的祖国、伟大的中华民族的一个伟大时刻：东方即白，天将破晓！

（原载《迎来曙光的盛会——新政治协商会议亲历记》）

我的北上之路

茅　盾[*]

　　7月，人民解放军在全国范围内转入战略进攻，国民党军被迫实行全面防御。10月10日，人民解放军总部发表了《中国人民解放军宣言》，宣告："本军作战目的，……是为了中国人民和中华民族的解放。而在今天，则是实现全国人民的迫切要求，打倒内战祸首蒋介石，组织民主联合政府，借以达到解放人民和民族的总目标。"同一天，中共中央颁布了《中国土地法大纲》。

　　10月26日，发生了"浙大血案"。浙江大学学生自治会主席于子三等三位同学突然被捕，随即被杀害于狱中。以此为导火线，学生们又一次掀起了全国规模的反迫害运动，罢课、集会、示威游行、发表抗议书，一致声讨反动派的暴行。许多教授加入了运动的行列，发表了同情学生的宣言。

　　10月下旬，国民党政府以"民盟参加匪方叛乱组织"的罪名，悍然宣布民主同盟为"非法团体"，下令解散。10月27日，民盟总部被迫发表"辞职"和"解散总部"的声明以及"停止盟员活动"的命令。民盟中以沈钧儒为代表的左派，决定出走香港，继续斗争。我们这些无党派民主人士也得到了中共方面的通知：陆续转移到解放区去。第一步先到香港，

　　*　茅盾（1896—1981），第四、五届全国政协副主席，第一至三届全国政协常委，曾任文化部部长、中国文联副主席。

茅盾（右二）与郭沫若（左一）、洪深（左二）、叶圣陶（右一）在上海

作为过渡。

为了避开国民党特务的耳目，我们决定分散行动，分批地秘密地离开上海。郭沫若于 11 月中旬首先离开。当时我们很为沈钧儒担忧，因为他的相貌实在不容易化装。有人劝他把胡须剃掉。他不赞成，说去香港又不犯法，剃掉了胡须，万一被认出来，反而成了打算"潜逃"的证据。他胸有成竹地说，我自有办法。11 月下旬，他果然顺利地离开了上海。原来他预先得知黄慕兰和她的丈夫陈志皋将于某日晚举行庆贺结婚 20 周年的宴会。陈是上海鼎鼎大名的律师，交游甚广，那天宴会既邀请了沈钧儒等民主人士，也邀请了不少国民党的要员。于是沈钧儒在黄慕兰的配合下，买了宴会那天晚上 11 点起航的船票，当宴会进行到酒酣耳热，大家都在兴奋地跳舞，大约晚上 9 点钟光景，他悄悄离开了陈府，直接登上了去香港的轮船。

我是由叶以群安排好，于 12 月上旬和以群同时离开上海的。德沚没有同行。她留在上海替我放烟幕，说我回乌镇去了。在我抵达香港约两个星期之后,她和于立群结伴,带了于的孩子们,同船来到了香港。

1948 年的香港十分热闹,从蒋管区各大城市以及海外会集到这里来的各界民主人士和文化人总在千数以上,随便参加什么集会,都能见到许多熟悉的面孔。大家都兴高采烈,没有一点"流亡客"的愁容和凄切。两个朋友碰到一起,不出十句话就会谈到战局,谈到各战场上各路解放军的辉煌胜利,就会议论毛泽东在 1947 年 12 月 25 日所作的重要报告《目前形势和我们的任务》,议论文章中提出的种种重大的激动人心的问题。大家都认为 1948 年将是中国历史的伟大转折中具有决定意义的一年。我在 1948 年元旦的迎新献词《祝福所有站在人民这一边的!》中写道:

> 反帝反封建的革命事业,有在本年内完成的希望了,但空前艰苦的斗争一定是有的。
>
> 地主官僚买办的反革命集团及其后台老板美帝国主义一定要出其全力来作最后的挣扎,疯狂的军事行动和阴险的政治阴谋将会紧密的配合起来。他们不但用飞机坦克大炮来进攻革命势力,也将用政治上的苦肉计来企图松懈民主的进攻。因此,警惕必须提高,团结必须加强。
>
> 反帝反封建的革命事业,这次必须一气完成,我们要有决心。革命事业如果为了我们的缺乏决心而不能在我们这一代彻底完成,而使后一代仍须付出巨大的代价,那么,我们将是历史的罪人,我们是对不起我们的儿孙的!
>
> 新年见面,例应祝福;我祝福所有站在人民这一边的人士:更坚决,更团结,把反帝反封建的革命事业进行到底,让我们的儿孙辈不再流血而只是流汗来从事新中华民国的伟大建设!

1948 年的香港,在我们这些政治流亡客的眼里,又是个小小的自由天地。在报刊上，只要不反对港英当局，不干涉香港事务，你什么都能讲，包括骂蒋介石和美帝国主义。经历了第二次世界大战的大英帝国，元气大损，自顾不暇，对中国的内战采取了中立的不介入的态度。因此，我们可以在《华商报》上、《文汇报》上登新华社的电讯，可以大张旗鼓地报道解放军在各个战场上的胜利，可以把"国军"直呼为蒋家军队或国民党军队。这样便利的条件，对于我们这些握了半辈子笔杆却始终不能想写什么就写什么的人来说，真像升入了"天堂"。

香港房子紧张如前。我们在公寓中住了一个半月，才靠周钢鸣的帮忙，好不容易在九龙弥敦道租到了一位华侨的房子；房东住楼下，我们租了二楼，后来翦伯赞搬来住三楼。

到达香港不久，香港文协分会举行了新年团聚大会，欢迎我们这些陆续来港的文化人。到会 300 余人。这是全国的文化人在香港的又一次大聚会。前一次聚会是在 1941 年，也是由于政治形势的恶化，大批文化人来到了香港，不过这一次的规模比 1941 年那次大得多。在欢迎会上，郭沫若、柳亚子、翦伯赞、叶以群、楼适夷、林林都讲了话。我也讲了话。我建议香港文艺界应该加强文艺批评工作，纠正前一时期主要存在于上海的文艺批评的偏向。这种偏向表现在对正面的敌人不去批评，好像有危险，而对自己阵营却很有一些不负责任的批评。这些批评调子唱得非常高，非常"左"，使青年以为这是最革命的，但实际上它是要引导青年到错误的方向。这种偏向，在上海本来应该提出来检讨和批评的，但没有做，希望香港的文艺界能承担起这个责任来。现在全国文艺界的朋友都会集到这里来了，这是十分有利的条件。后来在纪念五四文艺节时，我又提出文艺工作者目前的任务之一是自我改造。我说："'自我改造'的意义就是向人民学习。由于我们过去的生活和教养的关系，我们都还有浓厚的小资产阶级的意识。我们不知不觉间常常会离开人民的立场，而表现出个人主义和英雄主义。我们也常常会把小资产阶级的思想情绪装在人民大众身上。这些毛病的救治之道，就是向人民学习。"

加强文艺批评这件工作，后来由邵荃麟做起来了。他和冯乃超创办了一个综合性的文艺刊物《大众文艺丛刊》，以大量的篇幅讨论文艺理论问题，除了讨论方言文学等文艺大众化的问题外，着力展开了对错误文艺思想的批评，如对《论主观》的再批判，对当时文艺界少数"民主个人主义者"宣扬的"自由主义文学"观的批判等。

我虽然自己提出了建议，却没有顾上写文章，仅在刚到香港时，就当时讨论得十分热烈的方言文学发表了一些意见，后来即被纷至沓来的工作缠住了手脚——我担任了文协香港分会的常务理事，又要写长篇小说《锻炼》，又要编副刊，又要参加政治活动——加之1948年又面临胜利在望的大好形势，使我无暇顾及文艺理论问题的探讨。

那时候，蒋介石已经败征毕露，他急切希望解放军停止前进，以便能缓一口气再作挣扎。于是1948年春节前后又有人在散布什么"和谈""和平"的言论。与此同时，美国则加紧它的扶植中国"第三种"政治势力的活动。美国已经明白，国民党这个腐朽政权已不能和共产党抗衡，必须输入"新鲜血液"，必要时还得动大手术，甚至"换马"。他们心目中的"新鲜血液"，就是一部分由他们直接培养出来的、深受西方思想熏陶的、和他们有较深渊源的知识分子，即所谓的"民主个人主义者"。1月间，上海的《大公报》接连发表了《自由主义者的信念》等社论，宣传"中间路线"。2月间，司徒雷登亲自出面发表了《告中国人民书》，并对记者发表谈话，要求中国的民主个人主义者组织新党，支持政府，改善工作效率，谋致中国的和平。其实，幻想中国走"中间路线"的人，原来倒是有的，在抗战末期和抗战胜利后，以民盟为代表的各民主党派就是。然而，在民盟被迫解散之后，这个幻想就彻底破灭了。各民主党派中的大多数人开始认识到，只有与共产党紧密合作，拥护共产党的建立新民主主义的中国的纲领和政策，彻底推翻蒋介石的反动独裁政权，才是正确的道路。1月间在香港，李济深、何香凝、蔡廷锴、柳亚子、朱学范等，代表国民党民主促进会、三民主义同志联合会及其他反蒋力量，联合组成了国民党革命委员会；4 月，沈钧儒、邓初民等召开了重整中国民主同盟的三中全会，发布紧急声明，否认民盟总部发表的解散总部、停止盟员活动的命令。两个会议都通过了打倒蒋介石集团，实行土地改革，建立民主联合政府的宣言。这意味着，在民主党派中，"中间路线"已经破产。因此，在这种时候，美国又来呼唤什么"第三种势力"，无非是想鼓动和蒙骗一些英美派的知识分子，掮起"中间路线"的破旗，出来呐喊一番，以便帮助岌岌可危的蒋介石政权赢得一点喘息的时间。果然，3 月初就有了反应，一个叫作"中国社会经济研究会"的，标榜为自由主义文化团体的组织，在北平诞生了，榜上有名者共 59 人。据该会发起人之一钱昌照的谈话，这个组织是一个研究性质的团体，没有任何政治企图，他们只想替中国寻找一条"新路"。可是看看他们提出的包括政治、外交、经济、社会及其他各方面问题的 32 条主张，再看看参加这个团体的大多数成员的来历——国民党中央委员、政府机构的大小官僚、官僚资本的代表，以及国立大学的院长、教授和御用学者，就能明白这个"没有任何政治企图"的团体的政治面目了。他们提出来"研究"的 32 条主张，中心是反对中国人民的武装革命，反对中国的土地革命，反对苏联和民主阵营的"宣传攻势"，这就是他们寻找的"新路"。他们还创办一个刊物来宣传他们的主张，刊物就叫《新路》，报载："萧乾被派去作《新路》的主编。"

为了反对这股"新的第三方面"搅起的"中间路线"逆流，1948 年上半年，我们开展了对"中国社会经济研究会"的批判。流亡到香港的文化界人士郭沫若、马叙伦、邓初民、侯外庐、翦伯赞、曾昭抡等都发表谈话或写文章，指出要"提防政治扒手"，要"戳穿美蒋新的政治阴谋"。我也在一篇短文《我看》中指出："我看该会的目的不外乎：一、为军事溃败到最后阶段而演出的政治阴谋（苦肉计与狸猫换太子等等）预先作思想上的准备；二、亦为此政治阴谋预先招兵买马。"在这个研究会的名单上，有若干位过去不曾与国民党合作过的学者和教授，这次都被拉去当了"招牌"，我们对此表示惋惜，告诫他们不要上当，希望他们自重，能及早跳出这个陷阱。我在纪念"五四"的一篇文章中写道："五四"运动的历史指出了一个真理：中国知识分子离开了人民的立场就有堕落的危险。如果离开了人民，即使你只想"明哲保身"，反动集团还是要拉你去"殉葬"的！我在另一篇讲话中提出要"扩大文艺界的统一战线"。我说："现在除了极少数自甘沉沦的御用文人而外，极大多数的文艺作家，我相信他们是有正义感，并愿意为人民利益服务的，他们中间有些人不够积极，或徘徊动摇，这是事实，又有若干人或为反动的宣传所蒙蔽，见理未明，认事不清，这也是事实，但我们如果不作努力去争取他们，我们就犯了错误，就等于对自己的任务怠工。不过，争取不就是拉拢，我们要用友意的正确的批评，帮助他们搞通思想，这才是争取，同时，巩固统一战线的方法，也不是大家客客气气，有话不说，就可以巩固得了的，也要执行原则性的批评，然后能使统一战线真能巩固。"

"中国社会经济研究会"在遭到共产党和各民主党派、无党派民主人士的一致驳斥和揭露之后，内部即分崩离析，不久便在中国的政治舞台上消失了，虽然它的《新路》杂志还在继续出版。

5月1日，中共中央发出号召，建议各民主党派、各人民团体、各社会贤达筹备召开新的政治协商会议，讨论召集人民代表大会，为成立民主联合政府作准备。号召发出后，各民主党派和人民团体立即通电全国，热烈响应。自此，便以香港为中心，开展了一个新政协运动，各民主党派和人民团体纷纷集会讨论新政协的问题，并发表宣言和声明，表示愿与共产党亲密合作，为推翻蒋介石独裁统治，建立新民主主义的人民共和国而奋斗。

为了迎接新中国，我在1948年上半年除了继续写完《苏联见闻录》，又着手写了《杂谈苏联》。我想，蒋介石政权 20 多年来的反苏宣传，在一般人的脑海中蒙上了一层对苏联的阴影，总觉得苏联张着一张"铁幕"，其真相不可得知；即使是进步人士，有的也流露出不理解和神秘感。对苏联的不了解，甚至恐惧，也折射出相当一部分人对将要诞生的新中国的疑虑和不安，因为在他们看来，将来的中国也就是现在的苏联。因此，把苏联的真相介绍给广大的读者，也许能在某种程度上解除这些疑虑而为新中国的到来作些思想上的准备。当然，更重要的是向群众宣传共产党的政策以及介绍解放区的生活，这些，已经有许多同志在做了。

要全面介绍苏联，我的《苏联见闻录》就不够了，《见闻录》只着重于文化艺术方面的介绍，其他方面，我虽然也零星地记了一点，也带回了一些材料，但距"全面"，相差尚远。幸而我得到一本英文版的 1947 年《苏维埃年历》，再参考了其他的苏联出版的英文书报，才使我大着胆子，花了两个月的时间，写了《杂谈苏联》。《杂谈苏联》共分四编 58 节，分别介绍了苏联的政体、经济、文化教育和人民生活。这些文章，绝大部分未在报刊上发表，直接由致用书店在上海出版了单行本。

我在 1948 年上半年的另一件工作，是续写《生活之一页》，即后来改名为《脱险杂记》的报告文学。1946 年初，我曾把香港战时的经历写成《生活之一页》，发表在《新民晚报刊》上，后由沈兹九将其转载于新加坡出版的《风下》周刊。1948 年我再次到香港，沈兹九就来信约稿，并建议我把香港脱险的经历继续写下去。我答应了。但直到 6 月，我才有时间把我们如何在东江游击队的保护下逃出沦陷区到达惠阳的一段经历比较详细地写了出来，仍旧题名《生活之一页》，给沈兹九寄了去。不久我就离开了香港。我不知道她后来是怎样使用这份稿子的，是仍旧在《风下》连载，还是交给了别的刊物？解放后我才知道，新加坡的南洋出版社曾于 1949 年 6 月出版了单行本。

我的文学活动，主要集中在下半年。那时，我的生活已经安定下来；

我又估计解放战争还将经过最后的决战才能取得彻底的胜利，在香港我将有一段较长时间的停留；因此，我把注意力转向了文学。有这样几件事：一、创作长篇小说《锻炼》；二、主编《文汇报》的副刊《文艺周刊》；三、担任《小说月刊》的编委，并为刊物写了《春天》等三个短篇和论文——《论鲁迅的小说》。

　　当东北人民解放军在锦州揭开了辽沈战役的序幕时，我们在香港的民主人士也得到了通知：分批地秘密地进入东北解放区，参加新政治协商会议的筹备工作，为成立中华人民共和国临时中央政府做准备。9月底，沈钧儒等第一批乘船北上。11月初，沈阳解放，下旬，郭沫若等第二批离开香港。我和德沚是第三批，与李济深同行，乘的是直航大连的苏联船。这一批人数最多，有20余人，章乃器、邓初民、朱蕴山、卢绪章、洪深、彭泽民、梅龚彬、施复亮、吴茂荪、孙起孟等都在这条船上。我们于1948年除夕秘密上船。在北行的船上迎来了新的一年。元旦那天，李济深在我的手册上写了这样的一段话："同舟共济，一心一意，为了一件大

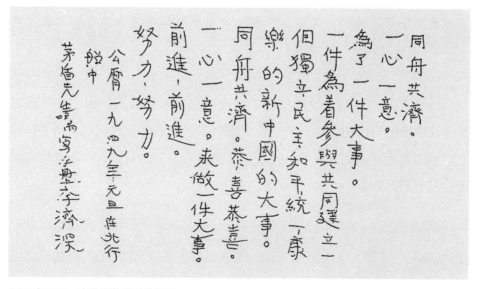

1949 年元旦，李济深给茅盾的题词

事，一件为着参与共同建立一个独立、民主、和平、统一、康乐的新中国的大事。……前进，前进。努力，努力。"李任公这段话道出了我们共同的心意。

也在元旦那一天，《华商报》登载了我在香港写的最后一篇文章《迎接新年，迎接新中国！》。我写道：

> 新中国诞生了，这是五千年来中华民族的第一件喜事，这也是亚洲民族有史以来第一件喜事！
>
> 这是人民力量必然战胜贪污暴戾的特权集团的有力证据；这是民主力量必然战胜反民主力量的有力证据！
>
> 新民主主义的新中国将是一个独立、自主、和平的大国，将是一个平等、自由、繁荣、康乐的大家庭。在世界上，中国人将不再受人轻侮排挤。人人有发展的机会，人人有将其能力服务于祖国的机会。……
>
> 中国人民渴望这样一个新中国，差不多有百年之久了，中国人民为了新中国的诞生，曾经牺牲了无数宝贵的生命；……人民所付出的代价是这样大，人民必不许反动集团勾结帝国主义再玩"偷天换日""移花接木"的阴谋！

1949 年元月 7 日，轮船驶进了大连港。大家蜂拥到甲板上贪婪地眺望这片神圣的自由的土地。啊，我们来到了！我们终于胜利地来到了！

在码头上欢迎的人群中，我看见了张闻天顾长的身影，他正挥舞着双手在向我们致意！

（节选自《我走过的道路》，人民文学出版社 1997 年版）

蔡廷锴将军北上解放区的经过

林一元[*]

林一元 *

1948 年 8 月下旬，我在广州摆脱国民党反动派的追捕，脱险来港，即往蔡廷锴寓所，向蔡老汇报广州工作和脱险经过。一周后某日，蔡老约我到他的青山别墅晤谈（由蔡老长子——蔡绍昌开车，到达后蔡老即吩咐绍昌原车返港寓，明天再来接，这是因为当时香港情况复杂，国民党特务又和港府密探有所勾结，一切行动必须慎重和保密的缘故）。蔡老告诉我中共"五一"号召发表后的新形势，使我异常振奋，大有胜利在望，屈指可期的喜悦。蔡老又说：中共中央邀请各民主人士前往东北解放区商议筹备召开新政协的决定；还说可能要逗留四五年时间（这是根据毛主席估计解放战争可能要打五年的提法），问我是否愿意前往，家庭有什么顾虑没有？我当即坚决表示愿意同去，并说家人全部在罗定原籍，大致不会有什么问题。事后蔡老便请在港的华南分局领导同志转报中共中央给我以他的秘书的名义，随同他一起前赴东北解放区，参加开国第一个重要会议的筹备事宜。当晚杀鸡为黍，举杯共祝新曙光的降临。

1948 年 8 月，中共中央派钱之光同志等在东北雇苏联船"波尔塔瓦号"南下香港迎接各民主党派、民主人士前往东北解放区，商议筹备新政协问题。听说原议尽可能让全部民主人士都乘该轮北上，适值冯玉祥在黑

---

* 林一元（1906—1988），曾任民革广东省主委，第六届全国政协委员。时任中国国民党民主促进会委员。

海遇难事件发生，仓促间遇难真相未明；加以轮船须经台湾海峡，该轮南下时已遭到国民党海空军的监视，为策万全起见，才决定分批北上。第一批乘该轮的有沈钧儒、谭平山、章伯钧、蔡廷锴和经中共中央批准的以蔡老秘书名义随行的林一元。登轮北行前，中共方面都作了周密的安排，对于上船要经过的路线，经过的地段，从哪条路走，经过哪些街道，遇上情况如何应付等等，都事先做好调查研究和缜密的布置。9 月 12 日黄昏时候，先到香港湾仔谭天度同志家里（邻近海边），我们都化装成商人，然后乘小轮直驶浮泊海上的"波尔塔瓦号"，登轮后各人手里都持有货物单据作为货商的掩护。中共方面同行的还有章汉夫、李嘉人、祝华等同志。13 日晨，轮船起锚启程，当行经台湾海峡时，忽遭大风，风急浪涌，船行缓慢，迄 9 月 27 日才到达北朝鲜的罗津港泊岸登陆。中共中央派李富春等同志到码头迎接，相见甚欢。登岸后稍事休息，即乘火车渡过图门江，当晚在图门休息，次日早改乘火车跨过牡丹江直达哈尔滨市。在中共东北局所在地的南岗会见高岗、高崇民两同志，彼此热烈问好，大有离巢别燕，久别归来的滋味。旋被安排在东北局招待所马迭尔旅馆住宿。周秋野同志任该所主任，招待周到，使游子有归家之感。数日后，从欧洲经苏联回国的朱学范亦抵达哈尔滨，也被安排在招待所。我们住所期间，东北局的领导同志高岗、李富春、蔡畅、李立三等经常来访或共膳，对当前国内外形势和党的政策多所介绍和阐释，记得还发每人一本东北版的"毛选"。党对我们的关怀和循循善诱，使我们逐步提高了认识，对新民主主义的性质和任务有了较深刻的理解。

10 月 21 和 23 日东北局的领导同志高岗、李富春、高崇民等代表中共中央与到达哈尔滨的沈钧儒、谭平山、蔡廷锴、章伯钧、朱学范（林一元列席）会谈中共中央关于召开新政协的章程草案的初步意见。30 日，再将哈尔滨的补充意见转告在港的李济深以及民盟和其他党派负责人。经过反复协商，11 月 25 日取得了一致意见。

由于解放战争发展迅速，捷报频传，继锦州大捷之后，沈阳、长春亦相继解放。由香港北上的第二批民主人士郭沫若、马叙伦、彭泽民、丘哲、许广平母子（周海婴）、陈其尤、沙千里、沈志远、曹孟君、邓初民、洪深、侯外庐、孙起孟等由安东登陆，直入沈阳，于是已到达哈尔滨的民主人士便于 12 月 19 日乘火车到

蔡廷锴将军在沈阳铁路宾馆

沈阳会合，被安排在铁路宾馆（即前大和旅馆）。1948 年除夕，铁路宾馆举行了大型的联欢晚会，张闻天同志作了《打倒三大敌人》的重要报告，给我们很大的启发和教育，加强了革命必胜的信心。晚会是多姿多彩的，唱歌、跳舞、扭秧歌，应有尽有，各适其适；欢乐的人们，在欢乐的海洋中守岁，子夜后才陆续归寝。

1949 年 1 月 2 日沈钧儒老先生犹似余兴未阑，对我说：在这个难得大家住在一起而又有空闲时间的机会，你大可请一些同志写字，吟首诗或什么的，不是很有意义吗？沈老还说，他带有一张宣纸，可分给我半张。在沈老的教导下，我便先请他老人家带个头，沈老爽快地答应了，接着我再请郭沫若、马叙伦、丘哲、彭泽民、邓初民、茅盾、洪深、沙千里、侯外庐等 10 位都留了墨宝。在沈衡老送给我而现在挂在家里墙壁上的那半张宣纸上，沈老写的是七言绝句："一串秧歌扭上楼，神灯枉为日皇留。光明自有擎天炬，照耀千秋与五洲。"还附说明："1948 年除夕，纵酒狂欢，既睡，枕上得三句，不能续，翌晨写示沫若先生，请续成之。"郭老

写的是在安东登陆时作的诗句："烟筒林立望安东，畅浴温泉跨五龙。东北人民新汗血，化将地狱作天宫。"丘老写的是旧作《和马夷老（叙伦）送蔡贤初将军北行》诗："榕城义举倏时间，革命心情未日闲。促进党人齐奋力，先来勒马看天山。"彭泽老写的是北上时的感怀诗句："廿载空有还乡梦，此日公车入国门。异域尽教多蔓草，不能依旧系王孙。"是政治家也是文学大师的茅盾先生写的是"为人民服务者拜人民为老师"的警句。邓初老写的是集吕新吾句四句："大事难事看担当，顺境逆境看胸度，临喜临怒看涵养，群行群止看识见。"其余马、洪、沙、侯四老尽多佳句，不一一录出了。今十老多数作古，但缅怀往昔情景，犹历历在目，我亦八十衰翁，仰观留存手泽，当知革命胜利来之不易，一息尚存，此志岂容少懈，聊以自勉并与同志们共勉之。

在沈阳期间，我们还得到东北局同志的关怀照顾，多次安排我们参观访问，到过吉林、长春、丰满水电站、抚顺煤矿，以及沈阳故宫、东陵、北陵等地，使我们对祖国的锦绣河山，特别是东北地区丰富资源有了进一步的了解。

1949 年 1 月 7 日，由香港启程的第三批民主人士李济深、朱蕴山、梅龚彬、李民欣、吴茂荪、茅盾夫妇、柳亚子、马寅初、翦伯赞、章乃器、施复亮等取道大连，到达东北，直入沈阳。至此，从香港运送民主人士大功告成。数日后，东北局召开全体干部大会，介绍到达东北的民主人士与群众见面，会上李济深、沈钧儒、郭沫若、马叙伦、茅盾、谭平山、蔡廷锴、章伯钧、曹孟君等先后在大会上发了言，一致表示拥护中国共产党的领导，学习解放军和解放区人民的奋斗精神。1 月 14 日毛主席发表《对时局的声明》，提出以八项条件为和平谈判的基础。已到达东北解放区的各方面民主人士 55 人于 22 日发表了《对时局的意见》，坚决支持和热烈拥护毛主席的"声明"。在签名的 55 人中，有民促成员蔡廷锴、李民欣、林一元三人。1 月底，天津解放，接着北平和平解放，这时已到达东北解放区的民主人士共 37 人，在林伯渠同志的陪同下，于 2 月 22 日乘专车入关，到达北平，受到北平军管会主任叶剑英到车站迎接的殊遇，给了我们很大的鼓舞，旋被安排在北京饭店居住。不久，毛泽东主席和中共中央其他负责同志亦先后到达北平，这时民促、民革、民联的中央理事亦先后迁来北平（民促中央理事有蒋光鼐、陈此生、秦元邦、司马文森、谭冬菁、李子诵等）。在这一时期，中共中央多次组织了报告会和专题演讲会，记得有周恩来、陈云、邓小平、邓颖超、薄一波、李维汉、胡乔木、陈毅等中央领导同志作的报告；有钱正英的治理黄河，廖鲁言的解放区土改，钱俊瑞的解放区教育，解放军某女连长的游击区女战士的战斗故事等专题讲话，都给了我们很深刻的印象和教育。

1949 年 4 月，以张治中为首的南京政府和平谈判代表团到达北平与以周恩来为首的中共谈判代表团进行谈判，由于南京政府缺乏诚意，拒绝接受八项和平条件，谈判陷于失败，张治中等全体代表亦自愿留在北平，参加新政协工作。

罗昌民协助整理

（节选自《艰辛的历程　甘果的回忆》，原载《迎来曙光的盛会——新政治协商会议亲历记》）

丘哲先生北上参加新政协筹备的二三事

罗培元 [*]

　　丘哲先生和许多党外上层人士一样，经过抗日战争时期的共同战斗，对国民党反动派的反动本质，更加深了认识，和中国共产党的团结合作，因而更进一步紧密起来。当日本投降、国民党还在重庆玩弄假和谈的时候，许多人便深入实际斗争来发动民主势力，丘哲便是其中的一位。1945年，他就到香港和知名人士李章达建立民盟南方总支部，李任主委，丘为副主委；不久又把在港的《人民报》迁到广州出版，借以壮大国民党统治区的民主势力。后来丘哲又在香港创办达德学院，不断培养民主力量。推动民主运动由中上层联结到中下层，这成为民主势力更加踏实地发展的一个方面。其间，中国共产党和人民解放军也经历了美蒋变本加厉地政治压迫和疯狂的军事进攻的严重时刻。但我们处处感觉到，由于我党主张的正确和斗争的坚定性，我们的朋友不是少了而是多了，民主力量不是弱了而是更强了。到1948年以后，人民解放战争的局势不但由防御转到反攻，解放军的质量超过国民党军，数量上也将超过国民党军，许多原先被分割的解放区联成一大片。当时的民主党派和无党派民主人士的力量，也经历了由数量发展到政治素质提高的过程。国民党反动派对著名民主人士的杀害，对反内战、反独裁、反饥饿的学生运动的无情镇压，更加增强了民主

* 罗培元（1917—2007），第三、四、六届全国政协委员，曾任中共广州市委统战部部长、广西省政府秘书长。时任中共中央香港工委统战委员。

人士对国民党反动派的仇恨，也提高了对美帝当年策划的以自由民主主义为标榜的第三势力的认识，因而和中共一起抵制参加国民党反动派在南京召开的伪"国民大会"，还联合或分别集会发表对时局的宣言、声明，接受中共对时局的主张，联合中共共同推翻国民党反动派独裁政府，反对美国干涉我国内政。1948 年 4 月 30 日，我党发出筹备召开新的政治协商会议的口号，马上得到各党各派和无党派人士的响应。中共中央香港分局受中央指示抓紧在香港方面的准备工作。方方和潘汉年同志亲自抓了这方面的工作。丘哲这期间由上海回到香港（他 1947 年间曾到上海参加农工党的重要会议，活动一个时期），积极参加了筹备新政协的活动。

由于需要加强党的统战工作，密切同党外人士的联系，香港分局成立了统战委员会，由连贯同志主持。1948 年 4 月间，我自云南回到香港汇报工作，被留了下来，任统委委员，住在机关，主要工作是同在港的高中层民主人士联系，传递信息。党中央、分局和统委有事需要和可以由我告诉党外人士的，交我去办；民主人士有什么意见需要我告诉党的，也就托我这个"罗先生"（那时只有少数人知道我的名字）转达。当时丘哲作为民盟又是农工党的头面人物，由于工作需要，经连贯介绍，我同他建立联系。记得初次同丘老会见，地点是在西摩道他的住宅里。丘哲那时鬓白发稀，60 岁出头，但由于身材高大，保养又好，脸色红润，神采奕奕，加上上唇留上一撮已花白的"卓别林"胡子，使我这个年轻人很自然地对这位生面长者采取保持一定距离的态度。大概是我的拘谨态度给他老人家看出来了，他显出格外的亲和神色使我和缓下来。特别是我两句寒暄使他辨认出我的粤语带有客家话根底，就问我是否客籍人。当我说到我祖宗居留过嘉应州时，他不仅说大家是"自家人"，而且进一步靠近座谈。当我讲党组织要我向他转达的事情时，我注意到他对我讲的每一句话都严肃认真地听取，组织提出的向他征求意见的问题，他都爽快直言回答，没有转弯抹角，也没有模棱两可；处处表现出他对我党中央的领导，特别是对毛主席的尊重、爱戴。公事谈毕，我们便开怀畅谈起国事、天下事来。我是在这次会见中亲自领会到他既是一位无条件赞同我党主张、尊重我们党，又是广闻博识、见解也有相当深度的老人。

从此以后，我还有几次上他家，谈的都是党邀请上层民主人士举行"双周座谈会"的事情。所谓"双周座谈会"，是中共和各党派民主人士上层或中层人士商谈国是的一种形式。这里讲的"国是"是个大题目，具体商讨内容因时因事而定，或由中共提出取得大家同意、决定，或是根据各民主党派、民主人士的意见商讨确定；顾名思义是隔两星期开一次会，但实际上却往往按需要而提前或推后。这种双周座谈的形式，滥觞于重庆，以后便成了我党普遍运用的、为党外人士所熟悉的统一战线政治活动的一种好传统、好形式。分局开这种高层人士会议，在统委成立之前，多数是分别在党外人士的家里举行，自从建立了统战委员会之后，多数在统委会所在地举行。所以多数场合，分局决定开会之后都是我负责通知开会、安排会场和作记录。我到丘哲家，由于多数是转达组织开会的建议，同时也听取他对开会内容和时间的意见，所以往往不用多少时间，便完成任务，没有特殊情况，我随即告辞，像初次见面那样长谈就少了。

当时"双周座谈会"的主题，除了通报情况、讨论重大时事问题之外，主要是商议新政协的准备工作，如新政协纲领、开会的时机与地点、参加单位人数多少等问题。丘老在双周座谈会上的言论，我记不清楚了。我总的感觉是：他虽然是和章伯钧、彭泽民、李伯球同志分别代表农工党参加，但他们都是各自发表个人对问题的看法。我党出席会议的同志为方方、潘汉年、连贯等，对丘老的意见是很尊重的，而丘老对我党中央的意见也十分尊重。丘老的发言多是协和众议，商量式地提出来，而且往往是扼明简要，很少长篇大论。丘哲在 1948 年 11 月 4 日出版的《群众》杂志上发表了一篇题为《实现华南人民利益的正确政策》的文章，这是他读了《华南人民武装当前行动纲领》之后所发表的意见。他完全赞同《纲领》

中关于土改、财政、肃反、保障工商业与华侨利益的各项重大政策，同时认为这个《纲领》和农工民主党扩大会议的决议目标一致，"将使各种爱国反蒋的人民武装，统一在这纲领之下发挥更大力量，加速解放华南"。丘老特别强调华南是工商业比较发展的地区和众多华侨的家乡，保护工商业者与华侨的利益十分重要，"尤其对于把握此时此地的具体情况，确实做到保护华侨与民族工商业资本家，并加强团结"。丘老当时这些主张，不仅在华南仍然在武装斗争时期要实行，就是在解放以后，也要十分注意实行的。总之，丘老对党中央和毛主席的主张，由衷地表态拥护，并以实际行动给予支持；对人民解放军的胜利充满信心，处处表现出他对新中国诞生在望的喜悦心情。

和其他先后北上解放区的高层民主人士所表现的一样，当党中央在1948年秋间决定先后护送在港的党外民主人士到东北转入华北解放区，进一步筹备召开新政协会议时，丘老高兴得好像个小孩子遇上过春节那样，欣喜溢于言表。他是安排在第二批离港的，为了免于声张，避免引起港英和蒋帮特务势力的注意和阻挠破坏，人和行李分开起动。我先期（约一二天）到他家把行李运出，和由我负责联系的、同船的民主人士的行李一起，送上船（华中轮），人则在轮船起航之前两三点钟才上船。丘老二三十年代就已足迹半天下，离别的况味岂曾少尝？漂洋过海的风险经历又何其多？但这次离别和以前的情况大不相同。丘老是特别富于情感的人，他盛年游欧之前要"拜别慈母"，这次北上，他要离开年轻的夫人梁淑钊女士和幼子组成的美满家庭，难舍难分的情状可想而知。他到了北平后的《寄内》诗有"每怀离绪倍伤神"之句，也证明了这一点。我当时告诉丘老和他的夫人，我们同北方常有电讯联络，一有情况便可得到信息，我当随时到府上相告；丘夫人有信和要带点什么"小心"给丘老也可以办到（大概是这句话起作用，不久丘夫人便拿了一双新做布鞋到我住处托我转给丘老，这岂止是千里送鹅毛，简直是针针千金意，我照办了，但那时在

丘哲先生乘"华中号"北上途中

沈阳的丘老有无收到不得而知），有什么困难，我们也会协助解决，请他们一切放心。他们完全相信党组织有这个办法。后来丘老有诗句表达了他这种情感："离情都带欢怡感，高卧船中黑到明。"

讲到途中的安全，最担心的不是一般的海上航行的风险问题，因为这对丘老这位如他自己所说"坐船多过食饭"的人，

是不足挂齿的。可这次情况特殊，尽管我对丘夫人反复说安全没有问题，也以第一批人士已安全抵达东北作为例子宽解她的焦虑，但我们内心也不是那么有把握，要冒一定风险，这也是大家都心照不宣的。因为那时，著名的辽沈战役才结束，平津尚未解放，战云密布祖国上空，沿海更是美蒋海、空军的世界，而且船还要经过台湾海峡。这对于任何过往的革命者，都是一个考验，对我国知名度高的民主人士来说，在当时军事政治斗争十分激烈的条件下，更不用说了；如果任何人出了意外，就不只是个人的不幸，对我国的革命事业也是难以弥补的损失。丘老不是不了解到这一点的。丘老怎样对待这次考验呢？同其他北行的高层民主人士一样，我没有听到他在这个事情上讲过什么豪言壮语，但沉默并不是没有感受，一种高度爱国主义孕育的履险如夷的英雄气概，潜沉在内心的深处。他毕竟用雄浑的诗句表达出来了。他在《十一月二十三日自香港乘轮赴东北口占留别亲友》的诗中是这样写的：

　　愿抱澄清酬故友，拼将生死任扶颠；

　　关山极目风云急，剑匣长鸣起执鞭。

　　读了丘老这首诗，再由我来对他当时表现出来的热爱新中国的高度爱国主义的精神说些什么，都是多余的了。

　　丘哲先生北上后，更加忙于新政协的筹备工作，可想而知。我只从报上看到他和李济深、沈钧儒、马叙伦、郭沫若、谭平山、章伯钧、蔡廷锴等55位到达解放区的人士于1949年1月22日联名发表的《我们对于时局的意见》，揭露美帝国主义所搞的政治阴谋，即一面企图在革命阵营内酝酿反对派组织，一面嗾使南京反动集团发动和平攻势，以便争取时间，作最后的挣扎。他们在《意见》中毅然决然发表了"人民民主阵线之内，绝无反对派立足之余地，亦决不容许有所谓中间路线之存在"的声明，还表示"彻底支持"毛泽东主席代表中共中央提出的和平的八项条件，同时希望全国人民采取行动"促其全部实现"。后来丘哲作为民盟代表出席了中国人民政协首届会议，这个会议宣告中华人民共和国的成立，选出中央人民政府，制订《共同纲领》，是由旧中国到新中国转折的重要会议。丘哲先生的其他情况，就不得而知了。

　　（节选自《纪念丘哲》，中国农工民主党中央党史资料研究委员会编，中国文史出版社1991年版）

北 上 纪 实

黄鼎臣 *

响应"五一"号召

1948 年 4 月 30 日，中国共产党发表了具有重大历史意义的"五一号召"，号召"各民主党派、各人民团体及社会贤达，迅速召开政治协商会议，讨论并实现召集人民代表大会，成立民主联合政府"。中国共产党的号召反映了全国人民的要求和愿望，因而得到各民主党派和各方面民主人士的热烈响应。致公党发表了《响应中共中央"五一"号召宣言》，指出"五一"号召的发表，预示中国革命进入了新的历史发展阶段，"历史决定了独裁会将要走进自己掘好的坟墓，人民必然获得解放和翻身，新的中国已经胎动，将在旧中国的崩溃过程中建立起来"。宣言还号召广大华侨同胞对祖国革命从精神和物质上给予支持。将来"大踏步地回到民主的祖国的怀抱，参与新中国的各种建设，使中国成为一个独立、自由、康乐的国家"。

致公党的领导人也接连发表文章，拥护召开没有反动分子参加的人民

---

* 黄鼎臣（1901—1995），第二、三、四届全国政协委员，第五、六、七届全国政协常委，中国致公党中央名誉主席，曾任中央卫生部医政局局长、医疗防预司长。时任中国致公党中央常委。

1949 年，陈其尤（左三）、黄鼎臣（左二）等致公党领导人合影

的新政协。如《迎接新政协》一文指出："反帝、反封建是全中国人民的事业，任何人都有参与的义务。因此，各民主党派，各人民团体，各社会贤达之政治协商会议的召开，全国人民代表大会的召集和民主联合政府的建立，是必然会到来的，也必须如此，才能解决中国的政治问题。"

陈其尤同志的文章《新政治协商的意义与任务》也指出："新政治协商会议的召开，是今日中国民主革命总形势发展的结果，完全符合全国人民的意志。"

中共中央"五一"号召发出后，汇集在香港的各民主党派和中共密切联系，准备迎接新政协的召开。我们致公党也和中共华南局的方方、饶彰风、许涤新、连贯等同志保持密切的接触。他们给了我们宝贵的支持和帮助。

在香港的民主党派和无党派民主人士经常举行会议、发表声明反对国民党的反动统治,支持人民解放战争。当时香港的情况是复杂的,反动势力很猖狂。致公党在港澳的成员较多,社会联系也比较广泛,因此我们把致公党成员组织起来,给著名的民主人士站岗放哨。他们开会的时候,致公党成员在会场附近巡逻,暗中加以保护,使他们免遭反动派的暗害。

到 北 方 去

1948 年下半年,随着人民解放战争的胜利,召开新的政治协商会议的条件逐渐成熟。应中共中央的邀请,致公党负责人陈其尤乔装商人从香港乘轮北上,冲破重重封锁,抵达东北解放区。陈其尤同志到沈阳后即致电中共中央毛泽东、朱德、周恩来同志,代表致公党全体同志向中共中央致敬,表示要为实现新民主主义革命,建设新中国而努力。本来,中共华南局要我留在香港,准备参加广东的接管工作。但 12 月中旬中央来电,决定我也北上,使我感到难以形容的高兴。到北方去,可以见到毛泽东、周恩来、朱德等中央领导同志,这是我梦寐以求的。

当时,华北还没有全部解放,海域还完全控制在国民党反动派手里,要北上可不容易。从 1948 年 12 月底到 1949 年 1 月我已经做好北上准备,计划先去烟台,后得知港英当局要下船搜查的消息,只好改变行期。全靠中共华南局的精心安排,我和其他民主人士才于 1949 年 3 月 20 日顺利成行。记得那时载我们北上的是租来的一条外轮,名叫"宝通号",坐了200 多人,大都是比较著名的民主人士和各民主党派的负责人。其中有年纪大的,有晕船的,没有医生不能开船。我在日本留学时读的是医科大学,又行过医,有医生执照,所以就让我做船上的义务医生。我愉快地担负起这个责任,组织比较年轻的男女同志,对他们加以训练,协助我工作。我们顾不上休息,也不管风急浪高,从早到晚,上下船舱跑个不停,照料病人和晕船的同志，终于顺利地完成了任务。

　　船到山东北部附近海域时，收到广播：中共中央召开了七届二中全会。全船立刻沸腾起来，大家恨不得马上到达党中央的身边。当时虽然风浪还大，船还颠簸，还要防备敌人袭击，但大家的情绪高昂，欢笑声、祝贺声不绝于耳。船过青岛后就看不见敌人的兵舰了，全船同志兴高采烈。为了庆祝中共七届二中全会的召开，在船上出了墙报，大家还分别买酒菜，一起庆祝。同志们有一个共同的信念：新中国的诞生指日可待了！"宝通号"于 1949 年 3 月 27 日到达天津，那时渤海湾里航道刚刚化冻不久。

1984 年 12 月

孔繁礼协助整理

（节选自《新政协的丰功伟绩将永载史册》，原载《迎来曙光的盛会——新政治协商会议亲历记》）

一心向往共产党

——我北上参加第一届政治协商会议的回忆

吴羹梅[*]

一

1948 年，中共中央发布纪念"五一"劳动节口号，提出召开新的政治协商会议，成立民主联合政府的号召，迅速得到各民主党派、无党派民主人士以及国外爱国华侨的热烈响应。民建总会当时尚在上海，工作已转入地下，总会常务理事会一致通过响应"五一"号召，但不能公开发表响应通电，特指派章乃器、孙起孟为驻港代表，向中共驻港负责人表示民建已响应"五一"号召，并与其他党派负责人取得联系。随后又决定派章乃器、施复亮、孙起孟三人，代表民建北上解放区参加了新政协的筹备工作。

我当时还在上海，在民主运动中，我曾与中共地下党员张锡昌等经常联系。在工商界中同孙晓村、胡子婴、盛康年等同志接触较多。并与何惧同志建立了经常的联系。何惧是沙千里同志的亲密朋友，关系笃厚，在重庆以创办建国机器厂为掩护，进行爱国民主运动。"五一"号召以后，上海工商界的一部分进步人士，提出关于实行"公私兼顾，劳资两利"政

---

* 吴羹梅（1906—1990），第二至七届全国政协委员，民建常务理事。时任上海中国标准铅笔厂总经理。

64

吴羹梅

策的建议，并公推何惧同志把这个建议送到解放区去。何惧同志不避艰险，欣然就道，对外说是作为我个人的代表，实际是代表上海一部分工商界的。他克服了种种困难，通过了国民党的重重封锁线，在天津又获得了李烛尘同志的帮助，经过沧州、石家庄，于是年9月到达中共中央所在地——河北省平山县西柏坡，把我们的建议交给了党中央的有关同志。

1948年冬，经张锡昌同志的帮助，见到了上海党组织的负责人刘少文同志。他正式通知我去香港与潘汉年同志取得联系，再由他们安排北上解放区参加新政协的筹备工作。我接受了这样光荣的任务，当然是喜出望外的，但同时又产生了一种忐忑不安的心情，这是因为我一方面正在筹措上海解放前护厂资金，尚无着落；另一方面我只是一家中小工厂的负责人，在工商界中的代表性是不够的，而且自己德才不称，恐难以胜任。经过孙晓村、金学成两同志的鼓励，以及我老伴高静宜的支持，在筹好护厂资金后，本着一心向往共产党的夙愿，决意前往解放区。我把铅笔厂的事务交给副总经理王兰生处理，偕同老伴和子女三人全家五口于1949年元旦宣称去南洋打开产品销路，秘密离开上海去香港。到港后，先后与中共香港分局和香港工委负责人潘汉年、许涤新、连贯等同志取得了联系。此时，孙起孟、章乃器、施复亮等同志已经先期去解放区，未得相见。我在港时间不长，参与了民主建国会港九分会的筹备工作，并参加了该分会的成立大会。此时在港的民建会员已有 40 余人，港九分会于 2 月中旬成立后，由何民麟、黄玠然等同志负责。

2 月底的一天，我乘拉丁美洲一艘 500 吨的小轮船由港启程去解放区，同行者有民建监事杨美真等人。过台湾海峡和吴淞口时，怕被国民党军舰检查，大家都躲在船舱内，不到甲板上活动。2 月 25 日抵烟台时，正是邓兆祥舰长领导起义的国民党军舰"重庆号"到达烟台的那一天。我们受到烟台中共负责同志的接待，住一二天，然后转乘敞篷卡车出发。经过天津时，受到黄敬市长的热情接待，于 3 月 8 日抵达北平。

到北平后，我和其他民主人士住在北京饭店，先后受到了中共中央领导同志林伯渠、李维汉的接见。我同各党派人士一起参加各种报告会和座谈会，并阅读解放区颁布的各项政策法令，加深了对共产党及其在解放区各方面成就的认识。中共中央各方面负责同志还给我们作报告，介绍情况，他们无不热诚坦率，诲人不倦，使我们深为钦佩。3 月 25 日，毛主席随同中共中央、中央军委迁到北平，我同在京的各界民主人士到西苑机场迎接。毛主席和朱总司令满面笑容地和大家一一握手问好。我在重庆时，承蒙毛主席三次接见，相别四年，而这次恰在全国解放的前夜，又得相见，给我留下极深的印象，永志难忘。

二

人民解放战争节节胜利，势如破竹。4 月 21 日，由于李宗仁国民党政府拒绝在《国内和平协议》上签字，和谈破裂，毛主席和朱总司令发出向全国进军的命令，百万雄师过大江，4 月 23 日解放了南京，宣告了南京国民党政府的覆灭。在这鼓舞人心的时刻，到北平的各界民主人士59人得到中共中央统战部部长李维汉的通知，党中央同意大家的请求，组成"民主东北参观团"，到东北老解放区参观。这是全国解放前夕的第一个民主人士到老解放区参观访问的团体，不仅可以亲眼看到东北在战后重建政权和经济恢复工作的过程，还可借以理解党对工商业者的政策，大家对于能够得到这个好机会，感到非常兴奋。临行前，李维汉部长面嘱我担任参观团团长，并请中共中央统战部的于刚、管易文和何成湘三位同志任副团长，协助工作。我深感党的信任，但以团员中多数是为革命事业尽力、劳苦功高的党内外人士，而自己对东北老解放区的情况又毫无了解，陈述难任团长的衷情。李部长又加勉励，说团长副团长都是为团员服务的，我们把你当做干部使用，又有三位副团长共同负责，万望勿辞，我只好决定勉力担任。

民主东北参观团包括陪同参观者及医护、警卫等工作人员共计百人左右，4月22日乘一列附挂软卧和餐车的专列由北平出发，先后到达旅大、

民主东北参观团全体成员合影

鞍山、本溪、安东、沈阳、抚顺、长春、吉林、小丰满、哈尔滨等地，从南到北参观了民主东北老解放区的各大城市，沿途受到当地党政领导同志的热情接待，引导参观，相互交谈。在大连恰逢庆祝五一劳动节的盛典，我们看到了 12 万人的集会游行，第一次听到高唱《没有共产党，就没有新中国》的雄壮歌声，深感此歌道出了真理。我马上学会了这支歌，一直不忘，后来每逢民建中常会和全国工商联举行节日联欢集会时，我都放声高唱这支歌，始终坚信中国共产党，坚信社会主义。

在大连、鞍山、本溪主要参观了工业发展的情况。本溪煤铁公司不仅在中国有名，而且在世界上也是有数的，它能生产含磷很少的煤，还可以炼出质量很高的钢，产品运销日本。在日本侵占东北时，最高生产量是：铁 46 万吨，煤 95 万吨，焦炭 65 万吨，使用工作母机 1300 台，电力 10 万千瓦，雇工有 12 万人。日本投降后由国民党接收，设备被破坏，产量大减，到本溪解放时，产量只有日本人管理时期的 1/4。这时有一个动人的故事，就是在接收此厂时来了九位党员，他们一无经验，二无金钱，但遵照毛主席教导的"依靠工人，刻苦兴家"八个大字，恢复了生产。他们到厂后，首先请技术工人开诸葛亮会，决定要把原有的 1300 台工作母机（当时仅存 38 台）至少找回 300 台来用于开工，并且接着从 9000 名工人中推出 600 位代表，大家出主意。根据工人代表反映，了解到好些机器在国民党接管时期被搬走，在山上、林中、田间做防卫工事了。于是工人们发起贡献器材运动，想方设法冒着零下 20 摄氏度的严寒收集了 300 台工作母机，开始恢复生产。工人们保证一年可出铁 10 万吨，争取超额完成，估计第二年可以出铁 55 万吨，达到超过以往年产 46 万吨的纪录。

参观团抵沈阳时，欣闻上海解放，大家异常兴奋。我在招待所里同上海中国标准铅笔厂的王兰生同志通了电话，当得知厂里平安无事，并准备在最短的时间内复工，觉得很高兴和放心。团员分头参观了工业、交通、教育、文艺、司法等各个方面，到处反映出人们崭新的精神面貌。在抚顺主要参观了煤矿，有一处叫做"大揭盖"，是世界闻名的露天煤田，藏量大，产量高。工人们深知自己是国家的主人，都拼命地把国民党遗留下来的烂摊子恢复起来。在长春，我们参观了原国民党东北守将郑洞国的司令部。这个司令部设在长春的中央银行里，银行大楼建筑得非常坚固，外表也十分壮观，原来以为可以在此死守，殊不知其部下倒戈起义，投奔光明。参观团抵哈尔滨后，首先向烈士纪念馆的革命先烈致敬。我们看到了杨靖宇将军和陈焕章将军的遗首，泡在防腐药水之内，加意保护。其遗体曾被日寇解剖，胃肠中尽是野草，其斗争之艰苦可以想见。我们含着热泪衷心感谢这些烈士为革命为人民而死，烈士的事迹将永为后人所景仰。哈尔滨是个 80 万人口的城市，虽不能与上海相比，而在东北却是一个很大的都市，其市政企业，公用事业，都已从破坏中逐步恢复起来。

哈尔滨有一家公私合营企业——哈尔滨企业公司，于 1948 年 7 月 1 日成立，共有资金 350 亿元（当时纸币），其中公营资本占 53%，私人资本占 47%。人们如果按照旧的想法来推测，会以为董监成员人数应由政府超过半数，以便管理。但事实上并非如此。这家公司共有 15 位董监事，其中 11 人为工商界，只有四人是由政府派出的，其中一人担任监事长，二人任常务董事，一人为董事。政府认为担任董监事不是去争取权利，而是为了发挥管理企业的作用。这个公司的利润分配制度也有几个特点：（一）公积金是 10%，工商界或许以为公积金提得太少，实际是因为要取得投资人的信任，不愿把公积金提得太多；（二）给股东的分红是 60%，社会福利基金是 10%；（三）最后剩余的 20% 又平均分为四份，以其中 5% 作为职工酬劳，但每人所得不能超过工资的一个半月，以 5% 作为劳动保险基金，以 5% 作为职工奖金，对于有发明、创造和特殊贡献的职工公开予以奖励，最后一个 5% 作为董监事的酬劳；（四）每位董监事的酬劳不能超过职工酬劳最高额的三倍，例如职工最高工资为每月百元，酬劳一个半月应为 150 元，那么董监事的酬劳最多不能超过 450 元。这种利润分配制度在新中国成立初期是值得借鉴的，也的确是贯彻了公私兼顾、劳资两利的政策的。哈尔滨有手工业铅笔厂共 58 家，产品质量较差，但年产达 15 万罗（每罗 12 打），足供军需民用，这是我所意想不到的。

参观团全体同人于 6 月 8 日回到北平。在 40 多天的参观生活中，全体同志受到很深刻的教育。回到北平后，全体团员和陪同人员共 72 人于 6 月 14 日联名致书毛主席陈述感想。信文如下：

敬爱的毛主席：

为了要求亲身体会中国人民革命事业和新民主主义建设的发展，我们一共有 59 个人选择了东北这个地区去参观了 40 多天。我们走遍了所有东北重要的城市和若干农村，看了许多厂矿，接触了许多人，也看到了许多伟大动人的场面。

首先，使我们感到最重要的是：向来被人看作一盘散沙的中国人民，在中国共产党和主席领导之下，经历了长期的斗争和锻炼，现在已经组织成并教育成钢铁一样的坚强的集体了。政府的民主集中制已经充分发挥了效能——群众有发表意见的绝大自由，而中央的政策又能贯彻到最下层去。这样坚强的集体，在中国历史上是空前的。不久的将来，革命在全国胜利，中国对世界和平事业将起极伟大的作用，是无可置疑的。

其次，我们看到了东北在教育司法方面的改革和经济建设方面的发展，特别是看到广大的劳动人民现在能以国家主人翁的身份发挥前所未有的创造力量，这是中国前途富强并能迅速走上社会主义道路的保证。

由于种种重大的设施与改革，使得整个社会风气显然起了根本的变化。新生的朝气冲洗了旧社会的残渣，勤劳朴实的作风代替了过去的奢侈颓废的病态。在这里，中共干部和党员的优良作风曾起了很大的作用。

综括这次参观所得，使人感觉振奋的地方实在太多了，在此不能一一赘述。我们深深感到，一切优良的成绩，应当归功于人民力量的伟大，归功于共产党领导的成功，归功于主席英明的决策和指示。

同人等参观归来，感到今后为人民服务的决心与信念，将愈加坚实，这是可以告慰于主席的。谨向主席致最崇高的敬礼！

民主东北参观团：吴羹梅、于刚、邓裕志、李文宜、罗叔章、郑坤廉、王雪莹、王仲元、张曼筠、史东山、梁均、何成湘、常任侠、高静宜、程绯英、石振明、杨静仁、胡守愚、朱烈、刘玉厚、高祖文、尹华、徐涛、盛志侠、邓子平、李海、费振东、严信民、储安平、戴子良、王静之、蔡国华、黄廷安、冯天正、李伯球、韩兆鹗、郭冠杰、管易文、张文、谭惕吾、陈此生、林汉达、陈劢先、马思聪、谭冬青、黄子彦、张西曼、杨子恒、李子诵、李丽莲、胡耐秋、赵钟、张永池、潘辑武、朱富胜、黄铸、张默然、吕集义、石定康、胡一声、陈尚明、马龙章、沈知津、杜若君、金满成、冯伯恒、秦成、唐远之、张留云、罗子为、秦元邦、章培

6 月 14 日于北平

三

自东北参观回北平后，住在六国饭店。6 月 15 日新政协筹备会正式开会。出席会议的产业界民主人士有七人，即陈叔通、盛丕华、李烛尘、包达三、张纲伯、俞寰澄（未到前由酆云鹤代）和我。当我步入庄严辉煌的勤政殿时，联想起自己以来自国民党统治地区的一个中小工商业者参加这样具有重大历史意义的会议，觉得无比激动。在这里，又一次听到了毛主席深刻感人的宏论，看到了周恩来同志和蔼可亲的笑容；在这里，和各

党派、各界的朋友相聚一堂，欢庆胜利、共商国是。旧制度已濒崩溃，新社会即将到来，这是多么令人感奋的时刻！

新政协筹备会首届全体会议闭幕以后，周恩来同志约集各民主党派和工商界的民主人士黄炎培、章乃器、陈叔通、马寅初、吴耀宗等进行座谈，准备赴沪协助陈毅同志做好接管上海的工作。我有幸参加座谈会，再一次聆听周恩来同志的亲切谈话。他说我们去上海的任务是配合军管会宣传党的政策，安定人心，恢复生产，繁荣经济。他说：我们共产党人是为人民服务的，决不会变成官僚资本，到过东北参观的人是可以证实的。我们军队纪律之严明是世界上没有的，根据上海民主人士的建议，我们下令解放军住在马路上不进民房。我们有信心一定能打败残余的国民党军队。上海解放后，为了安定社会秩序和人民生活，政府每天有一万吨煤、几万吨粮运到上海，棉花不够纱厂用，到各地及海外采购。帝国主义想威胁利诱我们办不到，我们一定能够依靠自己的力量，使上海全面恢复生产，把上海建设得更好。希望产业界各位多加帮助，多提建议，知无不言，言无不尽，供政府采纳。随后，陈云同志就上海财政经济问题讲了话。

6 月 23 日，我随邓颖超、黄炎培、陈叔通、马寅初、吴耀宗、许广平、王绍鏊、林汉达、盛丕华、包达三、胡子婴、张絅伯、张琴秋、邓裕志等一行 70 余人，乘专车离平去沪。25 日抵达上海，上海市副市长潘汉年、副秘书长沙千里、外事处长章汉夫、军管会文化教育管理委员会副主任夏衍及各民主党派和中华职教社等各方面的代表冷遹、胡厥文、妇女界章蕴、黄静汶等到车站欢迎。第二天上海市举行欢迎大会，陈毅市长发表了热情洋溢的讲话，亲如家人，披肝沥胆，听者无不感奋激动。

我们到沪后，列席了上海市第一次人民代表会议，参加了庆祝七一的活动。上海产业界金融界人士举行欢迎我们的茶话会，陈叔通、包达三等许多同志都讲了话，宣传共产党谦虚为怀，善于倾听党外人士的意见，并鼓励大家为恢复上海生产，反对封锁尽心竭力。我们还参加了 7 月 18 日在大东旅社举行的工商界劳军分会成立大会，出席的工商界各业代表计有300多人。大会主席团为陈叔通、盛丕华、黄炎培、胡厥文、刘靖基等15人。陈叔通致开幕词，胡厥文、黄延芳等在会上讲了话。我也在会上发了言，主要汇报了参观东北老解放区所看到的东北抗日联军在冰天雪地中艰苦奋战，英勇杀敌的壮烈事迹，号召工商界同志与政府合作，在中共领导下，努力恢复生产，尊重工人权利，前途一定是光明的。7月31日，工商界劳军分会举行庆祝八一建军节联欢晚会，慰劳战斗英雄。陈毅市长出席讲话，讲述建军历史，慷慨激昂，感人肺腑。8月17日，在许涤新主持下，上海市工商业联合会筹备委员会举行会议，商定委员名额88人。8月26日，在中国银行举行筹委会成立大会，选出盛丕华为主任委员，胡厥文、卢绪章、荣毅仁为副主任委员。并推选盛丕华等23人为常务委员，孙晓村为秘书长。在沪期间，我还就中国标准铅笔厂整顿和扩充厂务问题与有关职工进行协商，并与来沪参观铅笔厂的公私合营哈尔滨企业公司负责人杨祝民同志数度研讨，决定将一套制造铅笔设备作为投资与哈尔滨企业公司合作，创办公私合营的哈尔滨中国标准铅笔公司。我厂派梁树禧工程师率领技术员工10余人押运机器于是年6月赴哈尔滨建厂，1950年春投产。我们在上海学习工作和参加各种集会，两个多月后先后返回北平。

四

中国人民政治协商会议第一届全体会议，于1949年9月21日隆重开幕，至同月30日闭幕。当毛主席在开幕词中讲到"占人类总数四分之一的中国人从此站立起来了"的时候，全场掌声雷动，经久不息。我作为工商界15名代表之一（代表陈叔通、盛丕华、李范一、李烛尘、简玉阶、包达三、姬伯雄、周苍柏、俞寰澄、张绚伯、吴羹梅、巩天民、荣德生、王新元、刘一峰，候补代表郦云鹤、冯少山）参加了这个大会。会议经过反复深入讨论，民主协商，制定了《中国人民政治协商会议共同纲领》《中国人民政治协商会议组织法》《中央人民政府组织法》。制定了国旗、国歌，决定了中华人民共和国采用公元纪年，决定定都北平，并改名为北京，选举了中国人民政治协商会议全国委员会。中国从此开辟了一个新的时代。

9 月 30 日下午，在毛主席领导下，与会同人参加了建立人民英雄纪念碑的奠基典礼。

10 月 1 日，中央人民政府在天安门举行开国大典，首都各界 30 万人民聚集在天安门广场。这一天，长安街上五星红旗迎风招展，蓝天白云下彩色气球凌空飞扬，千只白鸽腾空起，飞龙翔凤，万朵鲜花逐波舞，似海如洋。军乐起奏，礼炮齐鸣。毛主席在天安门城楼上庄严宣告："中华人民共和国中央人民政府委员会于本日在首都就职，一致决议，宣告中华人民共和国中央人民政府的成立。"霎时间欢呼震耳，歌声嘹亮，欢呼新中国的诞生。接着举行阅兵式，朱总司令乘车检阅各兵种。一排排整齐的队伍，雄壮的步伐，豪迈的气概，魁伟的体魄，充分显示了祖国的钢铁长城，是多么地振奋人心！我有幸参加了新中国的开国盛典，内心万分激动，久久不能自已，而今虽已隔 36 年，但难忘的一切情景，仍感如在目前。

石光树协助整理

（原载《迎来曙光的盛会——新政治协商会议亲历记》）

宋庆龄同志北上前后

廖梦醒[*]

　　1937 年日军占领上海，庆龄同志转移到香港。白求恩过港赴延安时，承志、邓文钊与我组织了一个加拿大医疗小组，但苦于声望不足，迄无建树。乘庆龄同志来港，便发起筹组保卫中国同盟，由庆龄同志任委员长，邓文钊任财务主任，我任办公所主任兼秘书。工作人员起初只有我们几个及爱泼斯坦等人，任务是出版刊物，介绍八路军和延安解放区，为他们向海外人士募集捐款和医疗器材。我们支援过的机构有延安国际和平医院、延安洛杉矶托儿所、中央医院、鲁艺、抗大等。后来邹韬奋、金仲华、陈君葆、许乃波等都陆续参加工作，保卫中国同盟在西摩道设了一个办事处，直到太平洋战争爆发才迁渝办公。

　　在港期间，有个汽车商人捐了一部大型救护车，庆龄同志把它送往延安，随车还有几名支援解放区的外国医生。这车大小像公共汽车，灯水齐备，还有手术床和七张病床。送车证给庆龄同志那天，我们都到场观礼，许多记者来采访，报纸纷纷刊登消息照片，引为一番盛事。保卫中国同盟常把一卡车一卡车的医疗器材和药品托外国友好人士送往延安。但这些宝贵物资常被国民党军警无理没收。有一次国民党在陕西三原没收了我们募捐的三卡车医疗器材，包括外科手术用的胶手套、X 光机等。多年来我一

　　* 廖梦醒（1904—1988），第五、六届全国政协委员，第一、二、三届全国妇联执委。时任宋庆龄秘书。

直在想，假如白求恩大夫及时收到这些胶手套，也许不至于感染破伤风而死去。

太平洋战争爆发，香港沦陷后，庆龄同志到了重庆，随后周恩来同志把我调到重庆，不久爱泼斯坦夫妇也来了，保卫中国同盟的工作转移到重庆，任务依然是给边区军民募集捐款和医疗器材。国内外不少人仰慕孙夫人，有些人就是为了得到她在捐款收据上的亲笔签名而慷慨解囊的。当时胡宗南部队封锁陕甘宁边区，边区缺医少药。有一次，国外捐来一架大型X光机。那时能飞到延安去的只有美国军用机。可是这部X光机体积很大，搬不进舱门。我请示恩来同志，他叫我去跟庆龄同志商量。庆龄同志让我去找史迪威将军的杨副官。那是一个夏威夷华侨，深得史迪威信任。我把情况说明后，他立刻报告史迪威将军。史迪威将军向来钦佩孙夫人，一口答应帮忙。他怕夜长梦多，下令马上改建一架军用飞机的舱门，把X光机装进去就飞往延安。

那时保卫中国同盟的办事处就设在庆龄同志家里，房子周围有国民党特务监视，家里也有国民党派来的"听差"，庆龄同志实际上并没有与人交往的自由。但是她一直与周恩来同志保持着密切的联系，由我充当他们之间的联络员，自己则总是深居简出。有一次，是1943年，《新华日报》创刊五周年，在化龙桥报馆的操场上举行庆祝活动，庆龄同志也出席了，邓大姐亲自陪她观看演出。记得节目中有秧歌剧《兄妹开荒》，荣高棠同志参加了演出。因为庆龄同志很难得有机会来到自己人中间，所以这一天她特别高兴。

1945年秋末，少石同志在重庆遇难，遗体停在市民医院。庆龄同志异常悲痛，亲自去医院看我，还在灵前献花吊唁，到了安葬的那一天，又为少石同志执绋。她安慰我，叫我节哀，并叫我不必急于去上班，好好休息一下。恩来同志便把我和女儿接到红岩，使我能暂时回到革命大家庭中。同志们的温暖和关怀，帮助我在悲痛中坚强起来，尽快回到工作岗位上去。

这时，抗战胜利已有几个月，庆龄同志要回上海了。恩来同志和我谈话，叫我做好准备，随后就去。这样，保卫中国同盟迁到上海，改名为中国福利基金会。它除了继续募捐款项与医疗器材给解放区外，还办了儿童剧团（为了收容战争中失去父母的儿童）、儿童图书馆和识字班（后来发展成为少年宫）、妇幼保健站（后来发展成为福利会儿童医院）等。鉴于国民党统治下很多进步文化人生活贫苦，1948年庆龄同志发起了一个援助贫病作家的中秋赏月会，有跳舞、猜灯谜及其他各种游戏，公开发售入场券，收入所得全部送当时在上海的贫病作家。除现金外，送给贫病作家的还有帆布床、面粉和澳洲捐来的毛毯。这些援助虽然菲薄，但对当时挣扎在饥饿线上的贫病作家来说，无异于雪中送炭。

当时蒋介石政权已摇摇欲坠，更加疯狂镇压革命人民。对于这点庆龄同志是很警惕的。当时有一位同情我党的朋友倪裴君知道国民党要抓一批地下党员，她把黑名单透露给我，我立即把情报送到党的一个联络点。不料很快我自己也上了黑名单。一天庆龄同志告诉我说："你也上黑名单了，

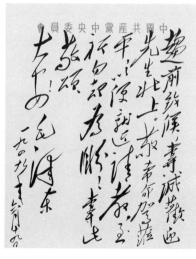
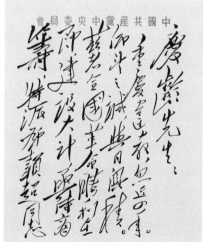

毛泽东邀请宋庆龄北上的亲笔信

1949 年 7 月 1 日，宋庆龄在邓颖超（右一）、廖梦醒（右三）陪同下，出席上海党政军民庆祝中国共产党成立 28 周年大会，并发表热情洋溢的讲话

赶快走吧。"我于是通过地下电台请示恩来同志，恩来同志指示我迅速转移，庆龄同志便立即让一个外国朋友出面为我购买船票，把我送到香港。

北平解放后，我和母亲从香港到了北平。政协第一届全体会议快要开会了。毛主席和恩来同志写了信请庆龄同志来京，并派邓大姐和我去接。到了上海，邓大姐叫我先去看她。

庆龄同志说："北京是我最伤心之地，我怕到那里去。"我说："北京将成为新中国的首都。邓大姐代表恩来同志，特来迎接你。"

几次交谈之后，邓大姐把庆龄同志说服了。8 月底我们乘车北上。

9 月 1 日，庆龄同志车抵北京。在月台上，毛主席、朱德同志、恩来同志都来了，我母亲也来了，都来迎接她。当天晚上，毛主席宴请庆龄同志，大家畅谈甚欢。我亦恭陪末席。

（节选自《我认识的宋庆龄同志》，原载《回忆宋庆龄》，
上海宋庆龄研究会编，东方出版中心 2003 年版）

张澜脱险北上经过

张茂延[*]

先父张澜生前长期从事民主运动。抗日战争期间，参加发起组织中国民主政团同盟，被推选为主席，旋改组为中国民主同盟，继续担任主席，坚决拥护中国共产党主张，战时坚持团结抗战，战后主张民主建国，反对独裁内战。1946年下半年，蒋介石公然撕毁国共停战协定和旧政协决议，发动全面内战，大举向解放区进攻，同时片面决定召开伪国民大会，企图强化法西斯专政。这时我父愤时忧国，毅然带病离川，来到上海，召开民盟二中全会，对国民党进行了顽强的斗争，直至上海解放。在此期间，我随侍在侧，对我父当时的一些重要政治活动，记忆犹新。现追叙若干片段，供史家参考。

拒绝参加伪"国大"

1946年6月，民盟总部迁到南京，我父因病留渝未去。这年11月，蒋介石慑于国内外舆论压力，一面假惺惺地发布停战令，妄图蛊惑人心，一面授意青年党联络民盟和所谓社会贤达，组成国共以外的第三方面综合小组进行和谈，并要他们提出参加伪国大的名单，企图从政治上孤立中国

---

* 张茂延，1921年生。张澜之女。

共产党，分化瓦解民主党派。

这时第三方面人士在南京交通银行开会，联名写信给蒋介石，要求国大延期一个月召开，到期如果和谈不成功，第三方面愿意提名参加国大。当时周恩来还在南京，及时加以揭露，民盟代表沈钧儒、章伯钧、张申府等匆匆赶回交行，涂掉他们在信上的签名。第二天报载"涂抹太多，不便进呈"，因此蒋介石妄图孤立中共的阴谋没有得逞。独张君劢不以为然，认为民盟真是"共产党的尾巴"，于是单独召开民社党会议，步青年党后尘，向蒋介石卖身投靠。此时，内外责难甚多，大有瓦解民盟之势。在南京的忠实同志纷纷函电催我父东下，认为"表方（我父别号）不来，一切失掉了中心"。我父也很挂念事态的演变，常去函电叮嘱南京同志多加小心，11 月 12 日上午并从重庆打长途电话，坚嘱不可交国大名单。在 16 日又发表谈话，指责政府召开综合小组及国大延期的目的，不过企图换取第三方面参加国大的名单。民盟决定在政协决议完全实现后才参加国大，否则民盟将失掉政治立场。12 月 13 日，父亲病情稍好，即偕鲜英、范朴斋起程至上海主持盟务。

主持召开民盟二中全会

船抵上海，以李济深为首的民主人士和中共代表 100 余人登轮迎接，张晓梅代表中共办事处献花。我父发表书面谈话，强调民盟不参加国大。

上海市民主建国会、民主促进会、妇女联谊会、工商协会、民主与科学杂志社等 11 个民主团体旋即联合举行盛大欢迎会，会场挤得满满的。在雷鸣般的掌声中，我父站了起来，一字一句，清楚而响亮地表示他的立场和态度说："我们民主同盟还在六年以前新四军事变时，便结合同志从事于调解国共两党的争执，那时我们是怕影响抗战。在抗战胜利后，我们首先提出'民主、统一、和平、建国'八个字的口号，意思是要以民主来求得统一，以和平来完成建国，我们认为中国只有这样一条路，才是光明坦途。"还说："一党国大的召开，政协精神已被完全消灭，民盟既参加政协，当有拥护政协决议的义务，没有参加这个分裂国大的理由。谁要致国家于分裂和独裁专政，应当坚决反对；谁反对民主即是反叛人民的罪人。民盟曾受到利诱、威胁、迫害与分裂，但屹然未为所动。"父亲的言论使得那些特务情报员大失所望，沪上民主报纸报道了当时的盛况，有的并赋诗表达情意："欢声动处掌如雷，南极星辉海上来。赤手撑持民是主，青春活泼老犹孩。踏将闻李自由血，扫尽墨希未死灰。万众一心争效命，强权终仗我公摧。"

接着民盟二中全会在上海开幕，开幕前，有些人希望这次会议对国民党政府表示点妥协，另一些人希望会议开得坚强些，以利通向真正的和平民主。我父在开幕会上强调："今后我们的目标是争取同情，加强组织建设，争取真正的民主"，因而澄清了大家的思想，明确了今后的方向。会议发表了政治报告代替宣言，《解放日报》《新华日报》《大公报》都以特大篇幅全文刊登。会后召开座谈会，董必武参加了座谈，痛斥国民党污蔑民盟是"共产党尾巴"，称赞我父在中共未成立前，早就致力于民主运动。

北平发生沈崇事件，全国学生不畏强权，掀起轰轰烈烈的抗暴运动。那时中共驻在国民党统治区的代表和办事处已先后撤回延安，中共党的活动更加隐蔽。我父发表谈话，认为全国青年和一般人民的爱国运动开始抬头，今后民盟的工作应当尽全力为争取民族独立、生存而奋斗，肩负起在大后方进行公开斗争反对反动派的任务。接着民盟公开反对卖国的《中美通商条约》，反对美帝支持蒋介石打内战，争取了社会各界的同情，扩大了民盟的组织和政治影响。

民盟总部解散后号召继续战斗

由于民盟拒绝参加伪"国大"，得到广大爱国人士的拥护，同时却遭到国民党反动派的嫉恨，矛盾日益尖锐。

1947 年 7 月 4 日蒋介石发布"戡平共匪叛乱总动员令"，发表"剿匪建国"演说，一时大有乌云压城城欲摧之势。民盟为了维护民主正义事业，仍然坚持原有主张。7 月 9 日，我父代表民盟发表谈话，严斥"总动员令"，这就使国民党反动派与民盟之间的矛盾达到水火不相容的地步。国民党发言人董显光攻击民盟"通匪"，"执行中共地下路线"，并捏造许多谣言，指责民盟"参加叛乱"，为迫害民盟制造舆论，形势非常紧张，特务经常在我父的住处附近活动。四川朋友劝他回川，他怀念着民盟的前途和盟员的安危，决定在上海坚持。我在他身边一同度过了黎明前的黑暗，他那威武不屈的性格至今仍在我脑海中萦回。

当时我们住在永嘉路集益里 8 号和成银行一幢小宿舍内，同住的有银行职员和民盟同志，民盟办事处在马斯南路原中共办事处，民盟留上海的中委们常在集益里开会。到了 10 月下旬，突然有警察包围马斯南路民盟办事处。南京民盟总部同时受到监视，留守南京的中委罗隆基来上海汇报工作，商量对策，特务也跟着来了。特务用汽车堵住集益里宿舍前门和弄堂口，对进出的人都要加以盘问。叶笃义听说除我父和沈钧儒老人外，其余的都要逮捕。我父虽知环境险恶，生死莫卜，但处之泰然，每天下午照常要我陪他散步，特务尾随在后，亦步亦趋。

10 月 27 日上午，民盟在沪中委沈钧儒、黄炎培、章伯钧、史良、叶笃义等 10 多人聚集在我父房内开会，为了弄清情况，抗议特务监视，保障民盟的合法地位，决定派代表去南京与国民党交涉，叶笃义先去，黄炎培后去。黄走的那天，国民党内政部发言人就宣布民盟为"非法团体"，按后方共产党处置办法处理，同时派警察强占马斯南路民盟办事处，逼迫办事处人员全部撤出。沈老和几位同志搬到集益里来住，大家静待着南京的消息。过了几天，黄炎培、罗隆基、叶笃义三人在特务"护送"下回到上海。这时，我们住房楼下客厅和门前聚集了大批特务。

11月5日上午9时，我父亲和沈钧儒、黄炎培、章伯钧、罗隆基、叶笃义、史良、张文川、陈新桂在集益里开会，黄炎培报告在南京商谈经过，罗隆基、叶笃义相继发言。他们在南京争议之点，在于民盟坚持自己的合法地位，政府如欲取缔，必须公开宣布解散令；政府则要民盟自行宣布解散，如果民盟不自行宣布解散，就要逮捕中委，各地盟员也要登记。他们据理力争，迄无效果，无可奈何，只得承认自行宣布解散，并拟就发布公告的稿子，其内容是：

"中国民主同盟以民主、和平、团结、统一为一贯主张，不幸战祸愈

20世纪40年代，沈钧儒、张澜、鲜英、李公朴（左起）在重庆特园合影

演愈烈，同人处此，惟有痛心，更无为国服务之余地。最近政府宣布民盟为非法团体，禁止活动，同人已不能活动，当公推常委黄炎培代表同人们赴京与政府协商善后事宜，经政府提示善后办法如下：（1）政府宣布民盟为非法组织，希望民盟自行结束，解除负责人之责任。（2）关于房屋……（略）。当经常委黄炎培答复如下：'（1）民盟既经政府认为非法团体，唯有通告盟员停止活动，自经通告后，盟员如有言动，由个人负责。（2）关于房屋各点自当照办。（3）各地盟员一律免除登记，并享一切合法之自由。（4）各地盟员政府如认为有违法行为以及因案被捕者，均由政府依法处理。如无共产党党籍实据，不援用后方共产党处置办法，以上（2）（3）（4）各点是否可行，候示复。'至报端发表各种文件，有盛责民盟之处，多违事实，此时未拟置辩。

"国民党政府答复如下：'（1）如民盟能遵照内政部发言人公布正式宣告自行解散，停止活动，各地民盟的登记手续可以免除，并保障合法自由。（2）凡因案被捕之盟员，由司法机关调查实据，判定其为非共产党党员或非为共产党工作者，自可不援用后方共产党处置办法之规定。'合将协商经过情况公布周知，并通告盟员自即日起一律停止政治活动，本盟总部同人即日起总辞职，总部亦即日起解散，尚希公鉴。"

大家看了这个稿子，认为大局被迫至此，门外特务叫嚣不止，已无更移余地，决定照原稿一字不改，以我父名义送报馆发表。那天父亲在房内走来走去，始终一言不发，至夜通宵不眠。第二天一早，毅然以他个人名义写了一个"呼吁"："余迫不得已，忍痛于十一月六日通告全体民主同盟盟员，停止政治活动，并宣布民盟总部解散，但我个人对国家之和平民主统一团结之信念，及为此而努力之决心，绝不变更。我希望以往之全体盟员，站在忠诚国民之立场，谨守法律范围，继续为国家之和平民主统一团结而努力，以求达到目的。"

他拿着这个"呼吁"，叫叶笃义送报馆发表，上海很多报纸不敢登载，只有《正言报》用很小字体登了出来，《大公报》也以新闻报道形式加以报道。这一"呼吁"虽很简短，但用意忠诚，措辞鲜明，他把反动派的视线集中引向自己，既掩护各中委退却，又号召广大盟员继续战斗，披肝沥胆，大义凛然。

支持民盟三中全会

上述会后，11月5日下午，章伯钧秘密离沪。沈老在集益里住了一个月的时间，化装前往香港，行前曾和我父从长计议盟务。

1948年1月5日到19日，民盟在香港召开三中全会，成立临时总部，宣布解散民盟的公告无效，公开声明与共产党合作，一致主张打倒蒋介石，推翻国民党反动政权，拥护土地改革。事先沈老和周新民都有信来，我父亲托川人黄应乾带信到港，表示完全同意他们的安排，还和黄炎培、叶笃义、罗隆基共同写信去香港表达意见，同时派青年中委罗涵先前往参加会议。沈老在闭幕会上宣读了这些文件，会后罗涵先回上海向我父汇报，我父很高兴。民盟在香港公开活动，增加了蒋管区对他们的压力，他们毫不畏惧。

香港临时总部的地址设在湾仔告罗斯打道和成银行香港办事处内，活动经费由和成银行汇去。民盟活动经费的来源基本上是刘文辉和龙云秘密捐赠的，此事只有我父亲知道，也只有我父亲有开支权。1948年龙云赠的一大笔钱，存在和成银行，一直到上海解放还有剩余。事实说明当时沪、港民盟盟员是同心同德、团结一致的。

为民主事业奋斗到底

我父亲从来廉洁奉公，公私分明，1947年至1949年我们住在上海的日子是很艰苦的。除了政治压迫外，经济压迫也不小。国民党垮台前四大家族搜刮民脂民膏，加以战火连年，经济大崩溃，物价一天涨几次，公教人员和工人大都在饥寒线上挣扎，我们住在集益里的生活勉强温饱。为了老人的健康，平时散步时，常在地摊上挑选价格低廉的食物，早上在菜市上买点破壳鸡蛋作为营养品。那年冬天特别冷，屋檐下结了长串的冰柱，没有火烤，小偷又偷走了父亲唯一的御寒皮衣，靠四川的哥哥做来一件棉袄过冬。78 岁的老人在大雪纷飞时独坐窗前，看书写字，研究古代哲学。他特别重视"义"，请人代书自励集语，悬挂床头，首句是"以义持己，则富贵不能淫，贫贱不能移，威武不能屈"。还写了"四勉一戒"及《墨子·贵义》等文，对古代哲学作了很多新的解释，表示了他的内心世界。国外爱好和平的记者来看他，他抱着大无畏的精神侃侃而谈自己的政见，刊登在外文报上。

1948 年李宗仁就任代总统后，派甘介侯来上海，要民盟留在上海的中委去南京，他们都不去。那时父亲已感右半身不遂，眼睛也有毛病，离集益里不远的虹桥疗养院院长丁惠康和副院长郑定竹出于正义感，欢迎他免费住院治疗。这时国民党军队节节败退，蒋介石想窜入四川负隅顽抗，怕四川省主席邓锡侯靠不住，先撤了他的职。邓锡侯很气愤，来上海见我父亲，我父亲劝他丢掉了省主席不要紧，时局很快要变，赶快回去联络川军其他部队，等待时机，准备起义，迎接解放军入川。后来刘文辉到南京，派代表杨家桢来上海见我父亲，我父亲也劝刘文辉迅速脱离蒋帮，加入革命阵营。不久，蒋介石派张群任四川行政长官，张群临行，来上海见我父亲，我父亲提醒他，"自古以来得民心者得天下"，劝他不要再跟蒋介石跑，应该为四川人民做些好事，释放被捕盟员，停止征兵征粮。张群在我父大义感召下，表示接受意见，回到四川，交涉释放了关在中美合作所渣滓洞的 21 位民盟盟员（其中有中共地下党员），又将征兵名额由 42 万人减至 6.2 万人，取消了准备新集的 6 个师，并减少征粮，停止征购实物。事后，张群通过范朴斋（留川民盟中委）转告我父亲，表明他实践了诺言。

当年民盟总部留沪人员虽然没有公开活动，但是一直没有停止地下斗争，经常聚集在一起交换意见，并与香港临时总部联系。他们对民主事业是忠诚的，中国共产党对他们也是信任的。1949 年 3 月，准备召开新政协会议，邀请我父亲和黄炎培、罗隆基、史良、叶笃义、罗涵先、杨卫玉、冷遹等参加，事为国民党所阻。

中共地下党营救脱险

1949 年初，国民党军事、政治、经济全面崩溃，蒋介石想喘一口气，发出假和谈的要求。我父亲针锋相对地在医院发表谈话，指出蒋介石是想利用和谈保存旧法统，不仅中共不同意，人民也不答应。

这年 4 月，南京解放。有一天，几个武装特务在警备司令部第三大队副阎锦文带领下，突然包围虹桥疗养院，用枪逼迫我父亲和罗隆基跟着他们走（罗隆基自民盟总部解散后即住该院治病），父亲临危不惧，厉声责问特务，深深感动了当日在院值班的副院长郑定竹医生，他以革命的正义感挺身而出，用身家性命担保两人继续住院治疗。经过交涉，由郑医生立下担保字据，暂将两人寄押在医院中，日夜派特务轮班看守，严密监视。特务住在前面房子里，有时武装，有时便衣，男的女的，来来往往，花天酒地。我们进去看父亲，必须通过特务的房门，除了郑医生外，只有我和妹妹能够进出，暗中传送消息并传达指示。

日子一天天过去，上海包围战开始，解放上海的炮声打响了。好心的郑定竹医生想利用他的社会关系和美国朋友的关系把我父亲营救出来，尝试过两次，没有成功。国民党军队撤出上海的那天下午 8 时戒严，特务头子密令阎锦文于晚上 10 时前将我父亲与罗隆基两人带往吴淞口，以送往

毛泽东与张澜亲切交谈

台湾为名，暗中将他们投入黄浦江。在这紧急关头，谁也没有想到派来逮捕我父亲和罗隆基的阎锦文却是中共地下党布置来营救他们的。阎将他们隐蔽在曾任警备司令的杨虎家中。特务在江边等阎不到，于 11 时下令悬赏 30 条黄金捕捉张、罗、阎三人，并到各处搜查，至翌日凌晨 3 时才纷纷逃窜。当时停放在江湾的最后一架飞机，据说就是等候这些特务的。

在人民解放军胜利的凯歌声中，父亲获得了自由。第二天陈毅司令员在百忙中亲自来看他。父亲在解放后的上海休息了一段时间，6 月去北平，朱德总司令和周恩来副主席等中共中央领导人亲来车站迎接。次日，毛主席亲来父亲下榻的北京饭店看望他。新中国成立后，我父亲先后当选为中华人民共和国副主席、全国人民代表大会常务委员会副委员长、中国人民政治协商会议全国委员会副主席。从此 80 岁老人以无比愉快的心情，开始了新的生活和工作，度过了欢乐的晚年。

1955 年 2 月，我父亲在北京因病逝世，享年 84 岁。毛泽东主席、刘少奇副主席、周恩来总理与党和国家其他领导人亲临吊唁，以国旗盖棺，葬于八宝山烈士公墓。陈毅深知我父亲的一生，他在悼词中，指出我父亲生平做了四件大事：一是辛亥革命前，领导四川人民反对清政府出卖川汉铁路路权的保路运动；二是袁世凯称帝后，在西南一带倡议讨袁，对全国产生很大影响；三是抗日战争期间，团结各民主党派与共产党合作，坚持团结抗战，反对分裂投降；四是解放战争期间，冒着生命危险，领导民主同盟，坚决拒绝参加国民党片面召开的伪"国大"，揭露蒋介石的反动本质，直接保持了民盟在政治上的纯洁性，间接支援了全国人民解放战争的胜利。在谈到我父亲的为人时，陈毅举出他有两个特点：一是诚实无欺，从无虚伪，因此立场坚定，敢说敢为，不畏强暴，敢于与反动势力作斗争；二是有远见，善于辨明是非，因此坚持正义，始终与得人心者在一起，和共产党真诚合作。人生如此，死无遗恨。

（原载《中华文史资料文库》第 8 卷，全国政协文史和学习委员会编，中国文史出版社 1996 年版）

沉痛的悼念

——记冯玉祥回国前后

余心清[*]

抗日战争结束后，冯玉祥看到蒋介石片面撕毁"双十协定"与"中共和国民党双方停战协定"，在美国的支持下，发动反共反人民的内战，使冯完全认清了蒋介石的真面目，对蒋的幻想开始破灭了。同时，冯又发现他已被特务监视，他家里的保姆被特务收买，他的英文教员王某也是个中统特务，深感到在国内没有活动自由，再也待不下去了。冯和朋友们商量，认为出国非得蒋的许可是不行的，只有去美国蒋才有同意的可能，乃根据蒋曾要他负责黄河水利的前约，提出赴美考察水利工程。蒋之所以允许冯去美国，是因为那时候蒋正阴谋打内战，而冯留在国内，这也反对，那也反对，蒋实感到不好对付，于是给冯以考察水利专使名义，免得他在国内"捣乱"。冯这才能于1946年9月出国。很显然，冯是被迫出国的，这一迫，正好使冯走上了光明的革命大道。

冯在美国公开进行反蒋的活动，开始于1947年5月发表告全国同胞书，呼吁和平民主，斥责蒋介石捕杀进步教授和学生、剥夺人民自由的法西斯罪行。1947年10月，冯到纽约联合中共、民盟、国民党左派同志组织"旅美中国和平民主联盟"，建立中国国民党革命委员会美国总分会，

---

[*] 余心清（1898—1966），第一至四届全国政协委员，民革第一、二届中央委员和第三、四届中央常委。曾任国家民委副主任等职。

1948 年，冯玉祥在美国纽约街头演讲，反对美帝国主义援助国民党统治集团发动和扩大内战

确定"反对美国援助蒋介石"为中心任务，开展了广泛而积极的活动。如举行记者招待会，会见美国国会议员和官员，到各大学团体讲演，特别是街头讲演，以及发表文章等，深刻揭露蒋介石政府的贪污腐化和独裁种种罪恶，并强烈指责美国援蒋打内战，就是直接间接杀害中国人民。

1948 年 1 月，冯正式宣布与蒋介石集团完全断绝关系，跟国民党划清了界限，并声明他是国民党革命委员会驻美国的代表，终于倒向人民一边，站在革命一方，态度更坚定，工作更积极了。冯以 70 高龄的老人，各处奔走，日夜操劳是十分辛苦的，可是他却兴奋地说"拼掉老命也是值得的"，表现了他对革命的热情和勇气。冯身躯魁伟，声音洪亮，谈笑风生，演说富有吸引力和鼓动性，很合美国人的口味，因此每次讲演都受到热烈欢迎，博得了听众的同情，产生了政治上的影响。美国 30 个大学、

400 多位教授宣言反对援助蒋介石，美以美会大会决议电请杜鲁门停止对蒋介石的美援，连美国前内政部长伊斯克也说："冯将军曾经多次出席大会演讲，而这些大会参与者多半是我们美国人在会上猛烈抨击我国对华的错误政策。"

冯曾断然拒绝了美国政府的利诱和威胁。一个美国官员来访冯说："小袁世凯（按指蒋介石）贪污无能，中国民众是痛恨他的。我们美国政府是反对共产党的，只要你们不要共产党，我们美国政府愿意帮你们的大忙，用钱用军火有的是。"冯答："孙中山先生亲手订的'三大政策'是我们的宗旨，中山先生亲笔写的民生主义就是共产主义，这是我们全国同胞的宝典，更改了这个，便是叛徒。"那位美国官员再表示："给你们六个月的时间考虑，只要你们不要共产党，我们就不要蒋介石，并愿意帮助你们民主人士。"冯严厉驳斥道："我们的哲学是：'天听自我民听，天视自我民视。'这是说，全国人民、工农大众，喜欢什么，我们就说什么，做什么。可没听说过，天视自美国人视，天听自美国人听，美国人喜欢我们说什么，我们就说什么，美国人喜欢我们做什么，我们就做什么，那确确实实的，不单是三民主义的叛徒，并且是中国的卖国贼。你看我冯玉祥是这样的人吗？"这个美国佬才自讨没趣，只好走了。从此以后，冯在美国的处境更艰难了，常常接到特务的恐吓信，受到顽固派周以德之流的无理攻击。冯不为逆境所阻，坚持对蒋斗争，终被蒋开除出国民党。后来冯为参加新政治协商会议，乃离美回国，在返国途中，轮船起火，不幸于 1948 年 9 月 1 日在海上遇难。

一个阴云郁结，闷热得喘不过气的初秋的下午，我正在南京羊皮巷国民党的看守所里，用湿手巾擦着满身的汗水，忽然有个难友用指头轻叩门上的小窗户，喊了我一声说："刚才偷运进来的报纸消息，冯先生在去苏联途中的黑海上遇难了。"在懵懂中我的脑子仿佛挨了一棍，浑身木然，半晌说不出话来。等到意识清醒再想详细询问时，那个难友已被牢头禁子撵走了。

我和冯先生最后一次见面是在南京，那时，我带着女儿华心由四川北上，路过南京，他正整装待发要去美国。关于当时国内情势，我们一连谈了好多次，为了等待李济深先生去庐山见蒋回来，他让我多住两天再走，因为李回来可能带来有关蒋介石决心打内战的最后消息。李回来了，我们又谈了三次，局势更紧张了，我们希望这是黎明前的黑暗。我们三个人心情都很沉重，冯将出国，李回广西，我向虎穴中迈步。记得在一个夜晚，我和冯紧握着手，说声"先生珍重，后会有期"，没料到他却先我而去了。

我随冯多年，尤其是在患难的岁月里，我常不离他左右。我们在一起不完全是长官与部属关系，同时也是朋友。多年来，我对他无话不谈，可以说是知无不言，言无不尽。我对他充满敬仰之情，披肝沥胆，无时无刻不满怀着一片愚忠。我们不止一次在某些问题上争执过，甚至拍案吵闹过，但是反蒋的共同目标，始终把我们紧紧地拧在一起。

一听到他海上遇难的消息，我很长一段时间里，心里非常悲恸，不时老泪盈眶，难以平静。我曾在牢中撰了一副挽联，遥为吊祭："海上惊噩耗，狱中哭先生。"

1949年南京解放前夕，经地下党同志的营救，我脱离虎口，化装取道香港回到解放了的北京，重又得见冯夫人。冯夫人在海难中骤然失去了冯先生和爱女晓达，精神上受到重大刺激，到莫斯科后几天内头发全白了。若不是儿子洪达冒死相救，就连她也不会再见到的了。冯夫人一生伴陪冯先生，历尽艰辛危险，锻炼出一副坚强的性格。此次见面，她抑制住内心的伤痛，向我谈起当冯先生在美国得知我遭蒋介石逮捕的消息后，义愤填膺，痛骂蒋介石，远在异国为营救我奔走呼吁的情形。在他们离美返国前几天，冯先生亲笔写下了他的政治遗嘱，冯夫人拿出来交给我看。我读着读着，五内俱焚，双泪横流。先生在他生命最后时刻立下的遗嘱里，还念念不忘提到我被捕的事，并指出蒋家王朝覆灭在即的必然下场。更令人叹服的是，冯先生一生廉洁，热心公益，自己并未积攒下财富。他在遗嘱中告诉子女，他没有财产留给他们，他相信孩子们会用劳动的双手去创立新生活。

　　冯遇难后，毛泽东主席、朱德总司令致电表示哀悼并向冯夫人致电慰问。1949 年 9 月 1 日，在冯先生逝世一周年时于北京隆重举行了追悼会，周恩来出席并讲话。1953 年 10 月在泰山举行了冯玉祥先生骨灰安放仪式，毛泽东主席、朱德委员长、周恩来总理亲笔题赠了挽联。冯先生终于成为一个光荣的民主战士，作为一个爱国军人载入史册。

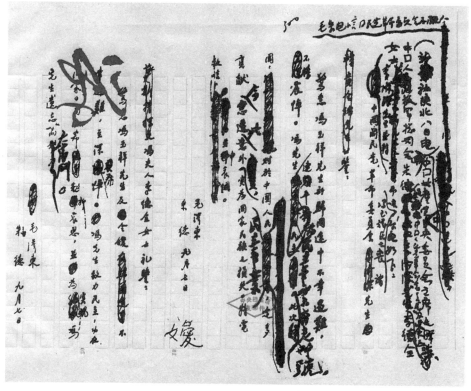

冯玉祥遇难后，毛泽东、朱德致电中国国民党革命委员会和冯夫人李德全，表示沉重哀悼。图为经毛泽东亲笔修改的唁电

今日，我和冯先生虽然一生一死，我对他将永远怀着深厚的感情，尤其是他经历了漫长的曲折道路，而最后成为一个光荣的民主战士，又不禁为他破涕为欢。

冯玉祥先生未及亲见祖国民主革命的胜利，社会主义革命和社会主义建设的辉煌成就，实为遗憾。然而今天新中国在中国共产党的英明领导下，所获得的伟大成就，又正是冯玉祥先生生前所梦寐以求的。如此，冯先生虽死，亦可以无憾矣！

（节选自《我所认识的冯玉祥》，原载《文史资料选辑》第 107 辑，全国政协文史资料研究委员会编，中国文史出版社 1987 年版）

李济深秘密离港的经过

杨　奇[*]

　　第三批北上的主要是中国国民党革命委员会、民主促进会、民主建国会的成员。根据有关记录，以及当年船上签名留念的复印件，可知这一批北上者主要有李济深、朱蕴山、梅龚彬、邓初民、吴茂荪、彭泽民、茅盾、章乃器、洪深、施复亮、孙起孟、李民欣、龚饮冰和夫人王一知，以及魏震东、徐明等20多人，中共香港分局派卢绪章随行，钱之光则派徐德明在船上照顾一切。

　　如果说，整个护送民主人士北上工作都碰到不少困难的话，那么，最为困难而又富有传奇性的，莫过于安排李济深秘密离港了。

　　李济深在1947年2月从上海到香港之后，积极开展爱国民主运动。经过与国民党内各个民主派领袖协商，于1947年11月12日召开代表大会，选举宋庆龄为中央委员会名誉主席，李济深为中央委员会主席，柳亚子为监察委员会主席，并于1948年元旦通过了成立宣言、行动纲领等文件，正式成立中国国民党革命委员会（简称"民革"），公开与蒋介石决裂。

　　这一期间，美国看到蒋介石大势已去，企图物色一些既反共又反蒋的"中间势力"，组织"第三政府"，与中共划江为界，南北分治，因而曾经

---

　　* 杨奇，1922年生。曾任《羊城晚报》、香港《大公报》社长等职。时为《华商报》董事、代总编辑。

派人游说李济深，请他出面同中共举行和谈。宋子文出任广东省主席，想把广东变为支撑国民党政权的最后基地，为此亲自到香港会晤李济深，建议他组织一个"和平民主大同盟"，以期在广州建立新的政府。白崇禧也曾派人携带亲笔信拜访李济深，"敦请任公到武汉主持大计"。但是，由于何香凝、梅龚彬等人从旁劝说，李济深并没有上当，对这些游说一一拒绝。不止如此，李济深还经常对《华商报》记者发表谈话，接受路透社、合众社记者访问，严词抨击蒋介石的独裁统治，强烈要求美国撤退驻华军队，停止一切对蒋介石的援助。所以，蒋介石恨之入骨，不但宣布开除李济深的国民党党籍，还想派出特务到香港暗杀他。

为了联合各党各派共同筹备召开新政协，也为了李济深自身的安全，中共方面当然希望他能早日离港北上，但是遇到不少阻力。一方面，有人挑拨离间，对李济深说："千万不要去解放区，否则易进难出，身不由己。"另一方面，李济深作为国民党民主派一面旗帜，总有一些公事私事缠身，不是可以随时动身的。据我所知，李济深到港以后，确实曾经派人在广东、广西、湖南边远地区，组织过"人民自卫军"，打算作为地方武装配合解放军作战。李济深还利用自己同国民党军方的关系，开展策反工作，曾经先后写亲笔信给阎锡山、傅作义、白崇禧等将领，力劝他们认清形势，当机立断，脱离蒋介石集团，投向人民。他做这样的事情，当然是严格保密的，有些事只是他自己知道，而一些国民党军官也正在与他联系，李济深因而认为"期待有所作为"，所以推迟北上的日期。到了1948年12月中旬安排第三批民主人士北上前，李济深虽然表示想尽早离港，但又说家属人多，往后的生活还未安顿好。为此，方方专诚上门拜访，恳谈之中，李济深透露尚差2万元现钞安家，方方当即表示帮助，这才使他全无后顾之忧，确定在第三批北上。

然而，如何才能将李济深安全地送出香港，仍然是大伤脑筋的事。李济深寓所在中环半山区罗便臣道92号，港英政治部的华人帮办黄翠微在

2017 年 4 月，95 岁高龄的杨奇老人回忆护送李济深登船经过

马路对面租了一层楼，派了几个特工人员住在那儿，名为"保护"，实则监视。因此，首先要让李济深能够避开特工的视线，能够离家外出。中共的五人小组经过研究，拟定了一个周密的计划，决定在圣诞节次日的夜间上船，12 月 27 日清晨驶离香港。

到了 12 月 23 日，饶彰风约我到皇后大道中华百货公司的寰翠阁饮咖啡，我到达时，看见西装笔挺、戴着金边眼镜的潘汉年也在座。饶彰风向我讲了接送方案，要我记牢时间、地点和接送程序；潘汉年还一再强调要十分谨慎，高度保密，不容出错。

为了顺利完成此项任务，我把自己打扮成一个采购货物的"小开"（小老板），为此花了 120 港元买了一件英国制造的燕子牌"干湿楼"，外出执行任务时就穿上它，出入都坐"的士"，还不时从后窗留意有无小车跟踪。

1948 年圣诞节，香港一连放假三天。12 月 24 日晚"平安夜"，我到跑马地凤辉台一位朋友家里，把饶彰风、吴荻舟已从李济深家提取出来、暂存在那里的两个皮箱拿走，作为自己的行李，到湾仔海旁的六国饭店租了一个房间住下。

26 日，香港太平山下仍然沉浸在节日的欢乐气氛之中，李济深的寓所灯火通明，热闹非常。像平日宴客一样，宾主谈笑甚欢；李济深身穿一件小夹袄，外衣则挂在墙角的衣架上。这一切，对门那几个持望远镜的特工看得一清二楚，也就安心享用自己的晚餐了。他们没有想到：晚宴开始不久，李济深却离席到洗手间去，随即悄悄出了家门，在距离寓所20多米远的地方，我借用《华商报》董事长邓文钊的小轿车刚好依照约定的时间到来，李济深迅速上了车，直奔坚尼地道126号被称为"红屋"的邓文钊寓所。方方、潘汉年、饶彰风等早已在此等候，同船北上的"民革"要员朱蕴山、吴茂荪、梅龚彬、李民欣也已到达，何香凝老人和陈此生亦来送行。这时，晚宴才真正开始，大家纵情谈论国事。

时钟敲响九响，我这个"小老板"起身向主人告辞，先行回到六国饭店打点一切。当我看到岸边和海面平静如常，便通知服务台结账退房，由侍应生将行李搬到我雇用的小汽船上；与此同时，我打电话到邓文钊家，按照约定的暗语通知饶彰风："货物已经照单买齐了。"于是，饶彰风借用邓文钊的两辆轿车，将李济深等五位"大老板"送到六国饭店对面停泊小汽船的岸边。这时，周而复负责接送的彭泽民等三位民主人士也按时来

李济深抵达解放区后留影

到。会合之后，我和周而复便带领他们，沿着岸边的石级走下小汽船，朝着停泊在维多利亚港内的"阿尔丹号"货船驶去。

我自小就有晕浪的毛病，坐汽船更容易因颠簸而呕吐。为了安全护送李济深等人登上"阿尔丹号"，我事先到药房买了英国出品的"seasick"（译名"舒适"）药丸，在离开六国饭店时先行服下。真是"皇天保佑"，尽管当晚海面有不少"白头浪"，我却并没有呕吐出来。

李济深等上了货船，看到章乃器、茅盾、邓初民、施复亮等十多人已由别的护送人员陪同先行到来，甚为快慰。船长和海员们都热情接待，李济深、朱蕴山被安顿在船长卧室，其余各人也分别住进较好的海员房间。

当一切安排停当之后，我和周而复与这些"大老板"一一握手告别，请他们放心休息。回到岸上，周而复径返英皇道住所，我则到中环临海的大中华旅店找到饶彰风向他汇报。我们两人虽然十分疲倦，但不敢入眠，直至看到货船已通过水师检查，驶向鲤鱼门了，这才放下精神重负，蒙头大睡。

（节选自《风雨同舟》，原载《见证两大历史壮举》，杨奇著，人民出版社 2011 年版）

爱国老人陈叔通北上始末

寿墨卿[*]

寿墨卿 *

1945 年 8 月 10 日夜，上海宣传日寇乞降消息。八载困顿，一旦复苏，陈叔通老人，喜而不寐。他写了《日寇乞降喜而不寐枕上作》七律一首，其中有句云：

> 明知后事纷难说，纵带惭颜喜欲狂。

他对国民党毫无信心，在狂喜之中抱着忧虑情绪。当时有友人邀他出来做官，他坚决谢绝，复信云："弟于党治之下，誓不出而任事。"（1945年 11 月 29 日致余绍宋函）以后时局的发展，完全证明他的忧虑并不是无病呻吟。

敌人投降后不久，大批国民党接收大员到了上海。有的是从天上飞来的，有的是从地下钻出来的。这些大员，大多骄横跋扈，盛气凌人，以胜利者自居，而且纵欲贪污，争抢胜利果实，饱入私囊。"劫收大员，五子登科"，道路为之侧目。"但恐奏凯班师日，恃功骄恣争喧阗。"叔老在胜利前夕的预料，竟不幸而言中，使他感到愤慨。

自从九一八事变以来，国民党的独裁统治，早已为全国人民所厌弃。

---

* 寿墨卿，马叙伦之婿，民进中央常务理事。曾任中华全国工商联办公室主任。

抗战胜利以后，实行民主，废止一党专政，已成为全国人民的共同呼声。但国民党继续压制民主，实行独裁统治，特务横行，迫害民主人士。这种违反全国人民愿望的做法，不能不使叔老加倍愤慨。

最使叔老愤怒的是，在经受了八年抗战，备尝颠沛流离之苦的全国人民，正需要安定团结，休养生息，渴望过和平生活的时刻，国民党反动派却把全面内战的灾难强加在全国人民的头上。不甘"忍视神州随劫尽"的叔老，终于响应中国共产党的号召，投身到反内战，争和平；反独裁，争民主的洪流中去了。

他参加了上海各界人民团体联合会的筹备工作，又参加了上海赵主教路大通别墅包达三家中的星二聚餐会。经常参加这个聚餐会的有马叙伦、周建人、王绍鏊、马寅初、许广平、盛丕华、张絅伯、包达三、沈子槎、邱文奎等人，其中有中国共产党地下党员。这个聚餐会当时成为上海一部分民主人士交流情况，研究形势，交换意见，开展反蒋爱国民主运动的联络点。1947 年 5 月 4 日起，上海学生掀起反内战、反饥饿、反迫害的正义斗争，叔老积极加以支持，并向各方面募捐衣服、米面和钱物，交给上海学生会分配救济。同年 5 月底，国民党上海警备司令部以"共产党阴谋嫌疑分子"的罪名，肆意逮捕大批爱国学生。叔老立即联合张菊生、唐蔚芝、李拔可、叶揆初、张国淦、胡藻青、项兰生、钱自严、陈仲恕等老人共同具名于 6 月 3 日分函吴国桢（上海市长）、宣铁吾（上海警备司令）、张群（国民政府行政院院长）要求立即释放被捕学生。这就是当时社会上盛传的"十老上书"。书中说：学潮汹汹之原因是内战所造成。反对内战，"要为尽人所同情。政府不知自责而调兵派警，如临大敌，更有非兵非警参谋其间。忽而殴打，忽而逮捕"，"外间纷纷传说，以前失踪之人，实已置之死地"，"纲纪荡然，万口皆同"。书中最后说，政府应"先将被捕学生速行释放，由各校自行开导"。凡是学生提出的合理意见，政府"亦应虚衷采纳"云云。

迫于舆论，当局不得不将被捕学生陆续释放出狱。反饥饿、反迫害的运动，迅速扩大到国民党统治区 60 多个大中城市。

这年暑假，国民党当局密令上海各大学解聘进步教授达 30 多人。叔老知道后，就商请张菊生救济，由商务印书馆以资助文化团体名义，拨出一笔经费资助被解聘教授。他还和盛丕华、包达三、张纲伯等共同支持上海各大学教授联谊会的正义活动，并资助一部分活动经费。

当时，解放战争正在各个战场激烈进行，解放军已开始转入全面进攻。爱国民主运动在国民党统治区迅速发展，形成为人民革命的第二条战线。国民党反动派不甘心于失败，加强对民主党派和民主人士的野蛮镇压。1947 年 7 月，国民党政府颁布了所谓"戡平共匪叛乱总动员令"，接着宣布民主同盟为非法团体，取缔民主人士的政治活动。从此，特务益形猖獗，白色恐怖更加严重。这一年，秋行夏令，上海闷热异常。叔老写了题为《秋热》的七言律诗一首，诗曰：

> 事事年来反故常，倒行夏令太荒唐。
> 已无多日犹为厉，不到穷时总是狂。
> 谚语有征嗟猛虎，吟怀无奈诉啼螀。
> 相随霰雪须防冷，老去忧深苦昼长。

秋阳肆虐，为日无多，但"不到穷时总是狂"，反动派还要作最后挣扎。"苛政猛于虎"，叔老不胜忧伤。

在白色恐怖的严重时刻，当时在上海的一部分革命同志和民主人士不得不转入地下或撤离上海。与叔老有深厚交谊的民主革命斗士马叙伦老人也于 1947 年底离沪赴港。叔老仍留在上海。团结一部分进步人士继续进行反蒋斗争。他营救被捕学生并支援进步青年投奔解放区，其中很多是大学生，交大、同济学生就去得不少。他把当时上海方面斗争情况、斗争策略以及他对各种问题的意见和建议，经常用秘密通讯方法，告诉当时在香港的马老。通过马老与中国共产党取得了密切联系。在 1948 年一年内，他给马老的书札达 15 件之多 ①。其中短札有不到 100 字的，长的有达一两千字的。当时他在上海参加民主反蒋运动的情况，他对解放事业的关切与设想的周密，可以在这些书札中概见一斑。这些书札都没有抬头，信末具名有 "两恕" "两浑" "名恕不具" 或不具名等几种式样。书札往还，都由可靠熟友带转，根本不经邮局投递。正像他在 1947 年底给马叙伦的一次信里所说："近来（国民党）日暮途穷，倒行逆施愈甚，此间已成恐怖时期。" 在另一次信里他又说："邮局检查甚严，……信件上除妥人带不可付邮。""我处门牌已由警备司令抄走，通信万万不可。"

白色恐怖虽然严重，但他对于个人安危处之泰然。一天，蒋介石侍从室的陈布雷托人转告他说："我已两次救了你，两次把你的大名从共党嫌疑分子名单上勾了去，今后你若再要活动，我就无能为力了！" 他闻讯后一笑置之，托人转告陈布雷说："你的好意，我感谢！我也劝你早日洗手，弃暗投明。" 刚直不屈，不畏强暴，如见其人，如闻其声。

一方面，特务横行，白色恐怖严重；同时，国民党纸币贬值，物价飞涨，生活艰难，他靠出卖家藏文物维持日常开支。他在 1948 年 7 月 12 日马老的信里说："近日物价可怕，每日 30 万（元）菜，连吃素都不敷。" 在同月 23 日的信里又说："物价上下半日涨，真受不了，唯亟盼解倒悬耳！"

在生活困难的同时，他却抱着革命的乐观情绪。他在 1948 年 8 月 26 日的信里写道："前日忽改革币制（指发行金圆券），此实为友方（指中共）意外之机会。……不到一月，必起风波，此风波无法可以镇压。" 以后事实证明，他的预见是完全正确的。

在经济崩溃，军事节节失利的时刻，国民党于 1948 年七八月间发动

---

① 全国政协《文史资料选辑》第 100 辑刊出其中 13 件。

了一次又一次的和谈攻势，并放出第三次世界大战即将爆发的谣言。接着，上海就有人鼓吹"去草和谈"（指蒋介石下台，李宗仁上台），策划"千人通电"以促成国共谈判。还有人发表"国际情形不佳，不如乘时得罢且罢，分步解决为有利"的论调。对于以上这些论调，他一概予以驳斥。他斩钉截铁地说："此次为革命，且为流血革命，要彻底"，不能中途妥协。"盖今日中国之前途，彻底两字，希望不可打破。"（1948 年 7 月 23 日函）当有人要求他在"千人通电"上签字时，他严词拒绝。他对来人说："此次是革命，且希望彻底革命。革命要流血，谁流血？无疑是友方。我们要与友方配合。老实说，要得其同意。否则即是不予帮助，反而打击。"他又说："无友方，即无今日之我们，亦无他日之我们，亦可谓明白了当。"对于蒋去李来于时局有利之说，他驳斥道，"蒋去李来的背后仍为某（美）方"，"背后老板仍须贯彻反共主张"，"所谓'有利'安在?"由于他表示了坚定不移的立场和各方面的共同抵制，所谓"去草和谈"和"千人通电"之议，也就无疾而终（1948 年 8 月 26 日函）。

他积极响应中国共产党关于召开新政协会议的"五一"号召，并对新政协的组织程序、议题、组成成员以及会议召开的时间和地点等提出了很好的建议，得到中共的嘉纳。他在 1948 年 7 月 23 日的信里说："近闻新协商有提早开，且在哈尔滨开之说。弟则断为谣言。新协商为一种号召，不可轻易摊牌；摊牌即不值钱，更易惹起纠纷，总须与军事配合，军事至相当程度。地点尤须有全国性，如四川之类，不能在黄河以北，何况关外！否则适予对方以口实。"以后，解放战争进展顺利，他就建议"新政协开在北平"，他说："军事进行愈顺利，愈可迟开。我此议自以为极有价值，不可忽视。"（1948 年 10 月 25 日函）翌年 9 月，新政协在北平召开，他的愿望得到了实现。

重视人才，罗致人才，是他的一贯主张。他曾多次函荐一些有专才实学人士，供中共选择录用，其中有的人在解放后一直负担着重要职务。

陈叔通在新政协
筹备会上发言

他在 1948 年 8 月 26 日的函中特别提到罗致经济人才的重要性，他写道："友方经济人才应多方罗致。且须知经济人才应与军事并重。无论共产与资本主义，均建筑在经济上，不过主义不同耳！"当时辽沈战役尚未开始，他已考虑到战后经济建设问题，高瞻远瞩，令人钦佩。

紧接前函以后，他又发出另一函（原函未注日期），就外交政策问题提出了意见，他写道："我们对任何国（须）有坦白之声明，即反对任何方以我为军事根据地攻击任何方。经济方面，反对以我为任何方殖民地，而极愿与真正认我为友邦之国力谋合作。我国科学落后，且亟须开发，均赖友邦之协助，无可讳言（老实反见诚恳，并不寒酸），甚至投资亦所欢迎。唯主权在我，凡协助我之友邦投资，均担保安全……至于本军所到之地，凡外人生命财产一律保护。我友邦须知：我国能独立自主，即所以奠定我国之和平，亦即所以奠定世界之和平。一国的饭，一国的大家吃；世界的饭，世界的大家吃。如此方是真和平。否则，和平是一种假面具，且是一种阴谋家代名词。"这种独立自主的外交见解以及对外开放的经济主张，在今天看来也是合乎我国国情的。

他是一位虚怀若谷的人。虽然在当时上海恐怖环境里，他做了许多工作，提供了很多有价值的建议，但他认为自己对解放事业没有尽力，不愿听恭维的话。他在一封信里（原信 16 日写，没有月份）说："我不怕咻，但怕誉，誉最难受。要之，各行其所安而已。"他于 1948 年 10 月 25 日的信里谈到进解放区参加新政协会议的人选问题，认为自己没有多大用处，比他好的人很多。他列举了黄任之、张表方、马寅初等人，认为都比他有代表性。他说："人苦不自知，甚至妄自尊大。此次我们唯有'惭愧'两字。良心驱使，不过尚有一种自动认识而已。入内与否，无关重要。我且避名。倘战局略定，便欲关门。至于贡献，苟有路可通，无不随时写寄。"

经过中共的一再敦促，他终于在 1949 年 1 月潜离上海，于同月 22 日到达香港。2 月 27 日，他与柳亚子、叶圣陶、郑振铎、马寅初、曹禺、王芸生等人一起，搭华中轮离港北上，于 3 月 18 日到达北平。3 月 25 日，中共中央毛主席等领导人从西柏坡迁回北平，他到西郊机场参加欢迎。在北上途中，他写下了豪情满怀的诗篇：

> 迟暮长征两鬓皤，　未除元恶肯投戈！
> 画疆王气成狐鼠，　夹岸军声乱鸭鹅。
> 姑息终贻他日患，[①]　纵谈遥忆故人多。
> 正如夜尽力迎曙，　回首中原发浩歌。

敌人不会自动放下武器。姑息养奸，终贻后患，必须将革命进行到底。茫茫长夜已到尽头，诗人和全国人民一样，热烈欢呼胜利曙光的到来。烈士暮年，壮心未已，叔老立志要为人民再做一番事业。

（节选自《爱国民主老人陈叔通》，原载《文史资料选辑》第 108 辑，全国政协文史资料研究委员会编，中国文史出版社 1987 年版）

---

① 　陈叔通先生自注："时又有倡和议者。"

陈嘉庚先生的赤子心

庄希泉 *

　　陈嘉庚先生的爱国是从实际出发的。抗战初期，蒋介石假爱国之名，欺骗华侨捐献巨款回国，陈嘉庚先生亦曾捐款几十万。1940 年，陈嘉庚先生率领"南洋华侨回国慰劳团"到全国各地慰劳视察。当他了解到华侨的血汗，没有用于抗战，而是饱了蒋介石集团的私囊，极为愤慨。他到了重庆，看到国民党官员贪污腐败，对抗战前途益感忧虑，故决定去延安，却受到蒋介石集团的种种阻挠。他排除一切障碍，终于到达延安，会见了毛主席、朱总司令及中央其他领导同志，目睹延安军民奋起抗日，卓有成效，他开始确信救中国者非中国共产党莫属。对抗战前途，表示乐观，并到处宣传延安精神。从此，他坚决与中国共产党领导的中国人民站在一边，与蒋介石卖国行为进行坚决斗争。当日寇逼近南洋之时，许多人劝他暂避锋芒，但他却坚持留在南洋，组织侨众抵抗日寇，直至新加坡沦陷前夕，他才匆匆避往印度尼西亚。

　　全国解放前夕，正当酝酿成立人民政权之时，我在香港。一天，饶彰风找我，谈及中国人民解放斗争已日益接近全国胜利，准备召开新的政治协商会议，建立民主联合政府。华侨界需要推举一位侨领，以领导华侨工作。而这一侨领唯陈嘉庚最适宜。他拟让我赴新加坡，邀请陈嘉庚先生回

---

　　* 庄希泉（1888—1988），第五、六届全国政协副主席，第三、四、五届全国人大常委会委员，曾任中华全国华侨联合会委员会副主席、代主席。

毛泽东与陈嘉庚在中南海

国参政。我奉命到新加坡拜会了陈先生，说明情况，并转达这一真诚的邀请。陈嘉庚先生当即表示接受邀请，但又顾虑新加坡殖民当局会因此加害于他的亲属及在南洋的产业。我对他说，不要紧的，你尽管回去。你可以声明，不是你要回去，而是国内发表了对你的任命，盛情难却。这样，当地政府考虑到各方面的影响，以及与新中国的关系，不至于采取不明智的态度。陈嘉庚当即高兴地表示同意，并邀我同行回国。我说，请你先走，我还有些事情需要处理，我们会在祖国再见的。不久，陈嘉庚先生即收到中共中央毛泽东主席发来的邀电。

　　1949 年 9 月，陈嘉庚先生出席了中国人民政治协商会议第一届会议。中央人民政府成立后，宣布委任他为中侨委主任，我为副主任。从此，我们在新中国的侨务战线上再次共同战斗，直至他 1961 年因病逝世。

陈嘉庚先生的一生是爱国的一生。他在南洋胼手胝足几十年，那里有他艰苦创业留下的巨额资财，有他 100 多个嫡亲子孙。全国解放后，他毅然放弃优裕的物质生活，不要一个子孙陪同，回国定居，为新中国的繁荣发展贡献力量。他不愧是中华民族杰出的儿子，爱国华侨的楷模。党和人民对他一生的功绩，给予极高的评价，他的名字将与那些曾为中华民族的解放事业，为中国革命的胜利作出不朽贡献的先驱者们一起永垂青史！

（节选自《怀念陈嘉庚先生》，原载《文史资料选辑》第 78 辑，全国政协文史资料研究委员会编，文史资料出版社 1982 年版）

陈嘉庚回国参加新政协纪事

陈碧笙　杨国桢[*]

在人民解放战争接近全国胜利之际，陈嘉庚于 1949 年 1 月 20 日在新加坡接到中共中央主席毛泽东来电。电文说："中国人民解放斗争日益接近全国胜利，需召开新的政治协商会议，建立民主联合政府，团结全国人民及海外侨胞力量，完成中国人民独立解放事业。为此亟待各民主党派及各界领袖共同商讨。先生南侨硕望，人望所归，谨请命驾北来，参加会议。"陈嘉庚立即复电，表示"革命大功将告完成，曷胜兴奋，严寒后决回国敬贺"，对于参加政治协商会议，则表示"于政治为门外汉，国语又不通，冒名尸位，殊非素志"，微露婉辞之意。5 月 5 日，陈嘉庚偕庄明理、张殊明乘"加太基号"邮船离开新加坡回国，行前将《南侨日报》和侨团工作交托王源兴，嘱咐说："凡事只要以国家利益、人民利益为依归，个人成败应在所不计。"并指示《南侨日报》："本报宁可关门，不能改变一贯立场。"同月 28 日，陈嘉庚由香港乘"振盛号"轮北上。他此行目的有三：第一，东北是祖国工农业生产最发达的地区，国民党接管后，所有工厂设备多被"盗窃废弃，不事生产，已历三年，败走时又多破坏"，到底情况如何，关系祖国经济恢复前途，必须亲往一看。第二，中外报纸常有中共只能治农村、不能治城市的论调，他尽管不相信，但一想祖国领土

　*　陈碧笙（1908—1998），民盟中央参议员、委员，厦门大学历史系主任、教授；杨国桢，1940 年生。第七、八、九、十届全国政协委员，厦门大学历史研究所所长。

陈嘉庚（左）在
新政协筹备会上发言

辽阔，除旧布新需要大量良好的干部，"求其尽宜，颇不易易，急欲加以
考察"。第三，近二十年来新加坡公共卫生大有进步，死亡率不断下降，
我国同胞素来不讲卫生，死亡率一定很高，他准备将《住屋与卫生》一书
摘成 3000 字左右的短文，在国内各报广告栏刊登，以广宣传。

　　6 月 3 日，陈嘉庚一行到达大沽口。4 日，乘专车到达北平，到站迎
接者有董必武、林伯渠、叶剑英、李维汉、李济深、沈钧儒等人。7 日由
周恩来陪同，前往西山见毛泽东主席，刘少奇也在座，谈论中外局势，半
夜始归。11 日，朱德总司令约请午饭。13 日，出席北平市各界欢迎会，
会议由叶剑英主持，陈嘉庚在会上报告日军侵入至败退期中的南洋各地情
况。15 日晚，出席新政协筹备会，他发言说："由于中国共产党毛泽东主
席的正确领导，人民解放军的英勇战斗，全中国大部分土地已得到解放，
海外华侨无不同声欢庆。……中国共产党虚怀若谷，广邀各民主党派、各
人民团体及各界民主人士来共商建国大计，因此对中国共产党和毛主席实
在无限钦佩。这次祖国大革命的胜利，对全世界极有影响，对海外华侨也
有很大影响。不久全国解放，民主政府成立，华侨在海外地位也可提高，
对祖国的愿望快实现了，海外华侨听到新政协筹备会成立的消息，一定非

常高兴。本人相信联合政府成立之后，海外华侨绝大多数都会拥护民主联合政府，拥护中国共产党和毛泽东主席。"

在北平的几天游览中，陈嘉庚感想很多。他认为北平商业虽很发达，但大部分都是供封建官僚消费用的，今后应该"在人民政府的改造下，有计划地稳步地由消费城市变为生产城市"。许多宫殿亭阁园坛寺庙以及著名历史古迹等封建时代帝王赏玩的地方，也都是"用民脂民膏筑成的，现在由人民自己接收过来了，今后也将由人民自己使用它"。除了几条干路外，马路都很狭窄，横街小巷几乎不能通行汽车，相信若干年后，能够变成一个现代化人民的大都市。

6月下旬，向往已久的东北之游开始了。6月22日，陈嘉庚由庄明理陪同乘火车离开北京，途经天津、山海关，于26日上午8时到达沈阳，在这里参观游览了一星期。接着参观了抚顺、本溪、哈尔滨、齐齐哈尔、内蒙古、长春、吉林、鞍山、大连等地。两个多月的见闻使他对共产党和将要建立的新中国有比过去更为鲜明的印象，深为解放区的新气象和中国人民的新前景而高兴。

陈嘉庚于8月30日下午精神焕发、信心百倍地回到了北平。想不到就在离开的几十天中，北平市的面貌已经起了明显的变化。前门外的嚣杂的摊贩都迁到另外一个地方去了，天安门广场上堆积如山的垃圾也清除得干干净净，"成了一个可供三十万人集会的平坦的人民大广场"。整个北平充满着生气勃勃的兴旺气象。

从9月1日到17日，陈嘉庚全力投入于新政协的筹备工作。作为华侨小组的召集人，他每天从上午8时起就要开会，有时直开到一二时，第二天早上还要继续开。21日，人民政治协商会议第一届全体会议在中南海怀仁堂开幕了，出席代表630余人，毛泽东主席在会上庄严地宣告："占人类四分之一的中国人从此站立起来了！"全场情绪激昂，掌声持续好几分钟，陈嘉庚深为感动，第一次体会到作为中国人的自豪感。在大会发言中，陈嘉庚以华侨首席代表的名义致辞，热烈拥护大会通过的《人民政治协商会议组织法》《中华人民政府组织法》和《人民政治协商会议共同纲领》。他相信，通过这三个议案的实行，华侨在祖国政治中的地位空前提高，新中国政府将成为代表与保护华侨和广大人民利益的政府；同时由于提出便利侨汇，强调民族平等团结，保障本国独立自由和领土主权完整及"尽力保护国外华侨的正当权益"等政策，"一定会提高中国在国际上的地位，因而也大大改善华侨在海外的地位"；所以他代表海外华侨民主人士以及爱国侨胞，对于这三个草案"愿无保留予以接受"，并"努力促其实现"。

在北平及会议期间，陈嘉庚与傅作义将军常有接触。有一次看见傅将军在大会上慷慨陈词，自言过去拥护蒋介石，罪列战犯，及北平受围，始猛省前非，今后应该加强服务以补过。陈听后深为感动，因发表感想说："古语云：人谁无过，过而能改，善莫大焉！傅先生坦直认过，义勇高风，无任敬佩！人民政府维新方始，似万里长征第一步，前国民党人误入迷途者尚多，当学习傅先生之智勇，庶有无限前途也！"

9月30日，陈嘉庚被选为人民政治协商会议第一届全国委员会常务委员。

10月1日，中华人民共和国成立，陈嘉庚被选为中央人民政府委员和华侨事务委员会委员。在这开国盛典中，整个北京城沉醉在胜利的狂欢中。陈嘉庚从天安门城楼上俯瞰，只见大广场墙壁是红色的，游行队伍所执的国旗和星灯也都是红色的，人山人海，红艳艳的一望无边。他发表感想说：中国人民喜爱红色，"结婚寿庆要穿红衣、贴红联、结红彩；过新年要给红包，生孩儿吃红蛋"，今天"欣逢几千年来空前的大喜事"，"自然要把人民的首都变成一个红艳艳的红色首都了"。

（摘编自《陈嘉庚传》，原载《迎来曙光的盛会——新政治协商会议亲历记》）

美堂老人的"烈士暮年"

司徒丙鹤[*]

上书毛泽东的经过

1948 年 5 月，中共中央发布纪念"五一"节口号，号召召开没有反动分子参加的新的政治协商会议，讨论成立民主联合政府问题，得到全国人民、各民主党派和国外华侨的热烈回应和拥护。

8 月 12 日在香港建国酒店七楼航空厅，司徒美堂举行记者招待会，对中央社、《华商报》、《大公报》、《华侨日报》、《工商日报》、《星岛日报》等十多个新闻单位的记者，发表了"国是主张"，这是他 1946 年自美国回国，拒绝参加国民党单方面召开的"国民代表大会"，愤然来港隐居多时之后，用美洲洪门致公堂元老身份第一次公开发言。大意说，自去年底来港，格于环境，未能向新闻界诸君见面请益，十分抱歉。当前国内形势大变，谁为爱国爱民，谁为祸国殃民，一目了然。本人虽然年迈，但一息尚存，爱国之志不容稍懈。中国乃四亿五千万人之中国，非三五家族所得而私，必须给人民以民主自由。本人即将返美参加洪门大会，讨论国内形势，提出政治主张，以贯彻洪门革命目标。

---

* 司徒丙鹤（1916—2010），中国新闻社记者。时任司徒美堂秘书。

这番话出自一位追随孙中山先生参加辛亥革命的爱国华侨领袖之口，马上成为港报的头条新闻，轰动一时。

招待会过后，司徒美堂与李济深、蔡廷锴、陈其瑗、陈其尤、连贯等人有所接触。

司徒美堂返美前夕，1948 年 10 月，连贯设宴为之饯行，地点在香港铜锣湾沈钧儒先生的空房中，出席作陪的有谭天度、饶彰风、罗理实等人。司徒美堂叫我起草，即席亲书"上毛主席致敬书"，表示真诚接受中国共产党领导，向"出斯民于水火"的毛润之先生致敬，郑重表示："新政协何时开幕，接到电召，当即回国参加。"原信签字盖章，认真严肃。托为转呈。当时南北交通未恢复，投递费时，据后来所知，此信写于 1948 年 10 月 23 日，隔了 80 多天，即 1949 年 1 月 20 日才由毛主席作复。据回忆，毛主席复信到达纽约之日，解放军已经渡过长江，南京政府覆灭了。

与此同时，在香港的中国致公党主席陈其尤及郑天保、陈演生、黄鼎臣等人也先后设宴欢送司徒美堂。席间，陈其尤请司徒美堂以"洪门老人"身份发一声明，原稿措辞晦涩，未能达意，美老又指示我另拟一文，签字盖章交给陈其尤，约定于 10 月 30 日美老抵达美国之后在香港各报发表，这就是"司徒美堂拥护中国共产党召开新政协的声明"。声明中说："中共及民主党派所号召以四大家族除外之新政治协商会议，进行组织人民民主联合政府之主张，余认为乃解决国内政治问题唯一良好之方法，表示热烈拥护，并愿以八十有二之老年，为中国解放而努力。"该声明签署的时间是 1948 年 10 月 18 日，公开发表在报上。

秘密经过台湾海峡北上

司徒美堂接到参加人民政治协商会议的邀请通知，1949 年 8 月 9 日乘飞机离开美国纽约，8 月 13 日抵达香港启德机场。那时香港已发生工会领袖朱学范坐汽车在街上被人撞伤，国民党黄杰将军被人暗杀等事件。因此，美老坐的飞机一降落，香港政府就派出警车前来"保护"。以后住在旅店或家里，就有人在周围"站岗"；一出街头，就有车子跟在屁股后面；上茶楼饮茶，也有人在对面桌上"奉陪"，如此半个月。真是"前呼后拥，形影不离"。

直至美老乘坐太古公司的岳阳轮北上，警车也送到码头，看见轮船起航为止。美老幽默地对我说："真应写信感谢港督葛亮洪阁下的盛情照料。"海轮要通过台湾海峡，诚恐有人暗算，北航是采取秘密形式的。我们被告知，应作最坏打算，准备毁灭一切身份证明。甚至有被国民党战舰拦截拘留到台湾的危险。因为半年前民主人士李济深、郭沫若、蔡廷锴、陈其尤等人的突然秘密离港，那些负责监视的人事前竟无所觉，闹了"笑话"，现在变得几个方面都"从严"，空气有点紧张。至于饱经风浪的美老，却一直处之泰然。他说："人生自古谁无死，留取丹心照汗青。"

在头等舱的，有黄琪翔将军、李承儒教授等人。我们慢慢混熟了，什么都说。航行多日，风浪滔天，也经常遇到一些战舰，彼此交换了电讯旗号，就过去了，未有人上来搜查。6日之后，我们平安抵达红旗飘扬、有解放军守卫的塘沽港口，天津市交际处连以农处长前来迎接。我们下榻于天津旅店，翌晨早饭后即转往北京，受到中共首长的欢迎，住在北京饭店114号房。

政协会议时的北京饭店

北京饭店原是英国、法国商人经营几十年的"豪华"饭店，沦陷期间被日本人强行收购；抗日胜利后由旧市政府接管。楼高八层，有新旧两幢，坐落王府井南口，面对东交民巷，曾是北洋军阀花天酒地和逃避政争的"租界"。侍应生必须着长袍马褂、瓜皮小帽而口操英语。来北京参加

1949 年 9 月 22 日，司徒美堂（右）与司徒丙鹤在北京饭店天台上合影

政治协商会议的各方代表人物，大部分住在这里。

北京饭店警卫森严，我们办好住房手续，领了出入证，还领了饭票。早、午、晚三餐采取 10 人共席制，五菜一汤，外加咸菜点心。每人把饭票放在席上，由服务员收走，人满开饭，随便就座，不分等级。

我是长期在粤、港当记者的人，在大餐厅一眼望去，很多是旧识的"新闻朋友"，更多的是久闻大名、如雷贯耳的知名人士，也先后在餐厅上"同台食饭"。每天我陪着美堂先生和大家会面握手，互道"久仰"之意。我们见到了李济深、张澜、黄炎培、许德珩、谢雪红、章伯钧、李德全、史良、蔡廷锴、李子诵、马叙伦、李书城、李烛尘、梅兰芳、周信芳、张奚若、郭沫若、茅盾、许广平、周恩来、林伯渠、董必武等。

侨领两老的会见

南洋侨领陈嘉庚，恰巧住在北京饭店 112 号房，中有大客厅，和我们是隔邻。一天，司徒美堂和陈嘉庚正式在大客厅会见了。

两老年少出洋，走过曲折道路，其后，一成工商巨子，一成致公堂元老。他们都参加了辛亥革命，长期从事华侨团结爱国工作，晚年则一个代表南洋华侨，一个代表美洲华侨，参加政协，迎接新中国的诞生。

嘉老籍贯福建，为人严肃，生活俭朴，分析时势，则周详缜密。美老籍贯广东，粗通文墨，性格豪放，讲江湖义气，疾恶如仇。两人漂洋过海达半个世纪以上，均不能操国语，只好各带翻译，互以标准的闽南和四邑乡音交谈，于是我和庄明理先生分别当了翻译。

两位侨领老人带来了华侨对于祖国富强的祝愿。嘉老年已76岁，美老则是80又3岁，老当益壮，万里迢迢，回归北京，这行动本身就叫人感动。就晚年生活言，美老滴酒不饮，大抽吕宋烟，无时或停，喜穿西装而少穿唐装。嘉老每餐则半杯甜酒，一碗地瓜粥，几块蚝煎，坚不吸烟，见人吸烟亦加劝戒，甚至为文反对开会时吸烟。他衣着随便，中西合璧，下穿唐裤，上穿西装。两老均为爱好读书、自强不息之人。嘉老案头喜以《史记》《古文观止》《聊斋志异》和《验方新编》自随，终年翻阅，许多章节能够背诵。美老喜读《水浒传》《三国演义》和戏剧故事，而且每晚必读内部发行的《参考消息》，借以了解世界时事。

自此以后，我和两老时有过从，受益不浅。美老去世时，我侍立床前。嘉老于1961年8月12日零时病逝北京协和医院时，我和钟庆发先生也恰恰侍立床前。两老的丧礼，十分隆重，我也从旁参加了治丧工作。几十年来，爱国老人的高风硕德，时刻鼓舞指引着我知所奋勉！

（原载《回忆司徒美堂老人》）

黄炎培的北上道路

黄方毅[*]

    1947 年 5 月 6 日中华职业教育社成立 30 周年的日子，社里召开座谈会。"而立"之年的这次座谈会开得别致，别致在笼罩职教社的复杂与矛盾的心理气氛上。30 年来堪称果实累累，回首之际不乏琳琅满目，但前边的"黄牌"警告已亮，"红牌"也隐约可见，危在旦夕，前途未卜。30 年的事实证明了他们所从事事业的巨大潜在需求，然而也为 30 年的事实所证明了的一条，是他们左右自己生死存亡的微弱能力。对中国历史长远与最终的乐观展望和坚定信念，与对眼前困境的一筹莫展和无能为力交杂在一起。凡此种种，如同愁云，压抑心头，是他们一时解不开，也无法去解开的矛盾。那天，黄炎培没有高亢，没有激奋，没讲形势，没讲任务，反而以平静低抑的嗓音，讲他对人生、对命运的看法，讲的真切也实在。或许他是在做告别演说？听过他那次讲话的人都久久难以忘记。最后他以"竹"为题作诗会赠给这个难忘的日子：

> 不逐时芳品自尊，冰霜翻为护柴门。
>
> 生机都付千笠直，看汝干云长子孙。
>
> ——《题书竹写赠中华职业教育社三十周年》
>
> 1947 年 5 月 6 日于上海

---

* 黄方毅，1946 年生。黄炎培之子，第十至十二届全国政协委员，美国霍普金斯大学高级国际研究院、哥伦比亚大学客座教授。

黄炎培和夫人姚维钧

是的，黄炎培并没有最终失望，未为"时芳"或"冰霜"所动，他还饱蕴"生机"，相信自己的"子孙"会冲上青天，怒拨干云。时年，他70岁整。

战场的形势变化极快。那些以为得手的人，却好景不长。国民党军队由"全面进攻"转为"重点进攻"，又由进攻转为防御。经辽沈、淮海、平津三大战役打击，元气已经大伤。战讯传来，黄炎培感到欣慰。

然而蒋介石派毛森来到上海，这可是个行动信号。毛森这个军统头子是鼎鼎有名的屠户。

这时黄炎培、姚维钧一家已经搬进了荣康别墅——静安寺附近的常熟路116弄7号房子（至今仍在），是黄的几十年老友们，从王艮仲、浦新雅，到杜月笙、钱新之一共几十个人，不忍看到70高龄的黄炎培整日借居，东搬西迁，居无定所，而凑钱赞助黄炎培大部分，又变卖掉姚维钧、姚苓绚娘家拿来的细软，终买下了这座250平方米的里弄房。黄炎培在上海活动奔波几十年，终于首次在上海市区有了自己的房子。而当下正是闭门索居之时，他发出感慨：

七十无家复有家，一楼冷却市声哗。

关门忍便抛群众，老读差怜眼未花。

——《新居人绝句》

1948 年 10 月 2 日

对于这座新居，黄炎培也有自己的考虑，他对姚维钧讲："我一生无资无财，这所房子留给你和这几个孩子吧，万一我有什么意外。我的大儿女们反正都早已经长大立业了。"他召来大儿女们如是交代一番，又把家里包括原配王纠思留下的首饰细软分配给他们，算是分配家产了。明显是在他预感危难将来之际，在安排后事。

一日，杜月笙派人来告：当局可能要对黄下手。同时，张治中先生派人紧急来告：要下手了，"黑名单"已列出，第一位就是黄炎培。

之前中共地下党已几次送来消息，盼黄离沪北上，但黄割舍不掉他在沪的这一大堆事业，犹豫不决。杜、张传来的消息，促使他当机立决：必须立即离开这座刚搬入的新居，离开上海——北上去。

1949 年 2 月 14 日，黄炎培家大宴宾客。十多平方米不大的客厅里挤满客人，喧哗之际，姚荇绚一一应酬。黄炎培和姚维钧却带着大女儿当当，高声扬言要去永安商场采买些东西以助兴。他们一行三人到了永安商场，从前门进入，却从后门溜出，那里等待着他们的是地下党安排好了的王艮仲先生和他的汽车，甩掉了尾巴，到黄的女儿家住了一夜，次日凌晨来到吴淞口，码头上是专事等候着的地下党同志。黄等迅速上了轮船，绕道台湾，奔赴香港。

黄炎培一家三口出走之后，姚荇绚带着黄炎培、姚维钧的小女儿丁丁及儿子方方，仍然宴客，只见荣康家里灯火辉煌，宾客喧哗，一连三天如此，盯梢们倒弄不清黄本人的确切去向了。及至黄到港后在报端发表声明，宣告自己已离沪，当局才弄明白。然而之前之后，他们并不放松对荣康黄宅的监视，站在弄堂家门口的盯梢甚至由原先便衣改成荷枪实弹的军警。姚荇绚与丁丁、方方均已成为当局欲捕黄而不得，恼羞成怒下的"人质"！姚荇绚带着方方出门买菜即有他们尾随，他们成了被"监视居住"的对象。不久黄炎培的儿子黄竞武（黄孟复之父）即遭当局捕去。竞武在上海中国银行做事，又是民盟在上海地区的要员，当局抢运银行黄金到台湾，遭竞武率工人阻拦。抓不到黄炎培本人的当局，抓他的儿子来泄愤。竞武被捕后遭受严刑，腿脚被打断，却未供出组织与同志。上海临解放前九天，竞武被活埋。

北上途中的黄炎培对他走后的事情当然不知。此次他仍是坐船，虽然他之前对坐船如此缺乏好感。36 年前他亡命逃亡日本，在吴淞口茫茫大海上的情景他仍依稀可忆。10 多年前抗战初年，他一次次地奔港澳赴南洋也是在国难当头之时。唯有这次是不同了。他怀着喜悦的心情站在甲板上，同样的海洋，同样的天空，但时代不同了，黄炎培自己也不同了，他挺着胸膛畅呼着新鲜的空气。还有一点不同，这次黄炎培不是孑然一身，而有姚维钧在他旁边。黄炎培已活了 72 年，但仿佛是第一次觉到大海的可爱，明媚的阳光下，他与维钧并肩傍立在船栏，手拉着他们的当当，兴致勃勃地谈论着过去，谈到了未来。

黄炎培北上了。

北上的道路，对黄炎培来说是曲折的。自世纪初年以来，尤其是民国建立以来，黄炎培看尽了中国的黑暗，看透了社会的腐败，他对急剧改变这一切是了无信心的。中国的事情只能慢慢来！因为几千年的腐朽制度不仅培养出一代续一代的统治者，而且也污染与腐蚀了中国的国民性。制度培育着文化，文化滋育着制度。一旦文化与制度结合尽致，那就绝对不会是那么容易来改变了的。难以靠改朝换代改变之，更难以寄希望于清官政治，所谓"政怠宦成"，所谓"人亡政息"，所谓"求荣取辱"，或这或那，无不如此，总是逃脱不出历史的劫运。而对此，要改变中国，唯有从基础做起，从基层做起，这基础就是教育，这基层就是实业。几十年来他埋首其中，历尽艰辛，做着"莫问收获，但问耕耘"的前人种树的事情。他相信他的努力终有善果。他相信事情不会白做，会在稳定的渐变中积累，中国最终会趋向进步。然而日本人的炮火打断了他的事业，随后国内战火更将此付之一炬。其间，充满着他的苦思苦索，饱含着一位爱国的求索者的莫大痛苦。

北上的道路，对黄炎培来说是必然的。对那个已腐朽透顶的政权，他始终保持着距离，不愿与之为伍。高官封许，不从；提携后代，不诺。从袁世凯起就想召黄入阁，民国十余年北洋政府两次颁布政令任命黄炎培为政府教育总长，均遭他拒命不就。不用说不肯跪下求官做官，就是站着也不肯求官做官的，索性他连国民党也不入，虽然他在 1905 年同盟会成立之后一个月就加入了，并且之后接替蔡元培任同盟会上海地区负责人。虽然他当时没有看清真理何在，但有一点他当时是看清楚了："这里不是真理所在。"而且"今年达姆杀学子，全国哪还有生气"。"沿海走私之船，遍地贪污之钱。"一场场，一幕幕，他已经"没有泪，只有血"了，"此时不起，更待何时"呢！

北上的道路，对黄炎培来说是真诚的。对共产党人，他经历了从陈独秀、李大钊，到毛泽东、周恩来的过程，从私人间接触交流，到与组织之间的联系。而在这一过程之中，抗日战争提供了认识的大背景。不是日寇来，抗战烽起，职业教育事业被打断，黄炎培不想也不会以大部分的精力投入社会政治活动，不想也不会丢下他所从事的教育事业。抗战打断了中国发展的进程，改变了中国社会前行的步伐。其间，1945 年抗战即将胜利的前夜，黄炎培访问延安，对共产党人及其根据地有了第一手的了解，从而获得了对中共的认同，也彻底改变了他后半生的人生轨迹，而且为其后来的一系列选择提供了依据。

北上的道路，对黄炎培来说是充满了希望和预期的。在延安黄炎培已经认识到，"没有政权和军权，当然一切说不上"。他在延安看到了共产党领导下政通人和、百姓安居乐业的景象，感到与他的理想"是相当地近了"，从而对共产党，从同情走向好感，从好感走向由衷感佩，又走向衷心拥戴，这几乎是 20 世纪中叶中国正直知识分子们的共同道路。然而黄炎培仍是有余虑的。一部历史，"其兴也浡焉"，"其亡也忽焉"，总是不能善始而善终，跳出这个所谓的周期率。这些，黄炎培将近 70 年的一生中看多了。因而将他的余虑和盘托出，询问毛泽东。毛泽东答以"我们已经找到了新路，我们能走出这周期率，这条新路，就是民主"。以民主来打破这个周期率，依靠群众起来监督政府，这也正是黄炎培的想法。他对共产党的希望与信任，获得了更为坚实的基础。他以后拥戴共产党，正是真诚地希望和相信共产党能长久保持朝气，锐意进取，永远为中国人民谋福利。

不仅是黄炎培，而且中国的知识分子都如此。

离开上海的黄炎培在港小住后，坐船出发，3 月 23 日到达天津，受到新上任的黄敬市长的欢迎，设宴洗尘。3 月 25 日晨登上火车，午前赶到北平。董必武、李维汉、齐燕铭及先期到京的李济深、沈钧儒、谭平山、章伯钧去迎接的他，从而结束了半年左右的辗转避难、长途跋涉的生活。

1949 年 3 月 25 日，毛泽东、刘少奇、周恩来、朱德、任弼时等中共五大书记，率中共中央离开西柏坡北上北平。3 月 25 日中午饭后，在李维汉的安排下，父亲黄炎培与郭沫若、陈叔通、马寅初同坐一辆小轿车，与李济深、沈钧儒、章伯钧等党外人士一起，从六国饭店赶赴西郊机场。下午 3 时，毛泽东、刘少奇、周恩来、朱德、任弼时五大书记率领党中央机关队伍浩浩荡荡从西柏坡到达，黄等迎上，毛与众人握手言欢，合影留念，之后在雄壮的乐声中检阅了排列在机场上的解放军坦克、炮兵、高炮、步兵等十万大军，晚上又与众人欢宴聚谈。这天黄十分激动，不仅自身又一次逃脱虎门，而且国家有望了。晚上众人欢宴，中共领袖与已会集京城的各路精英们一起，欢歌曼舞，庆祝胜利，庆祝团聚，好不热闹！

26 日午黄被通知当晚主席召餐并请姚夫人同往，周恩来陪同，江青也在座，从晚餐开始至午夜方离去。

四五个小时的会谈内容广泛又意义重大。一见面，主席就叫出姚维钧的名字，黄、姚十分惊讶，主席讲在重庆见过姚。是的，毛泽东在重庆多次晤黄，有时姚陪同在场。此次毛、黄对座，江、姚各坐毛、黄之侧，周则坐在对面。3 月 25 日夜毛召集众人时的谈话，侧重讲对时局的看法：停战、和谈、渡江诸问题都涉及了，26 日则是先听黄谈。黄畅叙从重庆一别后他对内战，对时局的看法，讲到国共和谈破裂，中共代表团撤离南京前夕，他与周恩来在密室里的长谈，之后他已相信共产党胜券在握，因为对方已"失尽民心"。然而雄才大略的毛泽东听到黄的这席话后，不续谈当前的解放战争，更不关心即将开始的国共和谈，而是把话锋一转，转到解放后，毛关心起新中国成立后的大业。先问黄新中国成立后有何打算，黄向毛汇报创建以民营工商界人士为主的民建的过程，希望解放后中国的民营经济有较大发展，引起毛的认同与反响。毛对黄的想法极为欣赏，强调民建要以民营实业家为主，以推动民营经济为主要工作，请黄做将成立的新中国民营经济的牵头人，一方面向共产党反映民营实业家的要求，另一方面向民营实业家传递共产党的声音。毛再三强调，新中国成立后中共对待民营经济将不同于苏联，不同于斯大林"赶尽杀绝"的做法，相反要予以利用和发展。毛说，新中国中共将实行的经济政策可以概括为"四面八方"。什么叫"四面八方"？"四面"即公私、劳资、城乡、内外。其中每一面都包括两方，所以合起来就是"四面八方"，即实行"公私兼顾、劳资两利、城乡互助、内外交流"的政策。他再三强调对民营经济的政策是"公私兼顾、劳资两利"。他希望黄迅速地利用自己的影响，向外界传递这一精神。对于毛的这一重托，黄是有备的。虽然他本人长年从事教育，然而与经济界关系极为密切。一方面他从事的职业教育为实业界提供人才，30年代把试点直接办到荣德生（荣毅仁之父）、荣宗敬兄弟开办的无锡纺纱厂里；也是他直接扶持起不少企业。另一方面他自己对经济也不陌生，20年代他发起集资修建了浦东川沙到上海的第一条铁路，1949年时他同时兼任着民生公司等六家大公司的董事（独立董事）和商务印书馆的监察（监事）。毛对新中国民营经济乐观前景的描述感动了黄，黄当场接受了毛的重托。最后两人商定，黄向上海、香港、新加坡的工商界拍去三份电报。第二天，黄把几份草拟好的电报交给李维汉代发。

之后，黄还曾三次应邀赴双清别墅，至8月毛搬入中南海。然而无疑这3月的会见，确定了黄在新中国政治生活中的地位。6月周恩来来家请他出任陈云为主任的中央财经委副主任，黄推辞了，推荐老友马寅初代替，大概是请示了毛泽东，周又第二次来，说可增设一副主任（马），但仍要黄出任。

国共和谈4月下旬破裂后，解放军挥师南下，势如破竹，南京、上海等，一个个城市先后解放。

1949年10月1日，中华人民共和国成立，这一天也是黄炎培72岁生日，于国于己，他格外激动。开国大典时，他登上了天安门城楼，这里有这么多他认识的共产党朋友：毛泽东、刘少奇、周恩来、朱德、林伯渠、彭真、聂荣臻、李维汉、陆定一等，还有不少相处共事过的民主人士：宋庆龄、李济深、张澜、张治中、沈钧儒、郭沫若、梁漱溟、陈叔通等各方人士，济济一堂。

从此，历史又掀开新的一章。

1949年9月，黄炎培在中国人民政治协商会议第一届全体会议上当选为中央人民政府委员。

一天夜里，周恩来驱车来到黄炎培家，与他商谈政府组成人选的事宜。周恩来告诉黄炎培，在由他自己担任的政务院总理之下准备设四个副

黄炎培在中国人民政治协商会议第一届全体会议上发言

总理：董必武、陈云、郭沫若，还有一名就是黄炎培，同时兼任轻工业部部长。

周恩来说的这一安排是大大出乎黄炎培自己意料的。他激动了，犹豫了，矛盾了，老泪纵横，怆然涕下。凡是知道黄炎培经历与个性的，对他的这一反应是不感奇怪的。黄炎培几十年中虽然活跃于社会舞台之上，然而他不肯做官。几十年之中，"不做官"已经成为了他的人生信条之一。他这种不肯做官，不愿从政的心理，一方面起始于他对其时党国的失望，对其时政权的不信任；另一方面也出自于他对高高在上而不肯务实的传统反感。他立志一生要务实，要做实事。他主张教育要务实因而提倡职业教育，他个人要做事而坚决"不做官"。几十年来黄炎培真是这样去想，这样去做的，从而几次回绝了封给他的教育总长等官职，长年埋首于教育事业和社会活动之中而未为官所累。然而这一次请他出山的，是他所真心钦佩与拥戴的人，是请他参与一个当时他认为欣欣向荣的政权。更何况，来到他家向他发出恳请的是他钦佩的周恩来，黄炎培思考了整整两天，又征询朋友们的意见。第三天周恩来又来之时，黄炎培终向他表示，放弃了几十年"不当官"的信条，加入政府。

在中南海怀仁堂的宴会上，或许是毛泽东知道黄炎培的心事，端着酒杯走到他的面前攀谈。毛泽东问黄炎培："北京政府有一时期要你去当教育总长，你为什么不去？"毛泽东的这个问题可击中了黄炎培的"要害"，黄炎培感慨万分。回到家里，躺在床上难以入眠，又重新起身，披襟入座，提笔疾书，给毛泽东写下千言长信，信中道："我是受过孙中山先生初期领导的洗礼的。1905 年，同盟会成立的那年，入会誓词是'驱逐鞑虏、恢复中华、建立民国、平均地权'。后来没有完全实践……后来一般的国民党员更是鱼龙混杂了。我认为不是真理所在，始终没有加入国民党……不看清真理，绝不盲从的……但使我认为可能是真理所在，就是1945 年的延安之行。"

黄炎培的大儿女听到父亲做了"大官"的消息，感觉非常惊讶，跑来问父亲："爹爹你一生拒不做官，怎地年过七十而做起官来了？"黄炎培讲述了周恩来向他动员的经过，讲了他自己的决定，最后对儿女们说："以往坚拒做官是不愿入污泥，今天我做的是人民的官呵！"

从近 40 年前黄炎培不愿当教育总长到 40 年后肯做副总理，是黄炎培变了么？原来的那个政权，鱼龙混杂，污垢遍地，黄炎培觉得它是没有指望，没有希望的。果然，黄炎培看着它怎样建立起，又怎样塌下去，兴衰有时，来去有命。它没有给中国带来富强，没有给百姓带来安康，有的仍然是饿殍遍野，乞丐满地。黄炎培对它由不信任到厌恶，由厌恶到痛恨。当初他这一历史的眼光和果敢的选择经历了时间的考验。黄炎培由于对当时的政权和对当国者的失望而埋首教育事业时，他越来越深地感觉到了这一道路的艰难和危弱，如同是一根又细又长的丝，随时可因外乱内扰而撕掉，然而他怀着真诚的爱国之心和造福公众的愿望，咬着牙，挺着身，走下去。日本人来了，给了他结识共产党人的机会。在重庆，在延安，在南京，在上海，伴随着黄炎培对原来的那个政权程度不断加重的反感，他对共产党人，思想也在不断靠近，情感也在不断接近中。他越来越觉得，中国的希望或许是在这里。也越来越觉得，他那颗真诚的爱国之心，或许是能够在这里找到归宿。他相信共产党人，相信共产党能把中国领上富强之路，能给百姓带来福祉和安康。在这里，他找到了整整一生 70 多年却始终未能找到的路，也找到了他想了整整一生 70 多年却始终苦思苦索未能找出的路。从没找到路，无路可走，到找到了路，有路可循，黄炎培自己确也变了。从无路与摸索中的他，变到有路可循的他。

黄炎培欣然去做了，怀着真诚的心。那年他已经 73 岁了。

不仅他自己北上去，而且彻底把家搬离他的大本营上海。1950 年 6 月上海解放不久，黄炎培夫妇从京返沪，来接姚荐绚及留沪的一儿一女，举家来到北京定居下来。

不仅他自己北上去，而且又把他在海外的大儿女们，从美国、从英国叫回了中国，他的大儿女们放弃在外的高薪厚职，加入到建设新中国的行列。

不仅他自己北上去，而且也动员了上海不少知名人士，包括以后工商界的著名代表，留下来走同一道路。

北上——进京，在历史面前，黄炎培如是选择了。

（节选自《黄炎培与毛泽东周期率对话——忆父文集》，
黄方毅著，人民出版社 2012 年版）

秘密北上，投向光明

——老报人王芸生的抉择

王芝芙[*]

　　"双十协定"墨迹未干，蒋介石便发动了大规模的内战，父亲所梦想的统一破灭了。他作为《大公报》言论的主持人，思想极度混乱。他反对打内战，认为打不是个办法，但在政治上又想不出办法来，竟然发表了一篇名为《做一个现实的梦》的社评，大谈假使停战令生效了如何如何光明。这是一篇梦中呓语，把希望寄托在虚设的"假使"之中，反映出他内心的苦闷。

　　从这以后，我开始关心政治，在学校里积极参加学生运动，父亲从未阻止过。可是 1948 年 7 月的一天，我记得当时天气很闷热，母亲把我叫到亭子间和我谈话，要我别再出头露面参加游行等活动，说外面谣言很多，都说父亲是共产党，如果我被抓去，不管是在什么情况下，都会十分麻烦。头一天《中央日报》发表了题为《王芸生之第三查》的社评，情况有些不妙，言行要谨慎小心。

　　听到这些情况，我感到形势发展极快，觉出国民党垂死挣扎的劲头，迫不及待地向父亲询问国共双方目前的状况。这天父亲的兴致很高，给我打了个有趣的比方：两个人打架，一个是肥胖昏睡的瞎眼老头，拳头虽

　　* 王芝芙，王芸生之女。曾任中央人民广播电台高级编辑。

大，却拳拳打空；另一个是精干灵活的小伙子，力气是小些，可拳拳击中对方的要害。你说谁能打胜？这个问题是明摆着的，最后胜利一定属于小伙子。国民党就是那个瞎老头，虽有数百万军队，可全摆在明处，纷纷被击溃；而共产党原在地下，不知啥时就冒出头来打你几拳。他们和老百姓混在一起，连特务也无法分清谁是共产党，结果力量一天天壮大，形成浩浩荡荡的大军。

从政治上看，国民党已经十分腐败，人心早已丧尽；而共产党犹如初升的太阳，毛主席曾为《大公报》题写的"为人民服务"五个大字已在解放区闪闪发光。共产党已成为人民的代表者，胜利非她莫属。

根据父亲分析问题的态度，我仿佛觉得眼前明亮起来，便兴奋地握住父亲的手，紧张地问他："你真是共产党员吗？"父亲风趣地反问："你听谁说我是共产党啊？"我狡黠地笑着回答说："我看《中央日报》的社评，它说你是'新华社广播的应声虫'，说你'效忠共产国际'，'以大公报贡献于反美扶日运动'，有这些罪状，还不是共产党吗？"

父亲听罢这话，感慨万端："这是国民党硬要把我推到共产党那边去。看来恐怕是在给我指明出路啊！可惜我不是共产党。但是我已经感到在国民党统治区待不住了，我必须走。"但走向哪里呢？父亲当时还说不清楚，也许他已经清楚了，只是还没法对我明说吧！

抗战胜利复员到上海后的三年，是父亲一生中重要的转折时期。

记得是 1947 年初，父亲参加中国赴日记者团，视察日本状况，回来时给我们带来了一件永志难忘的礼物——一块烧化的玻璃块。它像是燃烧过的焦炭，又像是溶解后的蓝色矿物，是战争带来灾难的铁证。父亲标上"广岛劫灰"四个字，用玻璃罩装起来，放在客厅里。

在这段日子里，只要有人来访，父亲都会谈起在日本半月间的感受，沉痛地讲述原子弹给广岛造成的灾难和后患。他以记者探索的目光发现了美国扶植日本军国主义复活的苗头。根据《波茨坦宣言》的规定，本不允许日本保留武装力量，以防它再次侵犯别国。但是美国出于反苏反共的立场，要利用日本作为前哨，便千方百计在暗中保存日本的武装力量。深受日本军国主义祸害的中国人有权监视日本的动态。

王芸生

5月间，父亲乘回津探亲之机，在平津各大学公开演讲，提出反对美国扶植日本军国主义复活的问题。在他的鼓动下，各界人士纷纷响应。不久上海学生和各界人士掀起了"反美扶日"的高潮。《大公报》连续发表社论和专文，同时召开座谈会，反复宣传"反美扶日"的爱国观点。这恐怕也是后来南京《中央日报》"三查王芸生"的根据之一。也在这个时期，父亲眼见魏德迈以钦差大臣的姿态"驾临"中国，很反感，思想中出现了一股越来越重的反美情绪，以至在言论上激怒了蒋介石。此时，父亲是在茫茫黑夜中艰辛地前进，努力寻求能把中国引向光明的火光……

1948年10月的一天，母亲忽然通知我们兄妹晚上都必须回家，我知道准是有重要事情商量。果真不出我之所料，父亲向我们宣布：两天以后将同母亲一起带着小妹妹到台湾作一次休假游览。正值政治空气十分紧张之际，我不相信父亲会有这般闲情逸致，心想也许是出去避风。父亲发现了我的疑虑，急忙解释说："这些日子非常疲劳，身体感到不舒适，需要出去散散心。"当时我意识到里面定有文章，既然父亲不肯说，就是不便告诉我们。父亲含糊其词地说少则两日，多则三个月一定回来。要我们安心读书，把我们托付给副总编辑孔昭恺先生。

11月5日，父亲和母亲乘飞机离开了上海。同时孔先生一家搬到我家里来住。几天之后，就传来了父亲已到香港的消息，接着署名"旧闻记者"在《大公报》香港版上连续发表文章。上海谣言四起，众说纷纭。

转年初春，母亲从香港来信，暗示香港只剩下她和小妹二人。那么，父亲上哪儿去了呢？

我已猜出十之八九。就像在茫茫的黑夜中盼望东方出红日一样，我等待着地覆天翻的变化，怀着希望、焦虑、兴奋的心情，暗暗地期待解放军早日打进上海来。

5月份，由于虹口形势紧张，我们姐弟几人跟着孔先生一家搬至静安寺一套公寓里。外摆渡桥打了两天两夜，炮声一直震耳欲聋，可是到了26日半夜，炮声突然静止了。这一夜静得叫人难以忍耐，但我知道黎明逼近了，非常兴奋。天刚蒙蒙亮，我便起床胆怯地向门外张望。我被眼前出现的情景惊呆了：马路两沿的人行道上，密密麻麻躺的全是荷枪实弹的军人。这就是中国人民解放军哪！这一天，上海市的居民都处于新奇、振奋的状态中，谁都想对纪律严明的解放军表表自己的心意，可他们连口水都不肯喝！从没见过这么好的军队，热爱之情油然而生。

第二天孔先生给我们带来了更好的消息。父亲跟随解放军进了城，正在报馆安排复刊的事，会抽空来看我们的。这天我们兄妹相约都不出门，待在家里等父亲。多少次听见门铃响，以为他来了，结果都大失所望。忽然门口出现了一个身穿解放军军装，头戴军帽的人。开始我们全愣住了，不过从那副十分熟悉的眼镜上立即认了出来，这就是分别仅仅半年的父亲。他已经完全变了样：脸黑了，人也瘦了，由文弱的书生变得颇有些军人风度了。

这半年的哑谜猜得我好苦。父亲没等我们开口就抢先表示歉意，一再声明不是不信任我们几个孩子，确因事关重大，万一走漏风声，便会造成大错。父亲自从听到毛主席的口头邀请，就盘算如何脱身。这是他一生中的一件大事。他先飞台湾，三天后即转香港。从香港化装成广东茶房的模样偷偷搭上轮船到达青岛，再辗转到北京。同行者有陈叔通、马寅初、柳亚子、叶圣陶、曹禺等20余人。在北京，父亲参加新政协筹备会，见到了毛主席、周恩来同志，还有邓大姐。他们与他促膝谈心，给了他许多温暖和鼓励，使他明白了自己对人民还有用处，还可以为人民做些事。他感到无比幸福，决心在后半生好好为人民服务。接着父亲语重心长地说："孩子们，虽然你们年龄还小，但毕竟是在国统区的大城市里长大的，也沾染了不少资产阶级的习气。当然，你们有资格来责怪我没能给你们做出好榜样来。现在我要用四句话来勉励自己，希望你们也能与我共勉。'抛弃旧习惯，丢掉旧成见，一切重新学，一切从头干'。"说完，父亲拿出一张4月10日的天津《进步日报》给我们看，那上面登着他写的文章《我到解放区来》。我拿过报纸大声朗诵起来，读着读着不觉泪眼模糊，喑哑无声了。分别只有半年，父亲已判若两人，他对自己的认识已截然不同，他写道："……尽管个人始终固守着一份做人的矜持，也止于旧知识分子'穷则独善其身，达则兼济天下'的想法，不是深入民间。纵有热情与正义感，都是一种施与式的悲悯，不是与人民大众的疾苦血肉相连的。纵有强烈的爱国心，使我始终站在反帝国主义的阵线上，但未能把握到阶级的立场。笼统的国家观念，是常会被反动的统治阶级利用的。这样尽管个人在主观上不作恶，在客观上常常会远离了人民，给反动的统治阶级利用了。"读到这里，我抬头望着父亲，他的面孔十分严肃，态度很诚恳地问我们："怎么样，也许还想不通吧？可是你们要知道，我能认识到这些也是很不容易的，是经过一番思想斗争的。这是我回到坚实的土地上爬上的第一个坡。"

父亲思想中的变化，我一时还未能完全理解。但我知道，他认识到自己的立场错了。这对他是个关键问题，因而我更加迫不及待地往下念："我从事20多年的新闻工作，时时策励自己要做一个好记者；所谓好，是没有标准的。个人的立场既如此不明确，我所服务的报，其中既有官僚资本，主持人又甚接近反动的统治阶级，其基本的属性是反动的，实际给反动的统治阶级起了掩护作用。我与我的同事们尽管要把它做成独立的报，而实际上是离开了人民大众的利益的，相反的却为反动阶级服务了。况且所谓'独立'，实际就是离开了人民。一个新闻记者，在人民与反人民中间没有中立，在帝国主义与反侵略之间也没有中立。所谓'独立'，也同样不通。我这次到解放区来，不是来'中立'的，也不是来'独立'的，乃是向革命的无产阶级领导的中国新民主主义的人民阵营来投降。"

我不自觉地提高声调重复了"投降"二字，我简直有些吃惊，瞪起眼睛严肃地问父亲："不是毛主席请你去北平参加新政协的吗？你又不是'国民党'，'投降'二字从何谈起啊？"父亲轻轻地笑了一声，平静地问："你觉得这两个字太刺激了吗？我可决不是为哗众取宠。为这两个字我冥思苦想了很多天，把自己前半生所走过的曲折道路作了一番认真的思考，怀着痛苦的心情与过去决裂，才产生了真正回到人民队伍中来的真情实感。我那颗多年来一直悬浮着的心才落实下来，真可以说是水滴石穿，终于找到了马列主义真理，见到了久已渴望的太阳。"父亲说着，如释重负。他渴望投入革命洪流之中，他的心是那样的真挚而炽热。

（节选自《老报人王芸生》，原载《文史资料选辑》第 97 辑，全国政协文史资料研究委员会编，文史资料出版社 1985 年版）

叶圣陶的"知北游"

叶至善*

父亲母亲北上，是 12 月 28 日决定的。日记上记着，11 月 2 日杜守素先生，12 月 19 日吴觉农先生，两次转达了中共的邀请，父亲都婉谢了。父亲当时就想这样的"远游"非一年半载不可，而他从没有这样长的时间离开过家，怕过不惯。再则，四种国文课本已全面铺开，总得有个人接手才是。28 日士敩兄从香港带回来口信，说我母亲如果愿意，可以一同走。还说被邀请的还有云彬先生和彬然先生，云彬先生在香港等着同他们一起北上。母亲也能去，父亲当然同意。课本的问题倒解决了，把叔湘先生请进了开明；只是彬然先生一走，《中学生》交给谁呢？于是想到了在《世界知识》的张明养先生，请他来管一段时间再说。开明的各位先生都支持我父亲远游。家里的事也好办。姑母才搬了家，房子很宽舒。让祖母住在姑母家里，我父亲更觉得放心，叮嘱我们孙辈常去探省。1949 年 1 月 3 日，从香港来的交通员李正文先生来探询，父亲把动身的日期告诉了他。7 日午前，父亲、母亲和彬然先生由芷芬兄、士敩兄陪同，乘轮船离开上海。开明以外的朋友还不知道，这就算保密了。

父亲换了一册新日记本，在封面上题了四个字，"北游日记"，可见他是准备游个一年半载就回来的。开明新建的三层洋楼快完工了，为纪念

---

* 叶至善（1918—2006），叶圣陶之子。第二至九届全国政协委员。曾任中国少年儿童出版社社长兼总编辑。

夏先生，伯祥先生建议唤作"怀夏楼"；父亲写的篆书楼名，已镌石嵌在二楼大厅正墙上了。父亲想，等新政协胜利闭幕，他和我母亲从北平乘火车直奔上海，就可以跟老朋友——如今又添了一位叔湘先生，一同坐在怀夏楼里继续做他的工作了。我也是这样想的。有一天，办公室跟我商量调整住房，让我和满子搬到楼下来住，把二老留下的东西也搬下楼；说昌群先生已答应进开明，去里山搬家眷了，腾出二楼来好让他们家住。我想贺师母和满子这样要好，没问题，答应照办；转过身一想：这可不成，二老回来叫他们住哪儿呢？我闯进经理室，正好只伯祥先生在，就跟他说了。他听了哈哈大笑，说："小墨呀，你以为圣翁还会回来呀！"我说："新政协不就讨论成立中央人民政府吗？讨论完了，不就回来了吗？"伯祥先生不做正面回答，只说："到时候你看吧。"我忽然开了窍，心想，伯祥先生兴许暗示我：到那个时候，连开明也得整个往北平搬呢。2 月中旬，昌群先生夫妇和他们的六个子女到了。满子正好炖得一大锅红烧肉，蒸得两屉馒头，一顿吃得精光，不知他们饱了没有。使人想起了乐山遭炸后，我们一家人避到他家的情景。

父亲他们是 12 日午前到的香港。第二天早上，开明就接到了香港方面来的电报，说他们已安全到达。就在同时，父亲写了封密信给伯祥先生：

诸公钧鉴：

在台寄一书，想先达览。昨日下午登岸，暂寓旅舍。已晤云少爷，略谈大概，其详须俟晤夏公方知。此行甚安适，无风无浪。长乐公有兴，亦可出此途。乞容翁转告之。在台游三小时，吃一餐饭，市中甚脏，恐以前不若是也。大西瓜大橘子皆甘，啖之称快。刻须外出，匆匆上书，余俟续闻。即颂台安。

弟郢顿首

1 月 12 日上午 10 时

检查信件的特务如果知道信中的别号指谁，就能破译这封密信。"云少爷"是云彬先生，因为他丰腴飘逸，像个少爷。"夏公"是夏衍，抗战中在桂林就用上了。"长乐公"并非长乐老冯道，而是振铎先生，福建长乐是他的祖籍。容翁是伯祥先生自己起的别号。父亲有个笔名"郢生"，有人问他跟楚国的都城有何瓜葛，他说毫不相干，是把"聖"字去掉了"耳"，"陶"字去掉了"匋"，拼起来的。这封密信，原来是请伯祥先生催促振铎先生早日动身去香港，好同一批乘舟北上。振铎先生却迟迟其行，大概为了妥善安顿他收藏的那么多唐三彩陶俑。等到他 2 月 19 日赶到香港，还等了近 10 天，才跟我父亲他们由李正文先生安排，化了装，分成组，秘密登上了一艘挂葡萄牙国旗的有客舱的货轮。李先生叮咛了又叮咛，遇到意外情况如何应对，幸好都没用着。

民主人士在华中轮上合影，左起：（第一排）万瑞、郑小箴、包启亚；（第二排）包达三、柳亚子、陈叔通、马寅初；（第三排）傅彬然、沈体兰、宋云彬、张绚伯、郑振铎、叶圣陶、王芸生

船于 28 日午前起锚。一同北上的 27 人，有好几位民主人士中的老前辈，文化新闻界的老朋友，大家相约于晚餐后或娱乐或讨论，以消磨海途中之长夜。3 月 1 日，我父亲出了个谜语，谜面是"我们一批人乘此轮船赶路"，谜底是"《庄子》篇名一"。云彬先生猜中了，是"知北游"，"知"是知识分子的简称。他要我父亲作一首诗做奖品，并请柳亚老和作。我父亲在深夜里做成了一首七律：

> 南运经时又北游，最欣同气与同舟。
>
> 翻身民众开新史，立国规模俟共谋。
>
> 篑土为山宁肯后！涓泉归海复何求？
>
> 不贤识小原其分，言志奚须故自羞。

前半首是实话实说，足以证明我父亲认为这回北游只为了讨论"立国规模"。五六两句是抒发当时心情：这样"为山千仞"的大事业，谁都愿意挑上一筐土，自己怎么肯落在后头。自己像小溪似的流归大海，成为"翻身民众"中的一分子了，还有什么个己的要求呢？缺乏才干，囿于所见，只能说这么些了；既然言志，用不着扭捏躲藏。

1 月 7 日到 3 月 15 日的日记，曾以《北上日记》为题，在 1981 年的《人民文学》上发表，父亲在题记中说："大家看得很清楚，中国即将出现一个崭新的局面，并且认为，这一回航海绝非寻常的旅行，而是去参与一项极其伟大的工作。至于究竟是什么工作，应该怎样去做，自己能不能胜任，就我个人而言，当时是相当模糊的。"3 月 5 日午后抵烟台，船停靠码头已 5 点半。来迎接的军政人员等候多时，亲切周到而质朴，使人一踏上解放区，就好似进入了想象中的崭新世界。年过半百的人特易激动，一路上颇有些刘姥姥进大观园的谐趣，请读者诸君看我父亲的日记吧。3 月 18 日，"十时许到北平。候于车站者数十人，中有北平市长叶剑英。此外

民主人士离开烟台前合影

大半为熟友，皆所谓民主人士，不能一一记其名。唯愈之已十余年不见，且曾有'海外东坡'之谣传，乍见之际，欢自心发"。

父亲跟愈之先生在1937年暑期前在上海一别，就"动如参与商"11年有半。他在抗战初期的文化中心桂林，办起了文化供应社，又担任了生活的编审委员会主席，还处处关心开明，倡议和组织了《中学生》以战时半月刊的形式复了刊。他又是《救亡日报》和《国民公论》的台柱。我父亲当时在乐山，注视着南天的这颗"智多星"，既欣喜，又羞惭。范老太公他们也真个太从容了，等到我父亲受邀去桂林，商量开明如何在内地开展编辑工作，愈之先生早已秘密去了新加坡；1941年元旦，在爱国华侨陈嘉庚先生办的《南洋商报》上，发表了《岁首献辞》。珍珠港事变后不久，新加坡英国当局向日军投降，愈之先生就没有消息了。不想1945年4月3日得到传闻，说他已病死于苏门答腊乡间。父亲在日记上说："此说深冀其未确，愈之之才，友朋中不可多得也。怅然不欢。"凡是认识愈之先生的朋友，听到消息都异常怅惘，因为跟他做朋友的很少是泛泛之交。他又是《中学生》的老朋友，19 年来创刊又复刊，他注入了不少心血。大家建议在《中学生》上出个纪念他的特辑，又希冀噩耗是误传，使这个特辑成为"一死一生，乃见交情"的凭证。

朋友当时分散在各地，集稿颇费周折，特辑在《中学生》7 月号上才刊出。六篇稿子以收到的先后排列，作者是我父亲和茅盾、彬然、云彬、柏寒、子婴五位先生。我父亲那一篇，题目是《胡愈之先生的长处》：第一段说他给《中学生》的帮助；第二段说朋友们听到了他的死讯后的心情；从第三段起说他的长处："我只想说胡先生的自学精神"，"我只想说胡先生的组织能力"，"我只想说胡先生的博爱思想"，"我只想说胡先生的友爱情谊"。从无数想说的中间挑出非说不可的来说，所以四段都用"只想说"开头。四点说完，紧接的第七段是结尾，最后说"关于这四点，都没有叙及具体事实，因为几位朋友的文字中都有叙及，不必重复了"。父亲这篇悼文是 5 月 23 日写成的，确是第一篇，因为在以后的日记上才有约稿催稿的记录。在没看到朋友的文章之前就说"都有叙及"，父亲是有把握的，人同此心，相信自己感受到的，朋友们一定也感受到，一定会写得更具体。最后的第八段，我猜想是父亲看校样的时候添上去的，语气跟前头七段不大协调。如果改为特辑的后记，可能说得更加充畅一些。

愈之先生的死讯是误传，我父亲到香港就听说了，可没想到经过了"一死一生"考验的老朋友，已经赶在他前头，到前门车站来迎接他了。更没想到两个老友还会重新一同工作，在最困难的垂老之年，还能够相濡以沫。直到 36 年又 10 个月之后，我父亲躺在北京医院一楼的病房里，默默地送别了住在三楼的，自认为没什么病的愈之先生。

（节选自《父亲长长的一生》，叶至善著，四川文艺出版社 2015 年版）

谭平山：从追随孙中山到拥护中共"五一口号"

王秉默[*]

谭平山是中国近代史上有建树、有影响的民主革命家。辛亥革命时，他追随孙中山加入同盟会，五四运动后，他在陈独秀的帮助下建立广东中共支部。他爱国革命、不断进取，在第一次国共合作中，在轰轰烈烈的农民运动中，在著名的南昌起义中，都留下了不可磨灭的历史功绩。然而，中国革命的进程艰难曲折，这位既是早期国民党员、国民党组织部部长，又是中国共产党的早期党员、广东共产党组织的创建人的革命家，却在1927年先后被国民党和共产党开除了党籍。他不屈不挠，组建中华革命党、创建三民主义同志联合会、组织中国国民党革命委员会，参加新政协，为追求民族独立和祖国富强，贡献了毕生精力。特别是在响应中共"五一口号"、开展新政协运动中，他的主张和影响为民革和各民主党派接受中国共产党领导、协商建国，起到了积极的作用。

参加同盟会　创建中共广东支部

谭平山，1886年生于广东省高明县明城镇新元坊，12岁时入东洲书院学习。知识的启蒙、眼界的开阔，初步激发了他的爱国思想。1908年，

＊　王秉默，民革中央宣传部原副部长，团结报社原社长。

谭平山

他考入两广优级师范。当时，正逢孙中山领导的同盟会，在广东多次发动起义，反对封建腐朽的清朝政府。起义虽然失败，谭平山却深为震动。他毅然追随孙中山加入同盟会，在两广优级师范秘密开展反对清朝政府的宣传活动。辛亥革命后，他以同盟会会员的身份转入国民党，并被选为广东省参议员。

1917 年，谭平山考入北京大学哲学系。在北大，他广泛接触新思想和新知识，积极参加各种学术组织。十月革命后，他开始接受社会主义思想，翻译外国进步书籍，撰写专论和时评，宣传马克思主义，探讨改造中国社会的途径。1919 年，五四运动在北京爆发，谭平山是运动的骨干。由于参加了火烧赵家楼、痛打卖国贼的行动，他被北京军警逮捕关押。

1920 年，谭平山响应上海共产主义小组的号召，在广东高等师范学校发起组织"广州社会主义青年团"。年底，陈独秀来广州任职。谭平山在陈独秀的帮助下建立了中共广东支部，并担任支部书记。1921 年，谭平山任广东省教育委员会副委员长、《广东省教育会杂志》主编兼中国劳动组合书记部南方分部主任；孙中山在广州任中华民国非常大总统。谭平山非常崇敬孙中山，多次请孙中山到广东省教育会对中等以上学校教职员和部分学生发表演说。1922 年的五一劳动节，谭平山在广州组织了全国第一次劳动大会，特请孙中山到会，接见出席会议的 162 位工人代表。1923 年，孙中山出任陆海军大元帅府大元帅，着手进行国民党改组工作。4 月 10 日，孙中山在大元帅府设立宣传委员会，以谭平山为委员。

致力国共合作　坚持三大政策

1923 年 6 月，中国共产党第三次全国代表大会在广州召开。谭平山当选为中共中央执行委员。会上，谭平山介绍了孙中山赞成国共合作的主张。大会决定共产党员以个人资格参加国民党，与国民党建立合作关系。10 月 25 日，国民党改组特别会议在广州召开。会上成立了临时中央执行委员会，谭平山被孙中山亲自任命为委员，还被选为临时中央委员会书记兼组织员，负责改组的具体工作。孙中山非常看重谭平山，他认为谭"有能力和有才智"。国民党一大召开前，临时中央委员会在谭平山的带领下共召开了 28 次会议，做出了关于改组事项的 400 多项决议案。谭平山还带领中共广东区委与中国社会主义青年团广东区委联合组成"国民运动委员会"，团结国民党左派，推动国民党改组。由于大批工农群众和青年学生加入国民党，广东省国民党组织补充了新的血液，得到了迅速的发展。

1924 年 1 月，国民党一大在广州召开，谭平山出席大会，并代表国民党临时中央执委会向大会作报告。会上，谭平山因有同盟会员资格、是广东名流并有共产党推荐等几重优势，被选为国民党执委会委员，后任执委会常委、国民党中组部部长，与廖仲恺、戴季陶三人共同主持中央秘书处日常工作。为了巩固和发展国共合作，经孙中山同意，谭平山发动中共广东区委派了一批得力的共产党员干部到国民党中央机关各部工作。杨匏安任中央组织部秘书，中共广东区委委员冯菊坡任中央工人部秘书，林祖涵（伯渠）任中央农民部部长，彭湃任中央农民部秘书……这就极大地充实了国民党中央各部的领导力量，使国民党各项事业向前迈进了一大步。

为了实现国家的统一，孙中山决定接受冯玉祥的邀请北上。11 月 12 日，广州各界为孙中山举行欢送会。谭平山组织国共两党干部党员、各革命团体参加，并以 96 个工会的名义赠送孙中山一座镌刻着"定鼎中原"

四个字的银鼎。孙中山在会上发表了演说，并高兴地收下了银鼎。

1925 年 3 月 12 日，孙中山在北京因肝病医治无效，与世长辞。13 日，中国青年军人联合会在广州北较场干部学校大礼堂举行孙中山大元帅追悼大会，到会者有粤军讲武堂、桂军军官学校、大元帅府铁甲车队、飞机掩护队、湘军讲武堂等代表 2000 多人。谭平山以中国国民党中央常委、组织部部长身份发表演说，强调革命军人不仅要能执刀执枪去袭击敌人，而且应是革命的主义的宣传者。

1927 年，蒋介石、汪精卫相继发动反革命政变。7 月 20 日，谭平山在江西九江主持召开中共部分负责同志的座谈会，讨论分析当前的革命形势，"决定在军事上赶快集中南昌"，"实行南昌暴动"。7 月 30 日，张国焘以中央代表身份赶来阻止起义，性格刚烈的谭平山大骂张"混蛋"，并在情急之下提出，如他继续反对就拉出去枪毙。

1927 年 8 月 1 日凌晨 2 时，南昌起义爆发。上午 9 时，谭平山以国民党中执委常委的名义，主持召开国民党中央委员、各省委、特别市、海外党部等代表联席会议，选举产生了新的革命政权——中国国民党革命委员会，推定宋庆龄、邓演达、谭平山等七人组成主席团，谭平山成为"革命委员会事实上的主席"。起义军南下途中，他主管征粮筹款，途经瑞金时还同周逸群一起介绍贺龙加入了共产党。起义失败后，谭平山和吴玉章等人逃亡海外。

8 月，武汉国民党中央宣布开除谭平山的党籍，剥夺一切职务，并缉拿讯办。11 月，在中共临时中央政治局扩大会议上，谭平山被开除党籍。次年春天，谭平山回到上海，得知这一消息后，就多方寻找党组织，要求复议，恢复党籍，但遭到拒绝。

继承孙中山的遗志　团结国民党民主派

南昌起义失败后，谭平山从潮汕来到香港，他不仅忍受着失败的痛苦，还得接受当时中共组织对他不适当的处分。他很难过，开始重新考虑自己的去向。他找到自己的同乡邓演达，研究如何继承孙中山先生遗志，恢复联俄、联共、扶助农工三大政策，重新组织起来，向新旧军阀作斗争。1928年初，谭平山与在上海的一部分国民党左派、一些爱国知识分子，响应邓演达等发表的《莫斯科宣言》，发起组织成立了"中华革命党"。由于中华革命党的主张既不同于国民党，也不赞成中国共产党当时的一些做法，因此被人们称为"第三党"。

七七事变后，谭平山到武汉，要求参加抗日。蒋介石特别召见他，指定他参加起草《抗战建国大纲》。1938年3月，国民党临时全国代表大会在武汉召开，谭平山被恢复国民党党籍，任国民政府国民参政会参政员。7月，三民主义青年团临时中央干事会成立后，他被任命为常务干事，兼法制委员会主任。国民党五届五中全会后，他不满蒋介石的反共政策，表示不愿再参加国民党、三青团的任何会议。

1942年底，为推动民主运动的发展，他联络国民党上层人士以及教育界、工商界人士，成立民主同志座谈会。1943年8月，参加座谈会的同志认为，建立一个国民党民主派组织，以便团结国民党爱国民主分子参加抗日民主运动的条件已经成熟。经过多次交换意见，决定成立一个筹备小组，参加小组的共10人，以谭平山为首。1945年10月28日，三民主义同志联合会在重庆举行第一次全体大会，由谭平山主持，宣告"民联"正式成立。会议号召"国民党内民主进步的同志团结起来，改正错误路线，共谋恢复党的新生命，实行革命的三民主义"。谭平山等七人当选为中央常务干事，主持民联日常领导工作。

抗战胜利后，谭平山反对国民党当局的独裁专制，呼吁停止内战，早日成立联合政府。1947 年秋，他到香港，与李济深、陈铭枢等人商议国民党民主派进一步联合的具体事宜。11 月 12 日，中国国民党民主派第一次联合代表大会在香港召开，谭平山出席并参加领导了这次代表大会，会议选举宋庆龄、李济深、何香凝、冯玉祥、谭平山等 20 人为主席团。1948 年 1 月 1 日，大会宣告中国国民党革命委员会成立，通过了有关文件，选举了中国国民党革命委员会中央委员会。李济深为主席，谭平山等 16 人为中央常务委员。民革的成立，标志着国民党各民主派别和其他爱国民主分子的大联合，促进了国民党内部的分化，使人民民主统一战线更加扩大，国民党反动势力更陷于孤立。

响应中共"五一口号" 发起新政协运动

1948 年 4 月 30 日，中共中央发布纪念"五一"劳动节口号，明确提出："各民主党派、各人民团体、各社会贤达迅速召开政治协商会议，讨论并实现召集人民代表大会，成立民主联合政府。"5 月 1 日上午，在香港的各民主党派负责人在民革中央主席李济深家聚会，热烈庆祝"五一"劳动节，响应中共"五一口号"。会上谭平山作了关于伪"国大"内幕的报告。谭平山指出：1. 由于美国对蒋失去信心，对他的做法不满，所以支持李宗仁。2. 这次"国民大会"选举结果证明，蒋对国民党的控制能力已经削弱，"CC"也不能控制国民党了。3. 由于国民党在东北、西北军事失败，促使国民党党员各为自己前途打算，产生了严重的离心因素，蒋对此也徒呼奈何而已，大势所趋，人心所向，是不可逆转的。4. 国民党这次竞选"总统""副总统"，一张选票售至数亿元；根本谈不上什么民主选举。5. 中共提出解放区城市的七项问题，上海方面的工商界极感兴趣。尤其民以食为天，中共对于上海解放初期的粮食问题，现在已经开始调查，并注意到了运输问题，这对安定上海人心，迎接解放，会有很大作用的。

谭的报告正是对中共"五一口号"极好的注释，在各民主党派中间起了良好的作用。5月5日，谭平山、李济深、沈钧儒等12位民主党派领导人向国内外各报馆、各团体及全国同胞发出通电；向中共中央发表"致毛泽东并解放区全体同胞电"，表示拥护中共中央的"五一口号"。

从5月8日起，香港各民主党派代表，以"目前新形势与新政协"为题，连续召开座谈会，谭平山在会上一再发表演说，强调：中共中央"五一口号"，对于团结各民主党派，动员广大人民民主力量，促进革命胜利，具有重大的历史意义。5月23日，谭平山在香港《华商报》发表《适时的号召——论中共"五一"节口号》一文，比较了新旧政协的根本不同，提出：新政协的共同纲领应该是新民主主义的政纲，而"决不是旧政协连欧美旧民主都不如的政纲"。新政协"是各民主党派分担革命责任的会议"，而"不是分配胜利果实的会议"；新政协领导的责任应"放在中国共产党肩上，这是历史发展上一种不容放弃的任务"。这些观点对于正确引导和影响新政协运动的健康发展，具有重要意义。

在中国共产党的指导下，在谭平山等民主党派领导人的共同努力下，一场以筹备新政协为核心内容，以推翻蒋介石国民党统治、建立新中国为目的的新政协运动在香港展开。这一运动与国统区民主运动形成的南北呼应的政治局面，给气息奄奄的南京政府更加沉重的打击。

筹备新政协　主持监察委员会

随着人民解放战争的胜利发展，香港新政协运动从1948年9月由讨论、磋商阶段进入筹备阶段。14日，谭平山、蔡廷锴肩负民革重托离开香港北上，临行前民革中央特地召开常委会。到达东北解放区后，谭平山、蔡廷锴将李济深的书面意见转交中共中央。经过多次座谈，结合香港等方面讨论的情况和意见，11 月 25 日，谭平山、朱学范、沈钧儒等民主党派代表与中共中央代表高岗、李富春达成关于召开新的政治协商会议诸问题的协议。

1949 年 1 月，谭平山和其他民主党派领导人、无党派人士联名发表《我们对时局的意见》，盛赞解放区和人民革命的胜利，表示"愿在中共领导下，献其绵薄，贯彻始终，以冀中国人民民主革命之迅速成功，独立、自由、和平、幸福的新中国之早日实现"。

6 月，新政治协商会议筹备会首届全体会议在北京举行，选举毛泽东、朱德、周恩来、李济深、谭平山等 21 人组成常务委员会。由常务委员会领导，新政协的筹备工作全面展开，谭平山分工负责领导起草新政治协商会议组织条例。为起草好新政协组织法草案，谭平山认真负责，多次召集起草小组会议。初稿完成后，又多方征询意见，8 月，经过多次修改的组织法草案提交新政协筹委会常务委员会第四次会议通过。

政治协商会议执行全国人民代表大会的职权，通过了具有临时宪法性质的《中国人民政治协商会议共同纲领》，选举了毛泽东等 108 名委员组成的第一届政协全国委员会。谭平山被推选为政务院政务委员。在政务院下设的四个具体领导全国各项工作的专门委员会中，谭平山被任命为人民监察委员会主任。

人民监察委员会在当时是监察国家各级机关和各种公务人员能否正确、公正、廉洁地履行自己的职责，纠举其中违法失职的机关和工作人员。在谭平山的带领下，新中国成立初期的监察部认真履行职责，为坚持中国共产党的领导、为维护国家人民的利益，起到了重要作用。

1956 年 4 月，谭平山在北京病逝，首都各界举行了公祭大会。中共中央政治局委员、全国人民代表大会常务委员会副委员长彭真致悼词，高度评价和赞扬了谭平山为中国革命奋斗的一生。

（原载《团结》2008 年第 2 期）

父亲章乃器北上解放区的情况

章翼军（钟群）

父亲被迫离沪赴港后，不久，继母也到了香港，住在英皇道三室一厅的普通住宅里，同马叙伦、金仲华、萨空了、邵荃麟等都是近邻。在街头一个电线杆附近，经常有一位"不速之客"在那里监视着进步人士的行踪。他的公开职业是港九地产公司总经理，李葆和是合伙人。父亲还受聘在达德学院开设经济课。从20世纪30年代初开始，父亲就先后在上海几所大学（沪江大学、光华大学、国立上海商学院、立信会计专科学校等）任兼职教授，理论联系实际地、深入浅出地把枯燥乏味的经济、金融理论讲活了，使学生听得津津有味，容易接受。金融实务和学者教授的完美结合，在他身上得到了极好的体现。

1948年11月，我和湘谷、婉华姐妹三人收到了父母从香港打来的电报，通知我们从速离沪赴港。当时国民党政府的败局已定，进步人士、青年学生遭受到愈来愈疯狂的迫害。为安全起见，我们悄然离开了学校，在胡子婴妈妈家中暂住，等候船票。这是我第一次见到这位知名的女能人和妹妹湘谷。我们三人在船上碰到了几位同学，结识了一位赴港任职的新华书店职员，顺利地到达了被英国人统治了半个世纪的我们自己的土地，真是悲喜交集。继母亲自到码头迎我们上岸。稍后，大伯父、黄玠然伯伯和

---

* 章翼军，章乃器之子。曾任包头师范学院副院长。

151

章乃器

表姐夫叶寿康也先后来到香港。大伯父一向同情革命，掩护过不少共产党人。为了不荒废学业，兄妹三人都进了由民主人士创办的达德学院。这是一所新型学校，院长是陈其瑗，董事长是李济深，学者、名流云集，民主空气甚浓。学生来自国统区受迫害、向往光明的青年以及印尼、马来西亚等地的进步青年。在新天地里，我们生活得非常愉快。父亲也精神焕发。他打破常规，主动给我们兄妹每月 10 元港币的零用钱。但好景不长，学校不久就被港英当局查封了。

父亲此次在香港，比之 1937 年底那一次，时间稍长一些，但也只有一年多一点。1948 年 12 月 25 日，他放弃了大有可为的房地产业，在党的精心安排下，与李济深、茅盾等乘苏联货船"阿尔丹号"北上。他们都打扮成买卖人，由党的公开机构华润公司出面，在出席了潘汉年主持的圣诞晚会之后，分头悄悄地上了船。简单的行李头一天就搬上了船。他们分别被安置在底舱，互不来往。过了台湾海峡，到达青岛海面，恰遇逆风，加之轮船坏了一个引擎，货船行驶缓慢，直到 1949 年元月 7 日，才抵达大连港。他们一行受到张闻天、李富春等中央领导人的热情欢迎，御寒衣帽也早已准备妥当，关怀备至。他们在这条船上度过了一个难忘的、不平凡的元旦。许涤新在他的回忆录《风狂霜峭录》中有这样一段话："……到了香港，他（指章乃器）的政治态度更加明朗，更加接近我们。江浙帮的一些老板对于国内局势经常向他请教。我就抓住这一点，经常到他的办公室去交换意见。在我的记忆中，至少有两件事他是帮助我们的。第一是他经常为上海来港的资本家同我们接关系，举一个例，吴蕴初和俞寰澄就是通过章而找到我的。其次是章曾经替解放军募捐药品。经过他的宣传，'五洲大药房'（或中法大药房）香港分行捐献了3万元港币的药品，章把这个药房的经理鲍介绍给我……"

父亲北上后，继母和大伯也先后到了解放区。我们兄妹在焦急地等待着。到了3月中旬的一天晚上，来了一位戴眼镜的人，通知我们做好北上准备，行装从简，一切可疑的东西都不能带走。就这样，3月19日，我们终于盼来了这一天，坐的是巴拿马船"宝通号"，同行的有周新民、马思聪、阳翰笙、于伶、臧克家、陆志庠、张瑞芳、丁聪、朱智贤等文化界人士。至月底，安全抵达塘沽、天津，住在利顺德大饭店。当晚，黄敬市长设宴招待我们一行，并观看歌剧《王秀鸾》。这时天津刚刚解放，共产党的市长穿着朴素大方，和蔼可亲，印象至深。第二天，我们就到了北平。

父亲一行从大连转沈阳、哈尔滨等解放区进行参观访问，沿途所见所闻，耳目为之一新。在《人民的东北》一文中，集中表达了他内心思想感情的巨大变化。他认为，新鲜的事物实在太丰富，而有些抽象的情况，如人民的愉快情绪和社会的蓬勃气象，绝非通讯体裁所能描写。他热情地写道："对于这些，我近来常感到散文无用，而必须用诗歌来表达，因此，一向不喜欢诗歌的我，现在都想学习写诗歌，以抒发胸中蓬勃的诗意。"他歌颂："历史上最灿烂光辉的伟大时代就在今朝。我们是如何的幸运，能够躬逢这个伟大的时代！献身为国，全心全意为人民服务，这真是知识分子和工商业家千载难逢的一个时机。"这是父亲出自内心的肺腑之言，绝非应景文章。他在旧社会艰苦奋斗了30余年，历经磨难，终于在年过半百之后，找到了政治归宿。他崇敬毛泽东和周恩来，衷心拥护中国共产党。这从他此后的一系列言行中足资证明。他是善于独立思考的人，一贯反对个人迷信和盲目崇拜，但事实是最雄辩的。他不能不口服心服。

2月25日，父亲到北平后，和施复亮、孙起孟一道，作为民主建国会的代表，积极参加新政协的筹备工作。同时，被任命为中国人民银行顾问。当时民主人士大都住在北京饭店（六国饭店），照理我们也可以住到那里去，但父亲觉得不妥。为了减轻国家的负担，他建议我们还是住到他的老朋友吴羹梅家为好。我们第一次尝到了北方的小米和白面，觉得很好吃。我们也常去饭店会友，结识了马叙伦、朱学范、郑振铎、包达三伯伯的子女。在那里，我发现共产党的干部进了大城市，仍然保持着艰苦朴素的好作风，吃的是大烩菜、小米饭、窝窝头。然而对民主人士则是格外优待，大米、白面、炒菜。这件事又一次引发了我的敬佩心情。"得民心者得天下"，真是一点不假。

不久，中国人民银行总行的三位顾问都搬到大羊宜宾胡同 19 号的一幢小楼里，我们家就和沈志远、千家驹二位伯伯成了邻居。当他们三人穿上政府发给的浅蓝色干部服时，个个面露笑容，喜形于色。

革命形势的迅猛发展，使得我们也坐不住了。满腔热血，投向何处呢？当时华北大学、南下工作团都在公开招收知识青年。革命需要我们，解放战争和经济建设急需大批的新生力量。是继续读完大学，还是现在就参加工作？上燕京大学，还是进华大、革大？湘谷妹选择了前者，后来她毕业于协和医科大学，当了一名内科医生。我和婉华进了华大。父亲同意了我们的选择。继母杨美真不久也进了华大研究生班。她是民主建国会的发起人之一，民建中央监察委员、秘书处副处长。她当过大学教授和上海基督教女青年会的总干事。

这时，大伯父也在北京。他们从东北参观回来，周恩来、朱德在中南海接见了他，并十分恳切地对他说："章培先生从 1927 年大革命起到现在 22 年间，党有困难就得到他的支持，真是我们的患难之交。"并嘱托他协助刘伯承元帅筹建中国人民解放军南京军事学院，任战术组长兼装甲教授研究会第一副主任。他是保定军校的毕业生，与白崇禧是同学。他同情革命，为人民做过许多好事。

在中国人民政治协商会议第一届全国委员会第一次会议上，父亲当选为常务委员，在政协一届一次全国委员会第一次常委会上，被任命为财经组组长。他在会上发表了热情洋溢的讲话。作为民族资产阶级的代表人物之一，他公开提出了"准备在将来条件成熟的一天消灭自己的阶级"。这在历史上还是第一次。后来他又归纳为"阶级消灭，个人愉快"八个大字和"生正逢时，壮有所为，老有所养，死得其所"四句话。这充分说明了他有自知之明，把握了社会发展规律，决心跟着共产党走社会主义大道。

（节选自《回忆父亲章乃器》，原载《文史资料选辑》第140辑，全国政协文史资料委员会编，中国文史出版社2000年版）

父亲彭泽民 20 世纪 40 年代在香港的政治活动

彭润平 *

宋庆龄、何香凝、柳亚子、彭泽民团结战斗

1941 年，宋庆龄、何香凝、柳亚子、彭泽民都居住在香港。1 月初，爆发了震惊中外的"皖南事变"。蒋介石的国民党当局再次掀起反共高潮，突然袭击新四军军部和在皖南部队，妄图毁灭新四军。

由何香凝发起，宋庆龄、何香凝、柳亚子、彭泽民为此事专门开会。会前柳亚子亲自来到我家与我父亲商量。柳亚老说："当前是团结一致抗日救国为重。民族大敌当前，岂能再来一个自相残杀！蒋介石的为人，你是知道的，我们一定要把这次事件揭发出来，把真相公布于世。是非自有公论。这是我们的责任。我和孙夫人、廖夫人准备发表公开宣言，谴责蒋介石，希望你也能同意参加。"父亲答："我们都是中山先生的忠实信徒，责无旁贷。有孙夫人、廖夫人和您带头，我完全赞同。目前谁敢讲，该我们出来讲话了！"

1 月 12 日，由柳亚子起草，四人联名发表一封致蒋介石及国民党中央执行委员、监察委员的公开信。信中指出："最近讨伐共军之声甚嚣尘

---

* 彭润平，彭泽民之女。

上，中外视听为之一变。国人既惶惶深忧，兄弟阋墙之重见今日。友邦亦窃窃私议，中国抗日之势难保存，倘不幸而构成'剿共'之事实，岂仅过去所历惨痛又将重演，实足使抗战已成之基础隳于一旦，而时势所趋，又非昔比。则我国家民族以及我党之前途，将更不堪设想矣！""我总理过去提出，与共产党共同努力于国民革命伟业。这是勿容变更。总理临终时，曾致书苏联，其意旨在联合苏联。而在训示吾人，应以国共和平合作团结互助为重心。诸同志对此当能念念不忘！""日寇不独为我党之敌人，亦为共产党之敌人，敌人之敌人即为我之良友，故我党不得以如何消灭共产党为决定政策之出发点。遵守总理遗训，力行吾党国策，撤销'剿共'部署，解决联共方案，发展各种抗日实力，保障各种抗日党派。"

这封信由中国新闻社、延安《新中华报》刊载，给蒋介石集团以沉重的打击。

1946 年，蒋介石政府玩弄反革命两手，一手在国统区大力压制民主，大搞白色恐怖，并制造了一系列血案；另一手在解放区大搞军事挑衅，武力进迫。6 月更撕毁"双十协定"，推翻政协协议，挑起全面内战。7 月 23 日，宋庆龄针对时局，在上海率先发表声明。9 月 16 日，父亲在香港《华商报》撰文，称："孙夫人对时局的主张代表全中国人。"强烈要求国民党当局接受孙夫人的主张，立即对共产党实行停战，恢复政治协商会议，组成各党派联合政府，这是中国今日人民权力的起点。他们在香港和上海一呼一应，紧密配合。

何香凝于 1945 年 12 月移居香港，柳亚子于 1947 年 10 月移居香港，他们之间过从甚密，仅 1946 年、1947 年两年，他们率先联名联合在港民主党派民主人士致电就有 14 次。内容有：揭露蒋介石国民党发动内战反共专制；揭露美国帮助蒋介石打内战；声援北京大学学生抗议美军暴行，制造"沈崇事件"；追悼吊唁被蒋介石杀害的李公朴、闻一多、杜斌丞等烈士；庆祝朱总司令 60 寿辰等，对国内外都有深远的影响。

1948 年，何香凝、柳亚子、彭泽民三人以古稀之年接受毛泽东、周恩来之邀请，从香港北上解放区，参加筹备新政治协商会议，迎接中华人民共和国诞生。

共产党的密友

40 年代，中共香港地下党组织的负责人谭天度、方方、连贯、章汉夫等是我父母最要好的朋友。这些表面上称"老板"或"老板娘"的共产党人都是些富贵不淫、贫贱不移、威武不屈的人。

我曾随父母到过他们住在香港半山区的"洋别墅"，令我十分惊异，耳目一新，里面堆满书、报、印刷品，既是工作间、印刷所、仓库，又是居室。我母亲注意到连贯的夫人林琅总穿着一件旗袍，便送给她一块衣料。母亲送去，她送回，反复往还，她始终不肯收下。母亲最后恍然大悟说："林琅是在党的人，严守共产党的纪律啊！"

一次，章汉夫在香港被美蒋特务跟踪，赶上台风登陆，狂风暴雨，他在大街小巷转绕，被一根晾衣的大竹竿跌落打破头颅，满脸是血。跑到我家，我父亲立即为他上药包扎，并安排他治伤避险。

有一天，谭天度来到我家。开门后，我母亲发现他脸带愁容，看不到平日的开朗劲儿。我母亲问道："谭老兄怎么啦？"原来他的爱人生奶疮，疼痛不已，婴儿没有奶水吃，急需去医院诊治。母亲安慰他说："您不用着急，我想想办法。"说完，我母亲急忙出门，跑去香港仔的玛丽医院，找到一位在医院担任厨师的熟人帮忙，问题解决了。

连贯和林琅夫妇俩忙于工作，林琅快临产了，还没有找到接生的医院。他们住在香港东区天后庙道，距我家很远。我母亲得悉，万分焦急，跑到位于半山的般含道那打素医院，找到在医院当护士的一个远亲，求她无论如何定要帮这个忙。连贯、林琅的女儿顺利降生了，出院的时候，母亲带着我去接。我第一次也是唯一的一次看到医院用草纸包裹着新生的婴儿，母亲当时又高兴又心酸的面容，深深留在我的脑海里。

香港地下共产党员待我父母都非常亲切，常常问寒问暖，更重要的是他们经常向父亲、母亲传送中国共产党中央的方针、策略和重大问题的信息。周恩来写给我父亲的亲笔信，就是通过他们传来的。1946 年 5 月，中国共产党代表团抵南京梅园新村后，周恩来曾写信给我的父亲，信中写道：

泽民先生惠鉴：

久违雅教，驰系时深。自日寇投降以后，举世和平民主之局大体已定，而前途曲折，困难尚多。目前东北在当局武力统一方针之下，已演成大战，全国内战危机严重已极，人民权利自由到处遭受极大之剥夺，扭转危局端赖全国民主力量之一致努力，庶可促使当局改变政策，和平民主乃有实现之望。时局如此，至望先生与华南民盟暨憬然①、贤初②诸先生大声疾呼，号召社会人士共同反对内战，力挽狂澜，无任企盼。恩来与敝党代表团已于 5 月 23 日迁抵南京寓国府路梅园新村 17 号。尚祈不时赐教，以匡不逮，是所至祷，专白祗颂时绥。

周恩来敬启

5 月 23 日

父亲接信后，肩负中国共产党的重托，不避艰险，不顾自己时刻会遭受港英当局的迫害和国民党特务的暗算，四出奔走，联合在港民主人士，大声疾呼反对内战。

---

① 憬然即蒋光鼐。

② 贤初即蔡廷锴。

1946 年 6 月 23 日，即全面内战爆发前三天，他与何香凝、蔡廷锴等港粤各界民主人士 98 人同时发出三份"万急"电报：

一致美国总统杜鲁门及国会参、众两院。指出美国"政府目前援助中国所采取的步骤……使中国内战日趋扩大，独裁气焰日趋高涨，和平希望日趋渺茫，这就不能不使中国人民感到失望与遗憾"。严正要求美国政府"迅速采取公正而有效的步骤，停止一切足以助长中国内战的措施，恢复中国和平"。

二致国内外报馆、通讯社、杂志、舆论界，并转各国基督教会及各宗教团体、慈善救济机关，恳切要求他们本着"人类互爱，基督博爱普救众生的精神，秉大公无私的主旨，立即联合向中国国共两党呼吁和平，永远停止内战，无论任何争执，均应以和平谈判解决，勿以干戈相见"。并希望他们向美国总统呼吁"以公正合理的态度调解中国纷争，勿再继续作单方面的军事协助以致助长战焰，须知挽救中国内战的危机即免除世界人类之灾祸"。

三致蒋介石、毛泽东及民主同盟、青年党和无党派社会贤达。指出："时局险恶，祸起萧墙，国脉奄奄，民不堪命……全国人民渴望和平，咸盼国共两党相忍为国，其他党派与社会贤达竭力斡旋，共底谈判于成，以慰民望而固国本。"

隔两日后，即 6 月 25 日，彭泽民又与李济深、郭冠杰等致电美国国会参、众两院反对美国贷款，指出："任何国家有助长中国内战的行动，皆足以引起中国人民的极大反感。现在在国民党独裁派控制下的政府，又迫切地要求你们予以大量的借款了，我们希望你们断然拒绝，因为在目前情况之下，无论以任何方式接济中国，都变成助长内战的资料。这样的债务，中国人民绝对不能承认，必将实现的民主联合政府，绝对不负清偿之责。"

蒋介石国民党在美帝国主义的全副武装下，完成战争的准备，立即翻脸，撕毁停战协定和政协协议，1946 年 6 月 26 日晚大举围攻中原解放区，接着又大举进攻华东、晋冀鲁豫、晋绥、东北及海南岛等解放区，悍然向解放区发动全面进攻，挑起全面内战。

6 月 30 日，父亲与何香凝等港粤各界人士百余人联名分别致电蒋介石，强烈要求他"立颁永久停战之令"；致电美国特使马歇尔，强烈谴责美国援蒋进行内战；致电毛泽东，请尽最大与最后之努力，谋求永久和平。中共中央对致电极为关注，7 月 7 日毛泽东复电："诸先生呼吁和平语重心长，至为感佩"，"希望全国人民一齐起来制止内战，实现和平民主"。毛泽东在电文中陈述了国共两党 6 月举行的南京整军谈判破裂原因和国民党政府的倒行逆施，表示："和平为全国绝大多数人民之希望，敝党决与全国绝大多数人民共同为争取和平实现而努力。"

毛泽东的复电，给我父亲极大的鼓舞和强有力的支持。他斗志更坚，情绪更高昂。7 月中旬，爱国民主人士李公朴、闻一多在昆明先后被国民党特务杀害，我父亲和何香凝、李章达等在港民主人士致电两先生家属吊唁和慰问。电文中表示："同人等一息尚存，誓与民主逆流特务暴力，奋斗到底！"自 1946 年至 1948 年 12 月父亲进入东北解放区之前，正是解放战争时中国人民两种命运搏斗的历史关头，在民主与独裁，和平与内战的激烈交战中，他始终站在斗争前列，据不完全统计，仅在香港《华商报》就发表了他的专论、声明、发言等文章 38 篇。1946 年 8 月父亲在《华商报》发表《斥蒋介石告国人书》，表明与蒋介石法西斯独裁统治誓不两立。同年 11 月即遭国民党派遣特务暗算，把他从还未停下来的有轨电车上推下来，摔掉两个门牙，右臂骨折。敌人自以为得计，冷笑着扬长而去。对此，父亲虽极愤怒，却没有丝毫的畏惧，并充满了乐观情绪。赋诗自勉：

老来何必伤迟春，古木春归又出芽。
世界沧桑问几许，认清猿鹤与虫沙。

解放战争时期民主党派暨民主人士在香港的一些活动

蒋介石国民党政府施尽阴谋诡计，破坏中国共产党和全国人民争取和平反对内战的努力，把空前规模的内战灾难强加在共产党和人民头上，并且推行"戡乱动员令"等一系列反动法令，加强其法西斯专制独裁统治。国民党统治区为白色恐怖所笼罩，经济陷入崩溃，由大学生发动，随即得到社会各阶层响应的"反迫害""反美扶日"等斗争在全国范围爆发了！

1947 年 10 月 10 日，中国人民解放军总部发表宣言，提出"打倒蒋介石，解放全中国"的响亮口号。人民把解放的希望寄托在中国共产党领导的人民解放战争胜利之上。

蒋介石国民党政府的敌视、迫害，人民革命的波澜壮阔，人民解放战争的胜利发展，中国共产党的宣传教育，使曾经在一部分民主党派、民主人士和中间阶层有过影响的"中间路线"（即第三条道路）的政治主张迅速破产，他们也掉头同中国共产党合作奋斗。

10 月，国民党当局宣布民主同盟"为非法团体"，"严加取缔"其一切活动。民盟在上海总部被迫宣布解散。国民党政府还明令通缉 137 名爱国民主人士。在周恩来的安排下，许多民主人士撤至香港。

在中国共产党的鼓励、支持和帮助下，父亲在香港积极努力去做有利于民主党派、民主人士的团结协作工作。他除了担任中国农工民主党中央监察委员会主席工作外，还积极参与、协助其他民主党派的工作。

1947 年秋，他自始至终参加了国民党民主派的问题商讨，即中国国民党革命委员会的筹组和成立大会。他与李济深、何香凝、柳亚子、李章达、陈其瑗六人联名写《上孙夫人书》，恳请宋庆龄领导工作。父亲受委托执笔。

　　1946 年初，在重庆召开的政协会议上，民盟和中国共产党默契配合，互相支持，一起邀请了 34 位国内有声望的学者名流，组成政协代表团顾问团，为民盟和中共政协代表团制定提案，提供咨询。父亲受聘为华侨问题方面的顾问。1947 年 4 月，民盟南方总支部改组，父亲被选为民盟南方总支部主委，陈汝棠、张文为副主委，千家驹为秘书主任，张文兼财务委员。中国民主同盟南方总支部除领导海外民盟组织外，还领导两广、福建、港澳等地民盟地方组织工作，也曾指导台胞盟员的活动，主办机关刊物《光明报》。民盟总部被迫解散后，民盟南方总支部郑重指出：宣布解散民盟的命令是非法的！违背民意，违背政协会议决议。"国民党政府可以封闭民盟总部，决不能消灭本盟海内外广大组织，更不能消灭中国的民主运动！"号召海外全体盟员"对独裁制度之敌视人民，蹂躏民权，共同奋斗，一致反对"。后 1948 年民盟三中全会在香港召开，恢复民盟总部，这是民盟历史的重大转折点。南方总支部由总部领导，父亲不遗余力配合工作。

　　父亲曾在人民救国会担任过重要的工作，也曾积极协助在香港筹办达德学院的工作。

　　我们在香港的家，地处偏僻，狭窄，没有任何现代家具陈设，待客人也只有青菜豆腐。然而却是我父母的老同志、老朋友乐于聚会之所，藏身之处。陈其瑗、章伯钧和李健生及他们的两个女儿都先后长时间住在我们的家。我们家里常备着十多块木床拼板和九副军用帆布床，随时接待来往的同志。何香凝、柳亚子和我父亲是志同道合的老同志，过从甚密。柳老1947 年 12 月书赠父亲一首诗：

　　　　　　南天一柱属彭笺，金石盟心那抵坚？
　　　　　　曹贼称尊徐母愤，梁鸿举案孟光贤。
　　　　　　议场自昔称三怪，友谊于今恰廿年。

　　郿坞渐台来日近，中原同著祖生鞭。

　　在我的脑海里留下一幅很深刻的历史画卷，郭沫若、于立群、茅盾、翦伯赞、王却尘夫妇，一起来我家聚会，他们无所顾忌地开怀畅谈，兴高采烈地依次为我们兄弟姐妹在纪念册上题词，循循善诱，郭老写道："对好人要能和气，对坏人要有火气。"茅老写道："能自我批评始能前进。"于立群夫人写道："事事都要追求真理。"为我们留下终生的教诲。

　　1947 年 11 月 3 日，何香凝、蔡廷锴、冯裕芳、陈其瑗、方方、李朗如、陈汝棠、萧俊英、陈树渠、张文等发起港九各界民主人士庆祝我父亲 70 岁生日。这是我父亲有生以来第一次受到如此隆重的尊崇，也是一次在港民主人士的团结盛会。这次"祝寿会"设在陈树渠先生的别墅内，李济深、马叙伦、朱蕴山、陈其瑗、郭沫若等 71 人参加。香港的中共地下党组织的负责人方方、章汉夫、许涤新、冯乃超、刘宁一、连贯、尹林平、胡乔木等到会，并且写了一篇祝词：

　　　　　五岭之南有彭老，品地真纯气节高，
　　　　　少具热心从革命，誓驱鞑虏真英豪。
　　　　　离乡别井往南洋，仆仆风尘底事忙，
　　　　　唤起侨胞齐救国，追随孙氏有主张。
　　　　　满室虽倾志未懈，三民主义更高唱，
　　　　　北洋军阀势嚣张，海外归来作部长。
　　　　　握发吐哺勤政事，鞠躬尽瘁邦人仰，
　　　　　谦和恳挚见胸襟，朴素庄严明志向。
　　　　　国事伤心竟转非，孙氏三策弃如遗，
　　　　　投降分裂翻全局，革命大功一篑亏。
　　　　　党徒如是尚何言，风雨鸡鸣亦枉然，

惆怅狂澜非易挽，飘然远引到南天。

心怀祖国总依依，每念苍生泪眼低，

余绪小抒怜此日，不为良相为良医。

蔓延烽火到香江，日寇凶残似虎狼，

刺刺血腥魔掌下，几人事敌几人降。

我公义烈独非凡，誓将气节斗蛮番，

身陷网罗荆棘里，抗声骂贼学常山。

法西流毒最堪憎，覆辙相寻何未醒，

姜桂老来辛愈烈，斗争气概胜年青（轻）。

内战独裁人厌恶，和平民主众追求，

再接再厉无反顾，不达目的誓不休。

钟灵毓秀诞此公，人瑞由来自不同，

道貌岸然须发白，目光如炬气如虹。

人生七十古来稀，德劭年高更足奇，

历久弥坚松柏节，人人应学此良师。

声应气求岂等闲，志同道合倍相关。

一瓣虔心欣祝颂，愿公高寿似南山。

章汉夫　方　方　谭天度　刘宁一　林　平　饶蒲特　龚　澎

许涤新　冯乃超　夏　衍　连　贯　李维之　乔　木　黄作梅 同敬贺

中国共产党从来不会忘记对革命、对人民作过贡献的人，给他们以极大的鼓励、崇高的评价。这在民主人士中引起很大的反响，团结了更广泛的港九各界人士，使革命的队伍像浩瀚长江，波涛滚滚，后浪推前浪，一浪接一浪。

1948 年 1 月 2 日，在港民主党派及文化界人士开大会于金陵大酒家，举行元旦团拜典礼，并欢迎马叙伦自上海来港。参加者 108 人，很是热烈。柳亚子、沈钧儒、李济深、谭平山、陈劭先、朱蕴山、王却尘、陈其尤、方方等同坐一席，柳亚子即席赋诗，反映了这个民主党派的团结盛会。父亲记录下来：

> 从容揖让礼文优，团拜应为团结谋。
>
> 国共同盟成鼎足，致公民进亦千秋。
>
> 马融更喜南来健，李广能为东道不？
>
> 早遗首都移海峤，金陵王气黯然收。

柳亚子的诗记载大批民主人士、各民主党派聚集在香港，与共产党合作战斗、团结反蒋的盛况，并指出蒋介石国民党政府已陷入十分孤立处境。

1948 年 4 月 30 日，中国共产党根据时局已发生根本转变和全中国人民的急切愿望，及时提出了纪念"五一口号"，得到各民主党派暨民主人士的热烈响应。

5 月 5 日在香港各民主党派暨民主人士响应中共"五一"号召，致中共中央毛泽东主席电。（电文见前——编者注）

1948 年 8 月，大批民主人士陆续进入解放区，准备参加新政协。在周恩来的极其周密稳妥的安排下，钱之光、祝华、徐德明等南下香港，同香港华南分局方方、潘汉年等负责人一起，接送四批民主人士北上。父亲在第三批，同行有李济深、茅盾夫妇、朱蕴山、章乃器、邓初民、王绍鏊、柳亚子、马寅初、洪深、翦伯赞、施复亮、梅龚彬、孙起孟、吴茂荪、李民欣等 30 余人。12 月 26 日晚，乘苏联船"阿尔丹号"从香港维多利亚港出发，航行 12 日于 1949 年 1 月 7 日抵大连。轮船经历惊涛骇浪，但人们安之若素，老前辈每日轮流讲述革命的历史。父亲有一首诗

《戊子除夕在舟行中》记载当时一些情况：

> 航行三日逢除夕，客思悠悠薄送年。
>
> 海面狂涛姑且渡，春风将近到吾船。

中共中央特派李富春、张闻天迎接。父亲等受到极其热烈的欢迎，游览了大连，参观了工厂，经沈阳抵哈尔滨。

1949 年 1 月 14 日，毛泽东发表《关于时局的声明》。1 月 22 日抵达解放区的民主党派暨民主人士 55 人联名发表《我们对时局的意见》，表示坚决拥护毛泽东的声明，庄严宣布接受中国共产党的领导，将革命进行到底。父亲也在其内。从此民主党派开始了一个新的里程。

《华商报》发表《香港各界爱国人士联名响应"五一"号召》

彭泽民在中国人民政治协商会议第一届全体会议上发言

1949 年 9 月 24 日，父亲在政协第一届全体会议上发言：农工民主党全党的同志，"从此以后，要立下宏愿，永远跟着共产党"。这是我父亲参加革命几十年总结出的一条最珍贵的经验。

联结海外华侨

1946 年 1 月，父亲受邀任民盟和中共政协代表顾问团华侨问题的顾问，即在香港《华商报》发表《致侨领书》。他指出：抗战胜利之后，海外华侨和各地侨领"今后更宜团结一致，为建设民主富强之新中国而奋斗，亦唯有祖国进于民主富强，华侨之安全始有保障"。

1 月 10 日，父亲对《华商报》记者发表谈话，指出：政协会议无华侨代表参加，忽视广大华侨利益。

1946 年，父亲受邀任泰国暹罗华侨各界建国救乡联合总会名誉会长。9 月，为该会题词："当前建国救乡工作又以反对内战为第一要务，我希望暹罗建救会立刻普遍发动暹罗华侨开展热烈的大规模的反内战运动，显然中国的反动势力，就是得到国际的特别是美帝国主义势力的支持、鼓励而更加疯狂地进行内战独裁的。"

10 月，父亲在《华商报》撰文《侨胞应如何祝国庆》。指出：海外侨胞"仍须团结，继续反对独裁专政，力争民主自由……仍须一致要求保护国家独立主权，继续反对外来干涉，呼吁美国撤出在华驻军，停止军事援华……""吾人不能不大声疾呼，立即停战，实行民主，使我同胞重获安定和平以休养生息，徐图建设，顾全国脉民生，必如是我华侨始有重返家园，为建设新中国而努力之一日，亦必如是我国家始能臻于富强，使华侨在国际地位抬高，使华侨利益有所保障。"

1947 年，父亲在香港纪念黄花岗七十二烈士，发表《感怀黄花岗》：

> 红花之后又黄花，革命侨声洵可嘉。
>
> 回溯五羊当日事，谁甘群丑祸中华。

1947 年 7 月，就泰国暹罗当局政府非法逮捕、拘禁和驱逐华侨，父亲同各民主党派领袖联名提出抗议。

1949 年元旦，父亲为新加坡《南侨日报》撰《元旦献词》，并发表他在进入解放区途中写的诗《感怀》：

> 廿年空有还乡梦，今日公车入国门。
>
> 几经羁縻终解脱，布衣今日也称尊。

1949 年 4 月 25 日，父亲抵北平不久，第一次从国内发出对外广播，谴责英帝国主义虐待我华侨。其广播内容莫斯科电台予以转播，香港《星岛晚报》《新生晚报》全文刊登。

　　1954 年 9 月，父亲作为华侨代表，参加第一届全国人民代表大会，被选为大会主席团成员，当选为全国人大常委会委员。父亲在大会发言说："中国人民已经站起来了，只有今天国外华侨的正当权利和利益才真正得到祖国保护。华侨深深地知道，我们宪法上记载的保护华侨的正当权利和利益的条文，是中国人民革命胜利的成果。我以华侨代表的身份，向中国共产党和毛泽东主席表示衷心的感谢，因为只有中国共产党和毛主席的英明领导，我们才能胜利地走上社会主义的光明大道。"父亲终于能在国家最高的会议和讲坛上表达广大海外华侨的心声了。

　　　　　　　　　　　　　（原载《文史资料选辑》第 134 辑，全国政协文史资料
　　　　　　　　　　　　　委员会编，中国文史出版社 1999 年版）

祖父翦伯赞的"北上"路

翦　安[*]

一段尘封的历史，拭去蒙尘便会重见光明。

在中共中央发布"五一口号"70周年纪念日之际，我根据父辈的回忆，又搜索若干史料，重温祖父翦伯赞北上解放区参加筹备新政协工作的历程，倍受教育。这篇文章不仅是对祖父深切的怀念，同时也是历史见证：统一战线是中国共产党取得成功胜利的法宝之一。各民主党派及广大文化界、知识界民主人士与中国共产党的亲密友谊和合作关系是历史形成的，是经过艰难困苦考验的，是牢不可破的。

统战伊始和新史学研究

祖父接触马克思主义学说，始于1924年赴美国加州大学攻读经济学期间。课余他除阅读资产阶级古典经济学著作外，还读了许多马克思主义著作。祖父曾在《共产党宣言》的读书笔记中写道："这是黑暗世界中的一个窗户，从这里我看见了光明，看见了真理，看见了人类的希望。"[①]

1926年祖父回国到北平谋职。他在参加3月18日的反段祺瑞请愿游行中，帽子被军警的子弹射穿。"三一八"惨案之后，祖父愤而南下参加

---

*　翦安，1949年生，翦伯赞孙女。天津市第十一、十二届政协委员。

①　张传玺：《新史学家翦伯赞》，北京大学出版社2006年版。

北伐。此后，在他的人生历程中先后遇到了三位至关重要的人物：祖父中学同学、时任国民政府湖南省教育厅长兼外交特派员、中共地下党员董维键，曾祖父的同学、国民党元老、时任国民政府司法院副院长覃振，叔祖父的同学、唯物史观史学家吕振羽。祖父在他们的影响下，开始从事理论宣传和统战工作，并用马克思主义观点潜心研究中国社会和历史问题。1927 年，祖父前往太原、归绥，对山西督军阎锡山和绥远都统商震进行策反工作，后遭到通缉。1934 年受董维键委托，通过覃振掩护，营救了被捕入狱的同志。1936 年，受中共北方局委派，与吕振羽一起赴南京与国民党进行了一次联合抗日的秘密接触。1937 年通过覃振先后从南京监狱中营救出董维键、从江西国民党监狱中救出李六如等中共人士。1942年协助周恩来通过覃振营救越共主席胡志明。1934 年祖父曾作为覃振的私人秘书兼翻译，陪同覃振赴亚非欧美等 16 国游历考察。受史学家吕振羽影响，祖父关注并参与了近代社会性质论战和中国社会史论战。这些为他做统战工作积累了实践经验，也为研究新史学掌握了丰富的史料。

　　九一八事变后，祖父在上海、北平等地积极从事抗日救国运动。1932年 2 月，他应谌小岑之邀，到天津意租界主编《丰台旬刊》，他用犀利的笔锋撰写、翻译文章，宣传抗日救国，反对妥协投降，触动了反动当局和租界总领事馆。8 月，编辑部被查封。次年春，祖父以反政府的罪名被捕，后被驱逐出天津。祖父到北平后，他与吕振羽合著《最近之世界资本主义经济》（1913—1932）并由北平书店出版。这部书是祖父在"个人的生活经过了几度的流转"，[①] 加之疾病缠身，在十分困难的境况下完成的。

　　1933 年祖父迁居上海，系统翻译了斯大林的论文，以《苏俄集体农场》为名由上海太平洋书店出版。长期在祖父身边学习和工作的张传玺教授在研究祖父的著作中写道："他自 1932 年起，深入研究中国古代史。尽

---

　　① 《最近之世界资本主义经济》（1913—1932），《翦伯赞全集》第 8 卷，河北教育出版社2007 年版。

管他的生活多次发生变动，而此事却不曾间断。他从甲骨文、金文、考古
发掘报告及民族学与民俗学调查报告中搜集资料。在两年中，已手抄资料
十余厚册，准备写成一本《史前史论》。"①

1937 年 5 月，祖父经吕振羽介绍在南京秘密加入中国共产党。长期
以来，祖父以"民主教授"和无党派人士身份活动，为党做了大量的统战
工作。他的中共党员身份直到新中国成立后才被公开。

七七事变爆发后，祖父奉命赴长沙开展抗日救亡活动。1937 至 1938
年间，他与吕振羽、谭丕模、张天翼等湖南地下党组织团结文化教育界人
士共同抗日，在长沙等地分别参与了湖南省文化界抗敌后援会、中苏文化
协会湖南分会和中共湘西文化工作委员会的工作，并兼《中苏》半月刊主
编，任南迁的北平民国大学教授等职。1938 年至 1939 年，因斗争需要，
他由长沙先后转移沅陵、溆浦。1938 年 8 月祖父的《历史哲学教程》一
书由长沙新知书店出版，他在序言中写道："在这样一个伟大的历史变革
时代，我们决没有闲情逸致埋头于经院式的历史理论之玩弄；恰恰相反，
我的主观上，这本书正是为了配合这一伟大斗争的现实行动而写的。"次
年此书在桂林新知书店再版时，遭国民党政府查禁。1939 年底，国民党
反动派发动了第一次反共高潮，疯狂迫害进步教师和学生，祖父也被列入
军统特务的黑名单。1940 年 2 月他奉命离开溆浦前往重庆。祖父写诗一
首，叙述了大风雪之夜从湖南溆浦逃亡的情景："钩党风声夜半传，山村
寂静正新年。难忘小市疏灯夜，急雪寒江独觅船。"②

之后，祖父又转入巴县北部小镇歇马场。抗战开始，原在南京的许多
重要的党政机关都迁到歇马场，许多文化知名人士也都聚集此地。"皖南
事变"之后，周恩来派驻在重庆的中共党员和文化界进步人士一道利用此
段时间深入学术研究，做好统战工作。祖父在歇马场刘家院子住了六年。

---

① 张传玺：《新史学家翦伯赞》，北京大学出版社 2006 年版。

② 《翦伯赞诗集》上辑，北京民族出版社 2008 年版。

最初半年中撰写的历史论文，后收入《中国史论集》第一辑中。他在回忆文章中写道："不管住在怎样荒僻的深山中，敌人的飞机还在我头上盘旋。我是一个人，我的血液还在流动，我怎么能望着祖国的沉沦而视若无睹呢？大约从这年的秋季起，我就开始讲学的生活。第一个邀我讲学的是冯玉祥将军，那时冯玉祥将军闲住重庆巴县中学。我在那里讲了一年中国史。以后郭沫若先生邀我在赖家桥文化工作委员会讲学，陶行知先生邀我到草街子育才学校讲学。讲学的生活继续了三年，在这三年中，我前后讲了中国通史六次，此外还作了一些专题讲演。"① 从 1942 年的秋天起，"又回到歇马场破烂的书斋，开始《中国史纲》的著作。从 1942 年秋到 1946 年春，这三年半的时间中，我在桐油灯下，写成了《中国史纲》一、二两卷和《中国史论集》第二辑。"② 侯外庐与祖父同住歇马场，他们"既是同事，又是近邻，过从最密，颇得交往之乐"。③ 他赞誉祖父："身处逆境，发愤著作，'穷搜博览，析缕规宏'（郭沫若赞语）。仅仅用二三年的时间，撰写了约 80 万言的两大卷《中国史纲》，这部书全面、系统地叙述了从北京猿人时代至秦汉时代的中国社会史，成为我国最早的马克思主义的通史著作之一。"④ 正因为如此，祖父的《中国史纲》完成后，从稿件的送审、付印、发行都受到国民党反动派的阻挠。第一卷于 1943 年由重庆五十年代出版社出版，被国民党反动派列为禁书。第二卷 1946 年、1947 年先后由重庆大呼出版公司和上海大孚出版公司出版。祖父在第二卷的序言中写道："一年以来，总算又通过了四百余年的历史行程，完成了秦汉史的写作。但我的路程，还是非常遥远。有些读者已经在担心本书的全部工程，不知何年何月才能完成，我自己也这样想；但我可以告诉读者：

---

①②　翦伯赞：《回忆歇马场》，《翦伯赞史学论文选集》第 2 辑，人民出版社 1990 年版。

③　侯外庐：《翦伯赞的风格》，《翦伯赞纪念文集》，人民教育出版社 1998 年版。

④　侯外庐：《学习翦伯赞同志的求新求实精神》，《翦伯赞学术纪念文集》，北京大学出版社 1985 年版。

'不管时代如何苦难，我总是走自己的路'。"

1945 年重庆谈判期间，毛泽东在桂园特地约请祖父、郭沫若、于立群、邓初民、冯乃超、周谷城等交谈，祖父第一次见到了毛泽东，并担任了毛泽东、周恩来与覃振、冯玉祥等民主人士的联系人。覃振两次以家宴招待毛泽东、周恩来等，均请祖父作陪。毛泽东与冯玉祥见面时，祖父有时也在座。和谈后，周恩来很想找一个机会将当前的政治形势及中共的态度向各民主党派的负责人和知名民主人士通报一下。他与当时负责联络文化知名人士的祖父就如何设法避开特务的干扰、破坏，保障与会人员的安全进行商议，祖父建议提前举办长子的婚礼，请冯玉祥将军证婚，婚礼借用七星岗下面的以鹿钟麟将军为部长的兵役部招待所举行，祖父以家长的名义向民主人士送请帖，婚后即举行政治座谈会，计划得到周恩来的赞同。10 月 28 日婚礼那天，来贺喜的宾朋中有周恩来、王若飞、郭沫若夫妇、王昆仑夫妇、柳亚子、沈钧儒、陶行知、邓初民、章伯钧、尹瘦石、侯外庐、王冶秋、覃振夫人全汝真等。母亲回忆说："冯玉祥将军夫妇来得最早，因为冯将军是主婚人。现在想起来，我真的是很荣幸，平生第一杯酒，竟是周总理的敬酒。婚礼结束后，他们召开了一个秘密会议。""中共南方局这次以翦家长子婚礼作掩护，巧妙地避开了军统特务的盯梢和破坏，成功地召开了一次民主人士座谈会，对及时传达中央精神、揭露蒋介石假和平的阴谋、鼓舞人民斗志，起到了很好的作用。"①

1946 年 1 月"旧政协"召开，祖父应民盟政协代表团之聘以顾问身份出席。之后，离开重庆经南京转赴上海，仍在周恩来直接领导下从事统战和理论宣传工作，并与中共上海工委书记华岗保持联系，参加中共地下的秘密活动。1946 年 5 月，他与周谷城、张志让、夏康农、吴泽、邓初民等组成上海"大学教授联谊会"开展民主斗争，并与邓初民等主编和出

---

① 罗永常：《内战炮声中的婚礼》，《党史纵览》2015 年第 8 期。

版《大学月刊》，还担任了上海大夏大学教授、大孚出版公司总编辑等职务。7 月，祖父患黄疸病无钱医治，得到田汉、陶行知等好友的帮助。同月陶行知脑溢血去世，周恩来和邓颖超夫妇、任宗德夫妇和李维汉等赶来为陶行知送行。祖父抱病与郭沫若、沙千里、史良等代表上海 53 个人民团体组成"陶行知移灵护灵团"扶柩去南京，葬于晓庄师范旧址。公祭时发表哀悼演说，盛赞陶行知"有儒家的风度，墨家的慈爱，基督耶稣的精神，他是自古以来哲人的合体"。① 9 月 6 日祖父写信给邓初民，讲述了他到上海生病后陶行知对他无微不至的关照，以及陶行知去世后他痛不欲生的情形。邓初民边读边流泪，将此信以《致初老信》为题发表在他主编的《民主星期刊》第 52 期上，并加了编者按："这是翦伯赞先生给编者的信。从这封信里，我们不仅可以看出现实政治对学者的严重压迫，还可以看出陶先生和翦先生他们之间伟大崇高的友谊。"9 月 28 日，重庆《唯民周刊》发表了祖父的怀旧之作《我和行知先生》。②

转赴香港和北上解放区

1946 年"旧政协"签订的五项协议墨迹未干，国民党就发动内战，暗杀民主人士，强迫解散民盟。周恩来指示地下党组织尽全力协助民主党派和文化界的知名人士秘密转移到香港。

1947 年 10 月 27 日，祖父奉命离沪赴港。当时在上海民生轮船公司工作的姑姑为祖父搞到一张赴港的外轮船票。祖父告别家人，只身登上驶往香港的轮船。之后，姑姑将祖父的书籍装箱运往香港。姑姑曾多次利用工作条件，帮助爱国民主人士托运书籍、行李，为此她以"共党嫌疑"被

---

① 邓初民：《我对于陶行知先生的怀念——写在陶先生灵柩下土的那一天》，《民主星期刊》1946 年 12 月 7 日。

② 翦伯赞：《我和行知先生》，《翦伯赞史学论文选集》第 2 辑，人民出版社 1990 年版。

开除职务。

祖父抵港后，先住民革中央主席李济深将军的招待所，后迁九龙山林道的一处公寓。12月祖母赴港后，祖父母又搬到祖母外甥女葛启钰和女婿苏一立的家（九龙尖沙咀海防道40号）。祖父一到香港即与胡绳联系上组织关系，仍做统战工作。

在港期间一直在祖父身边学习、工作的杨济安教授回忆说：云集香港这一特殊环境中的民主进步人士和公开、不公开的共产党人，都在以自己特有的方式努力工作着。祖父母住在亲戚家很拥挤，居室被隔成里外两间，里间是卧室，外间是工作室兼客厅。祖父除在民主人士创办的达德学院讲授中国通史，还与茅盾、侯外庐、千家驹等共同主编香港《文汇报》副刊《史地周刊》，撰写论文，参加访古考察活动[1]等，但那时大家不知道祖父是中共党员。当时与祖父交往密切的人士有邓初民、柳亚子、郭沫若、沈钧儒、章伯钧、宋云彬、茅盾、夏衍、黎澍、廖沫沙、萨空了、乔冠华、龚澎、胡绳、华岗、任宗德等。

提到祖父在香港交往的民主人士，杨济安教授说：最值得一提的是冯玉祥将军，他们的师友情很深。抗战胜利后，冯将军赴美考察水利，祖父转移香港，两人远隔重洋却始终保持书信来往。冯将军不仅托李济深将军为初到香港的祖父安排住处，还解囊相助，帮祖父解决经济困难。"广为流传的《冯玉祥日记》，就是他这时托翦老在香港出版的。翦老为了扩大冯将军对时局的影响，还把冯给他的信在胡希明主办的《星期报》上公开发表。翦老也托冯将军在纽约给他购买世界历史地图集和世界史年表。"[2]1948年8月，祖父在香港收到冯将军在归途中寄来的《我所认识的蒋介石》一书手稿和一幅自画的山水、人物油画，画中题词云："乘小船，上高山，脱去长衫，要打独裁卖国的汉奸！决心极坚，不怕任何危险。"5

---

① 翦伯赞：《舶寮岛史前遗迹访问记》，《文汇报·史地周刊》1948年10月第4期。

② 杨济安：《忆翦伯赞在香港的日子》，《百年潮》1997年第4期。

翦伯赞

月间冯将军还托时任民革中央执行委员吴茂荪带给祖父一封信和一支派克牌自来水钢笔。杨教授回忆说："冯将军把所著《我所认识的蒋介石》一书原稿寄给翦老，请他加以润饰后出版。翦老没有辜负冯将军的嘱托，在不失原意的情况下，对原稿的文字做了认真的润饰。我看见过原稿，也看见过润饰稿，确是笔下生辉，为原著增色不少。翦老还给写了一篇题为《关于冯玉祥著〈我所认识的蒋介石〉》的序言。此书于 1949 年 3 月由香港文化供应社出版，不知为什么却没有印出这篇序言。这时翦老已离港北上，故无从追究。1963 年我给翦老整理文稿，编翦老著书目录时还看见过这篇序言抄件（是我在港时抄的，共 900 字），可惜它在'文革'中散失了。"①

1948 年 4 月 30 日，中共中央发布纪念"五一"劳动节口号，提出："各民主党派、各人民团体、各社会贤达迅速召开政治协商会议，讨论并实现召集人民代表大会，成立民主联合政府。"各民主党派随后通电响应号召，在港的各民主党派人士不仅联名致电中共中央表示拥护，而且在香港与中共香港工委配合，开展有关召开新政协的酝酿和宣传活动。祖父也在 5 月 8 日香港《华商报》举办的"目前新形势与新政协座谈会"上，以"拥护新政协的召开"为题发言②，表示拥护的态度和决心，出席的民主人士和著名文化人有沈钧儒、郭沫若等数十位。8 月 5 日香港《华商报》刊登了毛泽东复电，对香港的各民主党派及无党派民主人士响应新政协的电报，表示"极为钦佩"，希望"共同研讨'新政协'会议的地点、何人召

---

① 杨济安：《忆翦伯赞在香港的日子》，《百年潮》1997 年第 4 期。
② 翦伯赞：《拥护新政协的召开》，《华商报》1948 年 5 月 17 日。

集、参加会议者的范围以及会议应讨论的问题"等。

9 月冯玉祥将军响应中共中央号召，回国参加新政协筹备会议，在离开美国纽约取道苏联途经黑海时因轮船失火遇难。冯将军的去世，使祖父和在港的故交挚友异常悲痛，他们联名向在莫斯科的冯夫人李德全女士发去唁电，祖父还在香港《时代批评》107 期发表《追怀冯玉祥将军》纪念。同时，祖父受民革中央的委托编辑出版了《冯玉祥将军纪念册》（香港嘉华印刷有限公司出版），来纪念这位杰出的爱国民主战士。祖父始终珍藏着冯将军赠送的礼物：那幅油画，一直挂在书房中；那支派克钢笔，一直随身携带。

"五一口号"发布后，各民主党派和爱国民主人士纷纷响应。当时，香港处在英国殖民管辖之下，国民党和港英的特工人员相互勾结，对在港的民主人士进行严密监视，而内战还在进行中，陆地、空中都没有通路。周恩来果断指示利用海上通道北上，并亲自做了周密的安排。中共华南分局、香港工委和中共中央派往香港工作的人员，根据中共中央和周恩来的指示，做了极其艰辛细致的工作。从 1948 年 8 月开始到 1949 年 3 月，分批把在香港的民主人士安全地接送到了解放区。据文献记载，秘密经香港北上的民主人士约有 350 人，其中 119 人参加了政协第一届全体会议。

1948 年 11 月 23 日深夜，祖父作为香港北上解放区的第二批民主人士中的一员，与马叙伦、郭沫若、丘哲、许广平母子（周海婴）、陈其尤、冯裕芳、曹孟君、侯外庐、许宝驹、韩练成等知名人士，由中共香港工委书记连贯陪同，宦乡、王华生随船护送，乘一艘悬挂挪威国旗的"华中号"货轮，秘密离开香港驶往大连。由于航海辛苦，一路还要提防国民党的飞机和军舰，不便携带家眷，祖父离港前将祖母托付给亲戚照顾，并拿出事先准备好的海员证和水手服，告知家人会以船员身份作掩护，以应付海上的突发检查。

1948 年 12 月初，"华中号"抵达安东（今丹东）。东北局负责人按照周恩来指示，做了热情、细致的接待工作。中共对民主人士无微不至的关心和照顾，使他们在旅途中充满了愉悦的气氛，当大家换上皮大衣、皮帽子、皮靴等御寒衣物时，深感来到东北解放区的温暖。欢迎会上，郭沫若等纷纷用诗文抒发对"北上"的感受。随后中共中央组织民主人士乘专列经沈阳转赴哈尔滨休息和参观。连贯、胡绳、宦乡、韩练成和祖父五人，则由安东渡海，经山东到石家庄参加新政协的筹备工作。

离别之际，郭沫若含泪赋诗一首《送别伯赞兄》："又是别中别，转觉更依依。中原树桃李，木铎振旌旗。瞬见干戈定，还看槌铚挥。天涯原咫尺，北砚共良时。"[①]祖父双手接过诗页，亦是热泪盈眶，在场者无不为之感动。当时 19 岁的周海婴用随身携带的相机拍摄下这个场景，连同他那组珍贵的历史镜头，记录了"北上"重要的历史瞬间。

祖父一行五人黄昏启程，乘武装快艇偷渡封锁线，次日拂晓安抵山东烟台附近的小岛。此时战争正在进行中，枪弹、炮弹不断呼啸而过。登陆后，他们即乘解放军的无篷军用卡车，一路颠簸到达中共中央山东分局所在地，休息 3 日后赴济南，在济南休整 4 日，又改乘火车赴石家庄，再转乘卡车，终于在 1949 年 1 月到达目的地：石家庄附近平山县李家庄中共中央统战部招待所。这一段艰难旅程，祖父终生难忘。

中共中央统战部所在地李家庄距离党中央所在地西柏坡只有五华里。1948 年 9 月 26 日，中共中央城市工作部在李家庄更名为中共中央统一战线工作部，负责政协、海外及国统区的工作。为响应"五一"号召，迎接新中国的到来，从 1948 年至 1949 年李家庄陆续接待了吴晗、雷洁琼、费孝通、翦伯赞等大批民主人士，他们被称为"特殊客人"。毛泽东等中共领导人对民主人士非常重视。那些日子，为了亲自等候和迎接远道而来的客人们，毛泽东常常坐在李家庄村南旱井旁的槐树下看书。胡愈之是于凌

---

① 翦伯赞：《友人唱和诗歌六十七首》，《翦伯赞诗集》下辑，民族出版社 2008 年版。

晨 3 时抵达西柏坡的，周恩来一夜未睡，邓颖超闻讯后亦起床相迎，叙谈直到天明。

在李家庄，周恩来、中央统战部工作人员和民主人士都称祖父为"翦伯老"，尽管当年他只有 50 岁。首先来看望祖父的是统战部部长李维汉，他欢迎祖父作为中共党员提前来参加新政协的筹备工作，但党的关系不公开，并送来一部《毛泽东选集》，鼓励他认真学习。周恩来约见祖父时，详细询问了上海、香港方面的情况，并建议祖父可以到马列主义学院教书，但仍要兼做统战工作。在李家庄，祖父第一次见到来看望他的刘少奇。刘少奇说，在延安时就读过祖父的书和文章，赞赏祖父的史学成就、历史观点以及文笔，并嘱咐祖父在全国解放后，为青少年再写一部简明的中国通史，供青少年学习。祖父把这些都看成是党的嘱托而牢记在心。由于旅途的疲劳，祖父在到达李家庄之后心脏病发作突然晕倒。抢救期间，李维汉一直在现场守护，周恩来曾亲自询问祖父的健康情况。招待所有许多祖父的老朋友，他们都是来自香港、北平及其他国统区的进步人士。曾经的亲密战友，现在又在一起学习、座谈、散步，一同进入北平参加筹建新政协工作。毛泽东和周恩来等中共领导人也曾在这里与诸位民主人士多次恳谈，直至他们离开平山县进赴北平。

重返北平和筹建新政协

1949 年 1 月 31 日，平津战役胜利结束，北平宣告和平解放。喜讯传来，李家庄立刻沸腾起来。中央统战部招待所内群情振奋，奔走相告，共享胜利的喜悦。统战部通知所有民主人士和专家学者次日集中石家庄，准备接管北平。2 月 1 日祖父与胡愈之、宦乡、吴晗等以"文化接管委员会委员"的名义，连夜乘军用卡车随军进入北平。

1949 年 2 月 10 日以后，李家庄中央统战部的民主人士和在东北的李济深等民主人士先后到达北平，均被安排住在最好的两座高级宾馆：位于王府井的北京饭店和位于东交民巷的六国饭店。2 月 26 日，中共北平市委等在中南海怀仁堂举行了盛大欢迎集会，欢迎到北平的各方民主人士代表，共 120 人出席。李济深、张奚若等 14 名代表在会上发表演说，畅谈感想，表示要共商建国大计，准备新政协筹备会议的成立。2 月 5 日《新华日报》发表毛泽东主席、朱德总司令欢迎各民主人士的复电，《人民日报》等全国各大报纸头版分别报道了民主人士进北平的消息，以及北平举行盛大欢迎会欢迎各方民主人士的新闻。

祖父到北平后被安排住在北京饭店三楼。父亲回忆说："他住房的窗户可以看到北海的白塔，他估计着白塔旁边的树丛里就是图书馆，这不能不使他回忆起 20 年前的情景。可惜看不见前门，看不见高庙胡同的常桃会馆。但他在工作之余，还是抽空去了一趟高庙胡同，会馆依旧，但住户已换了一批新人。"祖父 1926 年留学回国后曾到北平求职，就住在前门外高庙胡同常桃会馆，那里住的都是湖南常德和桃源两个县的待业贫困的人，其中有许多失业的北平各大学毕业生。在北平求职很艰难，祖父就每天步行去北京图书馆读书。马列著作中文译本不多，就啃英、日文本。他在艰苦的环境下坚持系统地研读马克思主义的名著，同时也研究了中国当时的社会问题，还参加北平的反帝爱国运动。祖父晚年常回忆那段生活：每天从图书馆出来已是掌灯时候，沿着北海大街步行回前门，路灯从槐树叶里照下来，街上行人很少。这时候把白天学到的知识回味一下，感到有种说不出来的愉快。祖父最大的快乐就是求知的满足。时过境迁，睹物思情。祖父对他曾经求学过的北平，对他曾经居住过的常桃会馆感情至深。

祖父到北平后没有忘记统战部部长李维汉对他的嘱咐：北平解放进城后，多做知识分子方面的统战工作。筹备工作之余，祖父提议由吴晗陪同，礼节性地先后拜访了清华大学的张奚若、邵循正，北京大学的向达、俞平伯，辅仁大学的余嘉锡等著名学者。之后，祖父与郭沫若、侯外庐、杜国庠四人应北京大学历史系主任郑天挺教授邀请，在北大原址子民纪念堂与教师们座谈学习马克思主义的问题。1949年3月10日祖父受聘燕京大学社会学系教授，随即从北京饭店迁入燕京大学燕东园28号。不久，祖父又参加了以郭沫若为团长、马寅初为副团长的中国代表团，赴捷克布拉格出席第一届拥护世界和平代表大会，回程访问了苏联。那时新中国尚未成立，祖父能出席这样世界性的和平会议，感到无上光荣。同月，父亲和叔叔从内地先后到达香港。次月，祖母与父亲、叔叔及杨济安教授、助理员王德生等在中共地下党组织的安排下，乘"东方号"轮船离开香港，经天津转赴北平，先住在前门外西河沿的永安饭店，后迁入燕京大学燕东园28号。5月，全家人与从捷克回国的祖父团聚。叔叔回忆说："我们一家人在阳光明媚的红五月里又团聚在北京。只有在这个时候，我才知道父亲很早就是一个革命者，他的工作是在党的指示下做的。"

中华人民共和国成立前后，共产党人以海纳百川的胸怀，把全国各方面的政治力量融合一起，使新政协具有代表全国人民的性质，而参加新政协的代表亦怀着欣逢盛世的使命感，投入到这千载难逢的建国大业中。筹备委员是来自各个方面的代表，祖父作为"民主教授"的七位代表（单位为燕京大学）之一，以极大的热忱投入新政协的筹备工作，其他六位代表是北京大学许德珩、清华大学张奚若、达德学院邓初民、复旦大学张志让、中央大学梁希、厦门大学洪深等。

1949年6月15日至19日，新政治协商会议筹备会第一次全体会议在北平中南海勤政殿召开，出席会议的有中共、各民主党派、各人民团体、各界民主人士、国内少数民族、海外华侨等23个单位、134名代表。毛泽东作报告，明确了该会的任务，会议通过了组织条例等诸规定，选出了21人组成的筹备会常务委员会，并推举毛泽东为主任，周恩来、李济深、沈钧儒、郭沫若、陈叔通为副主任。筹备会常务委员会下设六个小组，祖父在第六小组，负责拟订国旗、国徽、国歌方案。组长马叙伦，副组长叶剑英，其他组员为张奚若、田汉、沈雁冰、马寅初、郑振铎、郭沫若、钱三强、蔡畅、李立三、张澜、陈嘉庚、欧阳予倩、廖承志等 16 人。

　　1949 年 9 月 21 日至 30 日中国人民政治协商会议第一届全体会议隆重召开。祖父作为中华全国社会科学工作者代表会议筹备会的 15 位代表之一出席了大会，其他 14 位代表有邓初民、谢觉哉、李木庵、范文澜、王学文、张志让、胡绳、阎宝航、侯外庐、樊弘、陈伯达、吴觉农、钱端升、艾思奇等。毛泽东致开幕词，宣告："占人类总数四分之一的中国人从此站立起来了。"这一震古烁今之声，如同一股暖流温暖了每个人的身体，很多代表禁不住热泪盈眶。9 月 22 日，通过主席团提议，设立六个委员会，祖父在国旗、国徽、国都、纪年方案审查委员会。9 月 27 日，政协第一届全体会议通过决议，即日起北平改名为北京，并决议 10 月 1 日在天安门广场举行开国大典。9 月 30 日，选举毛泽东为中央人民政府

中国人民政治协商会议第一届全体会议会场

主席，朱德、刘少奇、宋庆龄、李济深、张澜为副主席。10 月 1 日，中华人民共和国中央人民政府在北京正式成立，任命周恩来为政务院总理。

新中国成立后，祖父先后被任命为中央人民政府政务院文化教育委员会委员、中央人民政府民族事务委员会委员。1952 年院系调整后，祖父任北京大学历史系教授兼系主任，后兼任校党委委员、副校长，还兼任中央民族学院研究部主任、中国科学院专门委员、哲学社会科学部委员、民族历史研究指导委员会副主任委员、中国史学会常务理事、中缅友协副会长、第一至三届全国人大代表和人大民族委员会委员。

侯外庐教授说："我所认识的伯赞，既是严谨的学者，也是出色的鼓动家；既是勇敢的革命战士，也热爱生活，天真有如赤子。"[1] "他那特有的胡须，带有维吾尔族血统的面容，引起了师生们的注意。他那渊博的学识，幽默的谈吐，敏捷的思维，待人的热忱又给师生留下深刻的印象。他曾带有归纳性地对郭老说'我现在交了许多新朋友，进入了一个新领域，生活得很愉快。'"[2]

人们形容"五一口号"是新政协的邀请函，这是十分允当的。新政治协商会议的召开是中华人民共和国的奠基之举，是中国共产党领导的多党合作与政治协商制度的成功之作。它开创了中共领导的多党合作的新篇章。时至今日，亲身经历过"北上"的人是少之又少，虽然那些组织者、参加者、亲历者大多已经作古，但"北上"精神将写在人类的历史上，光耀千秋。

---

[1]　侯外庐：《翦伯赞的风格》，《翦伯赞纪念文集》，人民教育出版社 1998 年版。

[2]　夏自强、郑必俊：《翦老在燕大》，《翦伯赞纪念文集》，人民教育出版社 1998 年版。

忆韩练成将军

——并记一次不寻常的旅行

胡　绳[*]

1948 年 10 月，我从香港出发到华北解放区，目的地是当时党中央的所在地河北平山。

那时，东北已几乎全部解放，淮海战役正在开始发动，解放战争的全面胜利已成定局。滞留在香港的许多党外民主人士和文化界人士正等待北上。由于解放军还没有海军，海上交通和沿海的重要港口还被国民党军队所控制，党组织正在寻找能够通过封锁从香港开到大连去的适当船只（其时大连在苏联军队管理下）。我急于成行，不能等待这样的船只，便找了一条迂回的、在当时以为是比较快的路走。这就是由香港搭船到朝鲜半岛南部的仁川港，从那里再找船到大连去。在朝鲜半岛南部已经有由李承晚当总统的韩国政府，从香港到韩国不需要任何手续。我和一个同伴很顺利地在仁川上岸，但是从仁川到大连却并不像预期的那样方便。因为有国民党兵船的阻挠，很少有商人的船愿意冒险偷渡去大连。我们在仁川等待了一个多月之久，才终于找到了一艘商人报关到天津而实际上是到大连去的机帆船。在我们搭这条船到达大连之前，郭沫若和其他许多人已经从香港

---

　　*　胡绳（1918—2000），第七、八届全国政协副主席，中共第十二届中央委员，第一、二、三届全国人大代表，第四、五届全国人大常委会委员。曾任《红旗》杂志社副总编辑、中国社会科学院院长。

乘上了一艘悬挂拉丁美洲某国旗帜的货轮，并且他们到达大连比我们还早两天！

从香港到大连的人，大部分都接着坐火车往北去沈阳了。我要去河北平山，就必须再坐船渡海到山东半岛。同我一起走了那条欲速反慢的路的同伴也往北去了。于是我就和另外几位去平山的人同行。

从大连渡海到山东的成山头（那时烟台、青岛等港口还未解放），乘小快艇需要一夜。由于前面所说的原因——海上尚被国民党军队所控制，我们也只能乘这样的小快艇渡海。大海茫茫，遇到国民党海军拦截的可能是很少的。但是，如果遇到大风浪，坐这样的小船当然是很辛苦的。那天我们渡海时就恰好遇到了比较大的风浪。在船没有开航，还停在码头上时，我们几个坐船的人还在船舱里打扑克。船一开动后，我们几个人几乎同时都倒在船舱底。直到船在山东靠岸以前，谁也没有再说一句话。一起乘这艘快艇的，连我一共有五个人。其中有原在香港的党务工作者连贯、历史学家翦伯赞、政论家宦乡，这三位都是我相熟的朋友。还有一位是我过去不认识的，我们都管他叫老张。他是随着从香港开出的那只大船来到大连的。他中等个儿，黝黑的皮肤，陕西口音。踏上去山东的小快艇时，他穿着一套解放军的冬装，外披一件羊皮军大衣。显然，这是他在到大连后装备起来的。因此，在这五个乘客中，四位是文人，只有他这一位武人。但是，这位武人的晕船程度一点儿也不比几位文人低。

天色黎明，小快艇终于停泊到山东半岛尖头儿上的一个荒滩上。船上的乘客经过一夜的折腾都已面无人色，但随着马达声的静止，生气又回到了我们的身上。我们从小快艇的肚子里一个个爬出来，呼吸着海边的新鲜空气。这以后，我们就坐上没有篷的卡车，深入到山东解放区的田野里了。一路经过文登、莱阳等地，老张的兴致很明显地越来越高了。每当车子在一个村子里停下来，大家下车和围绕上来的村民谈天的时候，最积极地找村长、村支书说东说西或者找妇联主任来谈家常的，就是老张。看来他对这儿的情况还比较熟悉。我不由得想：也许他是山东解放区派到外面去办什么事的一个干部。

我们到了青州，这是党中央山东分局的所在地。我们在这里住了几天。老张和我们一起受到招待。看来他又不是从山东解放区派出去的干部。主人告诉我们说，这里不远处有一个关押国民党将领的战俘营，我们可以去参观一下。但是在约定去参观的那天，下了大雪，路不好走，就没有去成。老张没有表示不想去。后来我想，如果那天没有下雪，他去了，将会有很有趣的场面和情况。

那时青岛还没有解放，济南解放也才三个月，胶济铁路还没有修复。我们从青州坐卡车去济南，路不好走，在午夜后才进入济南城。但到了招待所后，我们并没有上床睡觉，而是围坐在火炉旁等待天明。这样做是根据老张的建议。他说："在北方，济南的澡堂要算最好的，它天一亮就开张。所以我们可以到那里去洗澡睡觉。"事实证明他的建议完全正确。我在澡堂里睡了个几个月来不曾有过的好觉。因为睡得太好，也就没有去多想这位解放区出去的干部怎么这样熟悉济南和北方城市澡堂子的情况。

我们在济南逗留了几天。1949 年的元旦就是在济南过的。在这座 100 多天前城边还有恶战的城市里，此时社会秩序十分安定。离开济南前一天，老张约我出门上街去走走。我对济南完全陌生，也没有请人做向导，实际上完全凭老张领路，想怎么走就怎么走，从大街进入小巷，甚至进入很深的巷子。看到我疑惑的样子，老张说："不要紧，我认识路。"在一个深巷里，有一家座上空空的小酒铺，老张说："在这里休息一下。"

坐下来后，老张不断地往巷子对面的高墙张望。这显然是一个大院子的后墙。终于老张悄悄地对我说："我前年就住在这里面。"前年？前年这座城市还在国民党统治下呢！

老张打开了话匣子。谜解开了。原来老张并不是什么老张，他的真名叫韩练成，原来是国民党政府第四十六军的军长。他在 1945 年日本投降后，奉令率军进入济南城，当了济南的卫戍司令。他说："那时我是骑马进济南的。"显然，他这样说是在和我们这一次坐卡车进济南相比较。那时，他当然必须参加对解放军的战争。1947年莱芜战役中，第四十六军是进攻鲁南解放区的国民党军主力之一。

韩练成

1947年初，蒋介石集中30余万兵力进攻鲁南。敌人大军压境，我山东战场的形势很严峻。在陈毅领导下，山东我军很快取得鲁南战役的初战胜利。接着又进行有名的莱芜战役，一举消灭了国民党军整整两个军。指挥这两个军的司令官李仙洲也被我军俘获，而韩练成的第四十六军就是被消灭的两个军中的一个。韩练成在莱芜战役后只身跑回了南京。而被俘的李仙洲，在我们作此谈话时就关在前面所提到的青州附近的战俘营中。

韩练成出身于冯玉祥的西北军，参加过北伐战争。以后历任国民党军的旅长、师长、第十六集团军副总司令兼参谋长、海南岛防卫司令官等军职，还任过蒋介石侍从室的高级参谋，可说是佩刀随侍在蒋介石左右的亲信。在莱芜战役之前，南京政府中丧师败阵的将领已经有过很多，所以人们对韩练成的这次失败起先也不以为奇。但是，南京政府的作战部在对这次战役过程的审查中，逐渐发生了怀疑，怀疑集中到韩练成身上。由于作战部提出了越来越多的证明材料，蒋介石也从不相信这种怀疑逐渐转为相信。这时韩练成得到了风声，他看到危险已迫在眉睫，就毅然离开了他的妻子和儿女，只身跑到香港，转入解放区。

原来国民党第四十六军在莱芜战役中的失败，的确是根据预定计划安排的。在莱芜战役前，韩练成通过多种管道，给我山东解放军领导发出信号，要求山东军区政治部主任舒同秘密到他军中来会商。虽然当时情况还没有充分了解，但因时机紧迫，舒同按照陈毅的决定冒险进入了韩练成的军营。韩练成过去曾暗中和共产党有过联系。在抗日战争期间他还见过周恩来几次。他赞成共产党团结抗日的主张，也反对蒋介石在抗日战争结束后发动内战。他同舒同商定了配合我军赢得胜利的办法。后来战役打响时，他就放弃对第四十六军的指挥，使这个军陷于混乱，很快被歼灭。战役结束，他以为依靠蒋介石对他的信任，还可以回到国民党政府为结束内战发挥特殊的作用，陈毅同志也同意他的想法，所以他仍然回到了南京。韩练成和我在谈话中还提到他认识的文化界几个人的名字，其中有夏衍和其他几位进步的电影界人士。我说："你的故事，可能会引起电影界一些人的兴趣。"韩练成木然地望着酒铺对面的高墙，他显然在思念着留在南京的夫人和子女。在大时代的激浪中，他的家庭安危如何呢？会不会成为一个悲剧呢？

新年之后，我们一行人离开济南，坐卡车到德州，换乘修复不久的火车到石家庄，然后又乘卡车到平山。到了平山，我和韩练成各有不同的接待部门，以后在平山就再也没有见面了。

到平山后几天的一个夜里，我和几位同志一起向周副主席（那时我们都按习惯这样称呼周恩来同志）汇报。周在谈话完毕后，忽然向我提起了韩练成。他问我："是不是韩练成向你说过他已经是共产党员？"我说他倒没有这样明白地说，不过他讲话的口气使我这样以为。周笑了，他说："韩练成向我作了检讨，他说他在胡绳面前说了谎，把自己说成已经是个共产党员。"说完这话，周恩来发出了他惯有的爽朗的笑声。

周恩来没有再说什么。我想，韩练成之所以要作这样的检讨，恐怕是为了想说出他希望加入中国共产党的意愿。

两年后，即1950年，韩练成真的加入了中国共产党。他先后在解放军里担任过一些重要职务：西北军区副参谋长，第一野战军副参谋长，兰州军区副司令员，解放军训练总监部科学与条令部副部长，军事科学院战史研究部部长等。1955 年他被授予中将军衔。

在这以后的漫长岁月中，我还两次遇见韩练成。一次大约是在 1954 年。那年国庆有阅兵式。在天安门前的观礼台上，我与韩练成不期而遇。从西北来的韩练成似乎对于骑兵特别有兴趣，所以这次我们在观礼台上的谈话主要集中在骑兵上：骑兵的特点和骑兵在现代战争中的作用等等。另外一次就晚了，已经到了 1983 年 9 月，在北戴河的海滨我们又偶然相遇了。我们坐在海滨浴场里边喝茶边谈天，他告诉我，他的夫人在"文革"初期去世了，最近他才又找到了一个老伴。我问他在"文革"中过得怎样？他说："还好，只是有几年靠边站。"此时韩练成显得很苍老。他生于 1908 年，已经 75 岁了。

在我们北戴河相见后的一年即 1984 年，韩练成病逝了。他是一位对解放战争的胜利做出过特殊贡献，值得我们永远纪念的将军。

（原载《人物述往》,《百年潮》杂志社编，上海辞书出版社 2005 年版）

航向新中国

周海婴[*]

20世纪40年代上海沦为孤岛后，母亲许广平的社会活动并未停止，她曾带我去参加两个座谈会，分别称为"星期六聚餐会"和"星期二聚餐会"。

前者范围窄人数少，都是进步人士，如胡愈之、巴人（王任叔）、吴大琨、冯宾符、周建人等。会议常邀请党内人士讲述国内外形势。他们开会时并没有支开我去一旁玩，我听着虽然似懂非懂，却多少也有点开窍。

为了隐蔽，座谈会总是觅敌人容易疏忽的、僻静的公共场所举行。大家在饭前两小时左右陆续到达，常去的地方是功德林素菜馆、八仙桥青年会楼上的西餐部和一个记不得名称的和尚庙。聚餐费是按名头出份子，但我常吃白食，大家并不让母亲交两份餐费，席上也不对我有丝毫的年龄歧视，照样在圆桌上占个正位。饭后散去时，为了保证我们母子安全，总是安排我们在中间时段离开。

据褚银先生的文章介绍，另一个"星期二聚餐会"实际上是"中共领导的一个外围进步政治组织"，也是由各人自出聚餐钱，会上请一人主讲当时的时事和形势，然后大家漫谈。经常出席的除严景耀外，还有沈体兰、吴耀宗、张宗麟、陈巳生、林汉达、冯宾符、郑振铎、雷洁琼、赵朴

---

* 周海婴（1929—2011），第八、九届全国政协委员。原广播电影电视部法规司副司长。

初等。记忆中每次参加的人数大致是六至八人，似乎是大家轮流参加的。比如说，沈体兰、吴耀宗见得少，冯宾符、林汉达经常来。凡是在寺庙里座谈，赵朴初必到，或许是他出面向住持借的吧。他们在座谈时，我便溜到大殿、偏殿，东张西看，那里一个香客都没有，大概这个时间是"闭庙"吧！

到解放区去——秘密离沪

离　沪

1948 年秋，形势益发紧张，国民党的假民主面目已彻底暴露。作为鲁迅夫人，母亲的安全难以得到保障。我那年已 19 岁，正热衷于无线电收发技术，曾经做过空中无线电话的联络，并经考取执照和"C1CYC"呼号，还参加了"中国业余无线电协会"。这个民间组织的牌子仍然挡不住国民党特务的怀疑。

曾有两次，便衣敲门，开门后直冲我家三楼亭子间，查看我的无线电设备。直至看到墙上贴的电台执照，才嘟囔着不情愿地离去，满怀希望来却扑了个空，自不甘心。地下党的徐迈进同志为此告诉我母亲，要我再也不能玩无线电了，赶紧收摊。我就把无线电接收机和发射设备转移到一位信基督教的王医生家里，由我的朋友王忠毅保管。

我们住的霞飞坊本是个小贩随意进出叫卖的开放型弄堂，但到了 10 月中旬，有"收旧货"的、"贩卖水果"的和"补锅修锁"的铜匠担，不沿弄堂走动招徕生意，却坐在我家后门口安营扎寨，甚至此走彼来，前后衔接。从厨房望出去，这批人的打扮和神情分明不像是小贩。这怪现象后来连邻居也察觉到了，顾均正的夫人周国华为此悄悄过来关照我们要多加小心。可是怎么当心也摆脱不了他们的监视。

这时，民主促进会的领导人马叙伦等已经撤退到香港。我党在港的领导方方、潘汉年、连贯等同志就与马老商量让母亲和我脱离危险的方案。离开上海有海、陆、空三条路线，选哪条颇费斟酌。在此之前已经有人陆续赴港，国民党方面开始警觉，海、空这两条路线被控制和监视。加之富商和国民党党政人员都走的这两条路，母亲这些年又积极参加社会活动，因此难免会被人认出。而从陆路走，由于往来人员复杂，其中有很多做小本生意和投机倒把的"黄牛"，倒便于浑水摸鱼。

　　地下党和民主促进会由此确定了铁路和公路的两套方案，并挑选了民主促进会的吴企尧先生负责护送我们母子。他对这条路线很熟悉，沿途的人际关系也多，外貌神态又像个公馆里的大管家，扮作母亲的随从不易露破绽。他还找了同行的伙伴，是一位真正的纺织界商人，与我们可说"五百年前同一家"，也姓周，我们称他周先生。他的大名直到近来才知道是周景胡。但那时是不便乱打听的，只知道他开纺织厂，生产高档西装毛料。周先生的妻子是吴企尧的亲姐姐吴圣筠，年龄和母亲接近，我们就装作一起到南方去做生意。吴企尧还关照母亲，沿途要多谈生意经，比如"买进卖出美钞银元"，还可以谈些"烧香拜佛求菩萨显灵保佑大家这一趟发财"之类的话题。文字书本一概不带，免受注意。临行前，我忍不住在书摊上买了一本侦探杂志，在长途汽车上翻看，就遭到车上人的注视，可见当时眼线到处都有。我们离沪的日期定在父亲忌日的前一天。按习俗，这一天家里总是要去上坟祭扫，监视方面自然会放松些。

　　临行前一天，母亲把家里的事做了安排：委托鲁迅全集出版社账房邵先生和她子侄辈亲戚许寿萱照料一切。母亲只对他们讲要"出趟门"，也不说方向和归期。在这种形势下，大家都是心照不宣的。家里所珍藏的父亲文物和书籍、遗物都是抗战前期的，如果国民党来查，估计也找不出"现行罪证"，这倒可以放心；若能不遇到打仗、火灾之类的天灾人祸，全部收藏下来，自然是万幸了。但是谁又能料想到最后的结果会怎样呢？我们母子心情虽然复杂而沉重，也只得听天由命了。至于邵先生和许寿萱的生活和霞飞坊 64 号住了 11 年的房租和日常开销，母亲以鲁迅全集出版社的收入来维持。出版社还在营业，多少会有些小小的批售生意的。

走的那天，母亲化装成一个阔夫人模样。她向来不施脂粉，这回搽了厚厚的红唇膏，还拿着手袋。当日气温并不低，她却穿上了薄大衣。我穿上半截西装，手提简单衣物。好在目的地是亚热带的香港，不会很冷。到了下午，一辆出租汽车直接开到前门口（霞飞坊的居民一般都不启用前门，从厨房间的后门出入），我们就这样悄悄地走了。

不想，这一次离别，竟就此告别上海，定居北京，至今已有 60 余年了。

羁　旅

我们的出租车直奔火车站。一路上车辆稀少，只有法商有轨电车和少量公共汽车在行驶，有没有盯梢极易发觉。因此也不必绕道，一路平安地到了火车站，登上开赴杭州的火车。到了杭州，有当地佛教界知名的杨欣莲老居士接站，这时大家才松了一口气，至少是离虎狼之口远了一些。杨居士领我们到头发巷里的节义庵住宿。庵内清幽寂静，香烛缭绕，仿佛进入了超凡脱俗的境界，唯一遗憾的是电灯光暗淡如烛。

第二天早晨再搭火车去南昌。次早到南昌，游览了东湖、滕王阁等名胜。最难忘的是到一家普通饭店吃午饭，踏进店堂只觉一切都大，好比进入了大人国，开间陈设宽敞，圆台面大到可坐 20 个人，我们六个人坐下显得稀稀朗朗的。吃饭的筷子也几乎比日常的长一倍，送上来的菜，盘大如盆，堆成小山状，可见当地民风淳朴，商家做生意实在。饕餮完毕，桌上的菜还没消受掉一半，尤其那盘雪菜肉丝剩下更多，弃之实在可惜。正在惋惜，跑堂的过来献策了，建议把菜留在桌上罩上，晚上再来吃。这让人感到亲切实惠，而店家又可借此把顾客再留一顿。

从南昌动身，不是直接南下广州，而是绕了一个弯，转道先去长沙。

为什么要这样走？自然是有道理的。我们也不便多打听，反正这一路住宿坐车，全由吴企尧先生一手操办策划。当时又是秘密行动，类乎"潜逃"，大家一路提心吊胆，生怕会突然遭遇叵测，也想不了那么多。

由于是匆匆路过，对长沙这座城市也没留下什么印象，能够回忆起来的是车站上卖的"土匪饭"。那其实是一只硕大的土窑碗，小贩们捧着吆喝，兜售热腾腾的米饭，足有半斤，上面盖着蔬菜和五花肉、腊肠、油煎鸡蛋之类，香气四溢，十分吊人胃口。稀奇的是旅客们在月台吃完，就把海碗随手一放，任凭附近的孩子捡拾而去。

从长沙到广州，乘坐的是长途汽车。也许是为了在车顶多载货物行李，这里的汽车车厢造得很低矮，沿途的公路又凹凸不平，以致车身不断地"筛沙子"，还上下颠簸，乘客是头上吃栗子，屁股打板子。母亲恰遇更年期，月经的流血量很多，到了站头几乎迈不开步。

进入广州，在一个嘈杂的小旅店住下。这旅店的客人看来三教九流都有，大白天公然兜揽"姑娘松骨"的色情生意。母亲本是在广州生长的，现在重返故地，自然成了大家的导游。她首先带领大家去看她高第街的旧居，怕被亲戚认出，避免额外的应酬，只在屋外绕了一圈，便匆匆离去。我们还到黄花岗七十二烈士墓和荔湾、沙面游览。不久，吴企尧先生从黑市以高价买到去九龙的飞机票，飞机原是美国军用运输机，铝质舱里的座椅都已开裂，想是美军的淘汰货吧，国民党的民航机构还在当宝贝使用，怪不得经常发生空难。

到达九龙后，我们还转道去澳门参观了一家大赌场。它当时很有名气，场子很大，各种赌博形式应有尽有。因为时间尚早，赌博没有开始。赌台上的人看到我们走近摊位，就交代"托儿"佯装下注，桌上立即赢得很热烈，但我们没有赌瘾，倒将这一切的"设计"冷眼观察清楚了。若是赌徒，恐怕目光只注意牌九、扑克、筹码，认不清他们的设局。事后大家开玩笑说，如果一开始就下小注，赌场为了吸引我们，必可赢钱。小赢便走，一顿饭钱大概不成问题。

随后，我们平安抵达香港，这次长途行程，便告结束。但有一事这里必须一提。此次南下，一路上没有让母亲出过什么钱，吴企尧先生事先也没有说要共同负担旅费，因此母亲以为既是地下党通知我们离沪的，这路费必然也是党所提供的。几十年来我们都这样认为，一直心安理得。但近悉吴先生有一篇回忆文章，讲到此次南下所费一切竟是他姐夫周先生资助。今天我不知道该如何对待和回馈感谢了。

在香港等待的日子

安　顿

一到香港，我们骤然轻松，无须时刻警惕什么了。地下党安排我们住在跑马地的一所居民楼里。我是熟悉跑马地的，高中一年级曾在那里的培侨中学读过书。关于这段经历，我曾在回忆录另文谈到过。我们刚进入居民楼，就受到一位女士的迎接。她比我年长四五岁，是沈钧儒的小女儿沈谱，丈夫就是著名记者范长江。她让母亲和我住进一间早已收拾干净的房间，两床一桌，很简单。我们是初次见面，必然寒暄一番，由此得知沈谱也抵港不久，当谈到此地的环境交通和语言，母亲和我倒不比她陌生。

当晚，方方、潘汉年、连贯来探望（后来的日常联络人是徐伯昕）。从谈话中方知，此行并非暂居香港，而是要等待机会北上。至于需要等多久，是几个月还是半年，他们没有透露，母亲也不便询问。

回过来看，母亲和我到香港，一方面要等候北上的通知，另一方面还要躲避国民党将要下的毒手。随着解放形势的迅速发展，中共中央及时向全国人民提出了新的奋斗目标：建立新中国——倡议"各民主党派、各人民团体、各社会贤达迅速召开政治协商会议，讨论并实现召集人民代表大会，成立民主联合政府"。与此同时，毛泽东还发专电给香港的潘汉年转送李济深和沈钧儒，邀集北上哈尔滨，筹建新政协。

党中央毛主席的邀请信，使香港和国内外民主人士受到极大鼓舞，纷纷从香港、欧美等地前往东北解放区。

地下党同志简单聊了一些形势之后，母亲就有了件烦恼事：出发时我们不曾带冬衣。东北地区我们从未去过，只知道冷得会冻掉耳朵，南方人本来怕冷，而我又有十几年的老气喘病，突然要去这天寒地冻的地方，能不能受得了，真是个未知数。若是自己购置寒衣，置装费肯定不少，我们初来乍到，又该到哪里筹措？但几位领导和徐伯昕都不曾对此有明白交代，我们又不便细问。母亲只能着急，从上海虽带来一点零钱，但只是几张美钞。母亲随身带有一面方形镜子，我把它四周掀开，将美钞在玻璃镜片夹层里平夹着，再用烙铁焊接复原，使之"天衣无缝"，以备不时之需。靠它置办寒衣显然是不够的。母亲还想到：战争的进展速度，谁也无法估计（可见我们当时对形势了解得多么少），要是在香港久待下去，没有正常收入，我们的生活怎么办？我的学业又如何继续？我于是提出，让我一人偷偷回上海，把家里的《鲁迅全集》尽量低价售出，这样也许能筹集一笔钱。我把这打算讲给徐伯昕听，他觉得幼稚可笑，当即就否定了——这不是去自投罗网嘛！后来我们才逐渐知道，其实党组织都会周到地考虑这一切的，只因地下党纪律严，没到时候是不便透露细枝末节的。当时我们不懂这些，心里自然不免打鼓。

我们就在这种忐忑不安的心情中等待着。每天的午晚餐由沈谱提供，佣工烧煮。吃的是广东口味的家常菜，如咸鱼蒸肉饼、清炖鲩鱼、芥兰之类。我们出去逛街也顺便买回牛肉罐头，那是父亲生前喜欢食用的，一头稍宽呈梯形的方向，开启后便于倾出。牛肉是绞碎的，间杂着红白色，有一股香气。这种牛肉，肉质香酥，父亲满口义齿，很愿意吃这类易于咀嚼的食物。此外，还买些广东腊味和卤水熟菜，尤其是烧鹅，以偿母亲对家乡的怀念。从另一个角度讲，我们自己添加些菜肴也可为沈谱节省些开支，我们察觉她手头很紧。

那时居港的文化人和民主人士不少，既然地下党领导人和徐伯昕没向我们说起谁的地址，母亲就不便贸然打听。但我们是必须要去拜访何香凝的。首先是因为何老太太向来为母亲所敬爱，相互的关系本来挺亲热，再说何老太太在香港是半公开的，国民党反动派虽然视她为眼中钉，派特务监视，但她是国民党元老，也奈何不了她。鉴于此，地下党才允许母亲前去探望。当我们走进何府，只见老人正端坐在桌前兴高采烈地玩麻将牌。在香港初次见面，也不能多说什么，仅是嘘寒问暖而已。在平时，母亲总是深居简出，凡必要的生活用品多数由我采购。

出　发

大约十多天后，终于等到出发的通知，目的地是东北的哈尔滨。连贯送来一些港币，供买寒衣和衣箱，也没有详细说明该买些什么，一切由我们自己安排。这购置冬衣的任务便落到我的身上。

香港有旧货街，商店鳞次栉比，门面有大有小，出售的衣服有挂有堆，任凭挑选，价格低廉。我先逛了一圈，回来向母亲汇报。我还告诉母亲，在路上突然见到一位熟人，衣着鲜亮，一身本色纺绸短衫裤，神态飘逸，像煞广东的公子哥儿，原来是连贯同志。我们边走边聊，他比较详细地告诉我还有几天离开香港和一些要做准备的事。母亲和我这才心里有些底，第二天便去打预防针、种牛痘疫苗，另外还准备照片，用于制作证件。

我想到去东北解放区，除了衣物，照相机必然有用，愿意以此为新中国而小作贡献，拍摄些具有新闻价值的照片。母亲也支持我，就把购买寒衣的预算设法压缩，紧缩的办法是买二手旧衣。第二天到旧衣店，买了绒线衫裤，是绿色的美军剩余物资。我的大衣也是买的美军旧货，拿去洗衣店染成藏青色。我的这身打扮，后来差一点让人误认为是美国俘虏，幸亏不是高鼻深目，才没有挨骂。我替母亲买的是旧翻皮大衣，因为香港的冬天温暖，除非阔太太摆谱，并不适合穿，故这件翻皮大衣在旧衣摊折低价出售。我欣欣然自以为捡了个便宜，不想后来竟令我懊悔不迭。到了东北没见有人穿这类翻皮大衣，母亲穿着也感到非常别扭，简直像个国民党的官太太。这件大衣总共只穿过两三回吧，后来干脆贡献出去，用作拍电影的道具，由接待部门派裁缝另做大衣，这是后话。

为购买相机，我真是动足了脑筋。我花费很多时间，跑了不少店询问价格，尽量选择质量合意、价钱适宜的品牌。最后我选了低价镜头的"禄莱"相机，成像的清晰度差了一些，放大后的相片比较"软"，这也是无可奈何的事。

离港的前几天，我们去向何老太太辞行，她老人家少不了设家宴饯行。也去舅舅许涤新夫妇那里辞行，他当时是中共在港的领导之一。母亲尽量少去惊动别的朋友们。香港虽然比国统区安全，但国民党也布下不少眼线，总以少张扬为宜。

我们的冬装和棉被分别装在皮箱和帆布的"马桶包"内，先期运到船上，我们只需轻装等待。过了一两天，得到 11 月 23 日下午有车来接的通知。这天傍晚，来了一辆汽车，我们遂向沈谱告别。车行不久，我发觉并非直驶码头，而是绕到了九龙一户人家门口。我们在此下车，从狭窄的楼梯上去，像是个本地工人的家。进入门内一看，竟有不少熟人已在等候，有茅盾夫妇、沈志远、侯外庐等，可谓济济一堂。大家又惊讶又高兴，谁也料想不到会在千里之外的他乡遇到那么多故知。再一想，又觉得这原是在情理之中，大家都奔赴同一个目标嘛！最令人感到意外和有趣的是，适巧在前天或昨日才见过面，甚至一起参加了饯行宴，却谁也不说自己即将离港的计划，这种新奇与神秘使大家油然增加一层亲近感，连曾经有过的隔阂也消遁无形，感觉相互间已经是"同志"，可以无话不谈，再无须顾忌和戒备什么了。

同赴光明区域之舟

我们在那家陌生人的屋里，一直等到暮霭沉沉，大家分头离开，各自乘坐小汽车向不同方向驶去。母亲和我的车绕着街转到一个小码头，那里已有一条小舢板等候。连贯换了土布衣裤，俨然工人打扮，招呼我们上船后，小舢板随即驶离码头，靠到一艘轮船边。我们从软梯爬上去，先在大厅休息，同行的人也陆续上来了。

这是一条千吨级的小海轮，属于香港船东，挂着葡萄牙国旗，要经过台湾海峡，目的地说是北方。近年有些回忆护送民主人士北上的文章，对这条船所悬旗帜说法不一，有讲是挪威国旗的，但我以为是葡萄牙旗帜无

"华中号"从香港起程驶向东北解放区

疑。因为当时在船上的中共领导连贯、宦乡两位就曾告诉我，为了悬挂这幅旗帜，所付旗帜代价相当于租船费用，我曾为此十分吃惊，至今印象深刻。

晚餐八人一桌，坐满八人便开饭。这船上的桌子很特别，桌沿边都镶有一条木档，我估计那是为防止有风浪时船身摆动盆碗滑落。

为保安全，这条船总共才载 30 多个人，除了我们母子俩，还有郭沫若、马叙伦、冯裕芳，致公党的陈其尤，经济学家沈志远，民主人士丘哲、朱明生，民革的许宝驹，史学家翦伯赞、侯外庐，法学家沙千里等。沙千里那时还年轻，后来到东北、北平参观，有几次曾安排我和他同住一室，因此我们很熟。

饭后发给我一张船员证，名字是沈渊，这是我先前在香港用过的，母亲也用了化名。这份证件蓝色油光纸封面，夹层贴着香港拍的照片，制作比较粗糙。妇女和老人都不发证件，所以母亲也没有。考虑到白天的紧张劳累，饭后让我们早早安睡。我被安排在狭长的单人小间，室内灯光暗淡，仅有一个小舷窗和一张床而已。我很快就入睡了，因此对船何时起锚毫无所知。

次日，天尚未大亮，我就上了甲板。举目望去，海天相接，淼淼茫茫，不知身在何处。看到海员在忙碌着清洗甲板，我占了会些广东话的便宜，前去搭讪。我询问现在船到了哪里，船员告诉我正在向东驶去，时速约 10 至 12 海里。由于这是一条混装船，没有正规客房，仅有少量几间舱房，原是大副、水手长的卧室，临时让出来，照顾郭沫若、马叙伦、冯裕芳等几位长者。多数人睡统舱，男女分开，睡舱里又暗又狭，不适宜聊天。顶层大厅是聚首谈天之所，只要是风浪平静，大家都到两边甲板去漫步闲谈。有一张郭沫若、许广平、侯外庐的照片，背后救生圈明晰地显示出"华中"两个字。

大厅即是我们初上船的餐厅，布置了七八张方桌，集中开会和通报消息也在这里。厅两侧有黑漆皮条状软座，厅正面左右是入口，中间有一张长桌，上面放了一台短波收音机，是 NC 厂国际牌的十灯机。每天由我开机，把频率对准到延安新华广播电台。它的开始曲很容易辨别，是一首《兄妹开荒》，只要听见"雄鸡、雄鸡，高呀高声叫……"就找对了。频率的两边都挤夹着国民党强功率电台。好在我们这条船驶离了陆地，干扰的强度大大减弱。新华台的电力小，讯号不强却极清晰，句句可闻。每日的新闻发播时间，大家准会自动聚拢来听。听到由空中传来解放军节节胜利的好消息，大家都鼓舞雀跃，有的还计算着什么时候渡过长江，几年可以解放全中国。

除了延安电台，船上还能听到伦敦 BBC 的英语广播和印度德里电台。收听 BBC 的任务就落在精通英语的宦乡身上，他听后再向大家转述，这样可以多一个消息渠道，以了解世界各国对中国形势的反应、舆论的向背，也等于多一份"参考消息"。那个年代，"美国之音"是没人听的。因为在人们的心目中，这四个字就代表扯谎、胡说八道，以致谁讲了假话，别人就指为"美国之音"。

几天之后，船长、大副与我们这批特殊旅客熟悉了，有一回还陪同几位较年轻又好奇的旅客去轮机舱参观，这里面当然包括我。下到舱里只觉得又闷又热，机器声响到面对面听不清谈话。两台柴油"第塞尔"动力船机，动力通过长轴传到船尾的螺旋桨，轴的直径约有大海碗粗，缓缓地转动着，我试着站到轴面上去，总是立不住。我们还经过货舱，舱内是运到解放区的物资，据说都是急需的药品、五金等，但外表看不出是什么货物。大家也不便多打听，匆匆而过，并不停步，知道这是需要保密的。

晚餐之后，睡觉尚早，大家并不急于回舱，这时便有年轻又活跃的沈志远、曹孟君等组织文娱晚会。可惜没有演艺界的成员，只配当个观众，谁也出不了节目。无奈之下，只能搞些大众化的内容，不外乎唱些解放区的歌，讲些笑话。唯独许宝驹先生的京剧清唱很精彩，最受大家欢迎。他

作者（右）与宦乡（左）、沈志远（中）在"华中号"上合影

身材并不高，但嗓音洪亮，唱的是老生，"秦琼卖马"之类，韵味十足，唱了一段又一段，欲罢难休。直到他的压轴戏结束，大家才回舱休息。

母亲却没有这样的闲情逸致。打从上船，母亲就在为我的冬衣日夜忙碌着。出发前，她摸摸我买的旧军用衫裤，觉得又薄又不保暖，天气临近11月下旬，于是临时买了两磅绒线，广东人叫做"毛冷线"的，带到船上为我赶织毛线衫裤。郭沫若几次从我们舱门口经过，想是看到她终日埋头编织的情景，遂向我要了本小册子，过不多久，笑眯眯地送还给我。我一页页翻过去，直到最末的一页，才发现郭老在上面题了一首诗：

团团毛冷线，船头日夜编。

北行日以远，线编日以短。

化作身上衣，大雪失其寒。

乃知慈母心，胜彼春晖暖。

后面还有附言：

1948 年 11 月月杪，由香港乘华中轮北上，同行者十余人。广平大姊在舟中日夕为海婴织毛线衣，无一刻稍辍，急成之以备登陆时着用也。因成此章，书奉海婴世兄以为纪念。

郭沫若　11 月 28 日

就在四天前，我们刚上船，我就请郭老在这个本上题过词。内容是：

横眉冷对千夫指，俯首甘为孺子牛。

鲁迅先生这两句诗实即新民主主义之人生哲学，毛周诸公均服膺之，愿与海婴世兄共同悬为座右铭，不必求诸远矣。

1948 年 11 月 24 日

同赴光明区域之舟中　郭沫若

我这本纪念册购于香港，是当时流行的款式，对我来说极为宝贵，至今还保存着。

船行头天风平浪静，25 日将进入台湾海峡的时候，天空暗下来，头顶像被一顶铅色帽子罩住，但见船员们穿着防水衣在忙碌着，捆绑船甲板上的设备。船长也亲临甲板，镇定指挥，并劝告我们赶快回舱，必要时还得卧床。台风马上就要来了，行走必然困难，说不定还会呕吐的。我仗着

郭沫若、许广平、侯外庐（左起）在"华中号"上

年轻，不甚重视，仍随意观看。不久台风果然来了，风力逐渐增强，若不扶着栏杆绳索，已经难以迈步。到傍晚，风力加强到五六级，餐厅开晚餐时，仅有少数几位去用饭。但我不晕船，照常吃得有滋有味。只是船只的摇晃度超过了桌子的挡碗木沿，有些高的杯子、碗盏不时从桌沿掉落摔碎。饭后困难地回到房舱，耳听大浪阵阵拍打船体，船的木结构部分发出"轧轧"的呻吟声，我突然觉得这千吨级海轮在劈头盖脸的巨浪前像只飘摇易碎的蛋壳，随时可能粉身碎骨。

将近半夜，风浪趋近七级，为了安全，船需要顶风逆驶，以躲避浪峰和浪谷，这样一来，行进的速度基本处于停滞状态，时速仅有一二海里。

可是船的动力又不能开足，避免在海浪峰谷起伏时船体上抬，螺旋桨打空，造成机器损毁。在这种关键时刻，船长的驾驶经验非常重要，相互间的配合丝毫差错不得。但这晚我们所遇的危险还不只是风浪。那是事后船长告诉我的，他说如果那晚的风力再增强一级，这船必须靠岸躲避，硬顶是绝对顶不住的。而这时我们的船正行驶在台湾岛的边缘，即是说只能靠拢到"虎口"上去。幸而半夜过后，台风转移，风浪逐渐减弱，船才得以恢复正常航行，否则结局会怎样，谁也难以预测。

次日清晨，台风已完全过去，海面上一派霞光，好多海鸥紧紧跟随着船尾追逐飞翔，一切都显得那么平静而美丽，昨夜的风险似乎仅是虚幻梦境。这时各位老人和学者又漫步在甲板上。兴许他们也知道昨夜的险情，但已事过境迁，大家谁也不再提起了！

接着，连续几天风平浪静。此时船已过了山东，气温渐渐下降，站在甲板上，只觉寒风凛冽，耳朵刺痛。年纪大的，纷纷穿上棉衣。也有几位没有穿厚冬衣，或许耐寒力强吧。我提着照相机，许多老先生见了互相招呼，让我替他们在船上留念。这些底片一直保存在我这里，如今60年已逝，老人们先后归了道山，这些照片该是珍贵的"孤本"了。可惜拍摄时结影疲软，色调比较浅淡。

正在大家兴致盎然拍照留念时，领导来催促大家下舱，并指着远处称有一艘军舰正在向我们驶来，由于距离很远，不易判断旗帜的标识，万一是国民党舰艇，那便会引来麻烦，不如小心为好。下舱后，又让大家作好准备（实际并没什么可准备的，大件行李都集中入舱储存，手头仅有替换衣服和途中阅读的书籍而已）等待通知，到时见机行事。不久，军舰渐渐驶近，从望远镜里看清是苏联海军，对方似乎也辨认出我们属于商船，转舵向外洋驶去，这说明我们的船已经接近解放区了。这个区域常有苏联军舰巡弋，国民党的舰艇是不敢贸然跑来的。大家都松了口气，喜笑颜开地哼唱着革命歌曲。

　　12 月 3 日一早，船已抛锚停泊了一夜。远远可以望见海滩和少数几幢高耸的建筑，领导告诉大家这里已是安东（现丹东）附近的大王岛，让我们等待舢板上岸，已有吉普车和大小汽车等候，并有交际处的干部及几位领导迎接。还告诉我们，由于解放战争进展神速，暂时不用去哈尔滨了，可以直接前往沈阳待命。

　　在大王岛等候迎接，也等候小舢板运送行李时，大家兴致勃勃地留影一张。照片左侧还可看到三件简陋包扎的行李卷，可见民主人士生活之艰苦朴素。

1948 年 12 月，民主人士抵达丹东时的合影。左起：翦伯赞、马叙伦、宦乡、郭沫若、陈其尤、许广平、冯裕芳、侯外庐、许宝驹、沈志远、连贯、曹孟君、丘哲、丹东中共负责人吕其恩

此后两天，我们在赶往沈阳的路上度过。由于气温很低，中途在一家中式皮帽店停车买帽子，每位男士一顶，式样任凭个人自选，价格不问。不一会儿，大家挑选结束，各人都戴上了新帽子，而店主还在忙碌着，并向郭沫若再三表示歉意。原来这店里竟找不到他能戴的帽子。最后郭老勉强挑了一顶尺码最大的，头的顶部还套不进去，顶在头上明显高出一截。大家不由感叹郭老才学过人，原来他有个硕大的脑袋。这算是路上的一个小插曲吧。

沈阳旅居点滴

我们一行抵达沈阳，被安排住在铁路宾馆。连贯、宦乡、翦伯赞已在安东与我们分手，转道去了大连。

铁路宾馆是俄式旧建筑，内部开间较大，才腾空不久，其设施条件之好在当地算是首屈一指了。只是室内暖气太热，大约有二十七八度，我们这批江南生长的人，对这种干燥的环境很不适应，一个个热得脸红耳赤流鼻血，只好经常敞开气窗，放些冷湿空气进来。幸而街上也有冻梨、冻柿子卖，吃了可以去火。宾馆的房客仅有我们这十几个人，许多客房空着，听说尚有更多民主人士即将抵沈，大伙都翘首以盼。

第一位绕道入住的是黄振声，他从韩国那边辗转到大连过来的，是上海学联代表。不几天，听到楼内熙熙攘攘，住进多位从大连那边来的贵宾。他们是李济深、蔡廷锴、章伯钧、朱学范、章乃器、彭泽民、谭平山、邓初民、孙起孟、吴茂荪、阎宝航、洪深、朱明生。又不几天，从苏联绕道而来的李德全和冯玉祥秘书赖亚力抵达，大家纷纷前去慰问李德全。他们脸上尚显露在苏联船上失火而致的烧伤疤痕。最晚到达的是王昆仑和女儿王金陵，据说是到欧洲考察绕道巴黎抵达沈阳的，详情没有介绍。后来了解，因为这些秘密"通道"当时说不准仍旧要利用，因此谁也

民主人士下榻的沈阳铁路宾馆

不打听。

　　宾馆一层餐厅供应一日三餐，布置着许多大圆桌，尺寸大于一般的圆台面。每桌 10 人，坐满便上菜开饭。早晨，供应北方式的早餐和牛奶。南方人习惯吃的泡饭，这里是看不到的。午、晚餐的质量基本相同，经常有酸菜白肉火锅。考虑到知识分子的生活习惯，晚睡的还供应简单的夜宵，有牛奶一杯和随意取食的清蛋糕（即没有甜奶油）。厨房有西餐厨师，受过"老毛子"培训，会做俄式西餐，和上海的罗宋大菜口味相近。冷菜供给红鱼子酱，是马哈鱼的，晶莹透明而带红色，现在市面上很稀有了。厨师的拿手菜是"黄油鸡卷"，把整条鸡腿带骨片开，展开后抹上黄油、味精、胡椒盐，再卷紧，外裹面包粉，以热油炸熟。口感又脆又香，入口酥松，每人吃完这一大份便很饱了。

　　一日三餐之外，按供给制待遇，不论男女和年龄每人每月发给若干零花钱。那时使用的是东北币，大约相当于现在的三五百元。从当时的经济状况说，这个数目不算少了。有趣的是除了另发毛巾、牙膏一类生活日用品，还每人按月供应两条香烟。有的人不吸烟，比如母亲和我也得收下，但可转赠给别人，因为这是供给制的"规定"。

宾馆里有一间四周布满沙发的大会议室，沙发硕大，也许是沙俄时期留下的家具吧。就在这间会议室内，每隔几天就有活动，举行时事报告或民主人士座谈会，也有小范围的学术讲演。比如从美国归来的心理学家丁瓒先生，讲过欧美的心理学研究现状。我听了大开"心"界，但大家的反应却平平，因为讲的是"资产阶级"的心理学，无人向他提出询问，因而未引起什么讨论，丁先生一讲完，报告会就冷冷清清地结束了。

长春解放后，也是在这个会议室里，当时东北地区的政治委员高岗亲自来向民主人士介绍这场战役的经过。高岗身材魁梧高大，脸膛黝黑而遍布麻坑。他说这场战役打到最后，变成一场混战，指挥部和各级指战员之间，因通讯员都牺牲了，联络都中断了，司令部里搞不清是胜是败。但我们的战士个个士气高昂，都能"人自为战"，而国民党军队士气低落，因此虽然兵力有悬殊，我军最终还是取得了胜利。他接着还说，战场上遍布国民党军队丢弃的美式汽车、大炮和各种辎重，要打扫的话，需要许多天。这时高岗忽然转过头来对我说：有一种美式大炮，它的口径之大，伸进一个脑袋还有富余，你要不要去看看？

宾馆二楼的侧面，还有一间台球室，这是整个旅馆唯一的休闲文娱室。室内布置了三张球桌，一张"落袋"（斯诺克）和两张"开伦"（花式台球）球桌。喜欢打台球的常客有李济深、朱学范、沙千里、林一心、赖亚力。李济深只打"开伦"式，往往由林一心陪打。交际处处长管易文偶尔也来陪陪，可以感觉到他是忙里偷闲，也为了不冷落客人，属于统战任务之列。他通过打球可以征询些要求和意见。他谈话水平很高，总是不直接表达意图，而在聊家常和询问健康过程中慢慢传达"上面"的意思。

入住铁路宾馆不久，冯裕芳身体不适，在医院积极治疗，似乎是肺炎之症。12 月 27 日冯老去世，29 日入殓，郭沫若吊唁成诗：

吊 冯 裕 芳

等是在疆场，一死正堂堂。后有冯裕芳，前有冯玉祥。

献身无保留，不用待协商。历史开新页，领导要坚强。

视死咸如归，百万若国殇。何为学儿女，泪落沾襟裳。

死贵得其时，二冯有耿光。不忘人民者，人民永不忘。

郭沫若　1949 年 1 月 29 日

由于沈阳的治安很好，领导允许大家分批出去逛街，三两警卫人员跟随，但不摆阵势，属于微服出游性质。天寒地冻，大家游兴寥寥，只少数人上街。商店开张不多，市场清淡，只有郭沫若、侯外庐少数人去过几趟古董店而已，绝大多数仍然在旅馆里看书聊天。有一回我跟着郭老、马老、侯老去逛古玩店（文物商店这名称好像是后来才有的），进入里边，生意极其清淡，老掌柜坐在不旺的炭盆火边，一脸的寂寞和凄凉，店里也不见伙计，大概都辞退了。郭老的目标是青铜器，马老却热衷于搜集"哥窑"之类古瓷。郭老是鉴别青铜器的专家，当场考证评论真伪，使老掌柜钦佩不已，不敢拿假古董骗钱。他叹着气说，要不是为了偿还债务，断不会把压仓底的善品拿出来卖掉的。

郭老那天买到"三凤瓶"和"三龙笔洗"，欣喜之余赋诗一首：

三龙水洗三凤瓶，龙凤齐飞入旧京。

四海山呼三万岁，新春瑞庆属编氓。

马老心仪的瓷器向来是稀罕物，据说他家藏的珍品不少，没有看上店里的，只随意买了点小玩意。而对于我这个小青年来说，却喜欢旧货摊上的旧军用望远镜，品质虽不高，价格却相当低廉。它是国民党军队败退抛弃之物，老百姓从战场拾来赚些外快的，不想几位老先生看到我买了这东西，觉得用来看演出倒很合用，差不多每个人都托我买，以至于旧货市场的小贩们误认为有人在大量收购。我只得挑明要货的就是我，才使他们不再漫天要价。

到了2月初，交际处先组织大家到郊区体验土改之后农村翻天覆地的变化，走访农户，和老乡聊天。2月11日之后，全体民主人士乘坐专列向北参观。令人惊诧的是抚顺露天煤矿、小丰满水电站没有遭受什么巨大破坏，每日可正常运转。

在吉林"东北烈士纪念馆"参观，看到抗日英雄杨靖宇的头颅标本，浸泡在一个大玻璃樽里。讲解员说到烈士牺牲后，遗体被日寇解剖，胃里一点粮食都没有，李济深、蔡廷锴将军听了非常感动，欷歔不已。李济深主动索笔题字，以表敬意。

意外的烦恼事

在宾馆等待的日子虽然安稳而舒适，但时间久了，竟接二连三地发生让我们母子烦恼难堪的事，这是在离开香港时始料不及的。且让我一一道来。

餐厅里有一架带放音响的电唱机，时间使用久了，放起来声音微弱。交际处的干部不知从哪里得知我会摆弄电器，便来找我修理，希望能放出音乐，好让大家跳跳交谊舞，调剂一下单调的旅居生活。我听了以后，感到有了为人民服务的机会，兴冲冲搬回住处，用三用电表检查出这台机器的毛病是电子管老化。这很容易解决，换成新的就行。等到两只管子买来，顾不得已经入夜，我就迫不及待地试放起来。我那时真是年少不懂事，一时心情十分兴奋，又是第一次替公家办事，不自觉地便有了想表现一下自己的心态，为此我把房门敞开着，让优美的旋律在走廊里回荡，心里得意极了。

第二天一早，母亲告诉我，昨晚的喧闹影响了周围人的休息，还一直责问到"上头"去了。"上头"的某某将这事告诉民主促进会的王先生（母亲也是民进的领导人之一），让他再转告我母亲。我连忙把修好的电唱机送回餐厅，却深感委屈。我以自己简单的头脑想：这样的一桩小事，只需当时过来关照一下就可解决的，竟弄得这么郑重其事，非要等到第二天，再绕那么一个大弯子传达到我这里，岂不小题大做？不知如今环境变了，我的身份也变了，成了个"统战对象"，我该多个心眼，处处约束自己，注意"影响"才是，但我没有想到这些。

不久，我闯了更大的"祸"。事情是这样的：我那时虽已 19 岁，实际还是个好动爱玩的学生。在旅馆等待的日子很枯燥，同来的又都是大人，有的还是六七十岁的老人，我在他们面前需要毕恭毕敬，他们的活动和交谈，哪里容我插得进去？甚至因我在场，有几位民主人士还开玩笑地称我"周老"。但是，就在宾馆的底层，驻有很多警卫战士，年龄与我相仿，我在他们中间可以说笑玩乐、无拘无束。这样，我一有空就溜到他们的休息室去听战斗故事。对我来说，他们每个人都挺了不起，有过数不尽的战斗经历，立过许多大小战功。他们的枪法很好，有几个是神枪手。我自然也对武器感兴趣，就询问手枪的结构原理、怎样射击等。

几天后的下午，有一个朝鲜族和一个东北籍的战士，陪我去沈阳著名的北陵游玩，据说那是早期清代的皇陵。此行也可以说是三个人共同发起的，用的是陪我的名义。进入北陵，发现除了我们三个，周围毫无人迹，颇感荒芜，逛了一会儿就兴味索然了。这时那个朝鲜族战士说，好久没打枪了，打几枪过过瘾，拔出驳壳枪便推上膛打了两发。另一个也跟着用他自己的左轮枪开了两响，之后问我要不要试试，我不假思索，拿过朝鲜族战士的枪打了两发。刚射击完往回走，一队荷枪实弹的士兵包抄过来，立刻缴了两个战士的枪，把我们押到附近一个营部。两个战士之一悄悄对我说，只要承认打枪是你发起的，一切都会平安无事。我就按他说的在营部"交代"了来龙去脉。

到傍晚，交际处派来干部和吉普车接我们回去。由于拖延了很长时间，回到宾馆时晚餐已经开始。当我步入饭厅，立即受到众人的"注目礼"，并听到窃窃低语："回来了，那就好了!"好似我是一个受了宽大释放的犯人。不用说，这事让母亲尴尬。人们一定在想，鲁迅的儿子怎么能这样？但他们为什么不想想，鲁迅的儿子和他父亲一样，都是普通的人啊，我又是个初涉社会、毛手毛脚的小青年。但此时此地，我又能说什么呢？

第二天，我遵照母亲的训导，低着头向领导认错请罪。但我还没把预先拟好的"认罪词"说完，那位领导就哈哈大笑起来，连声说："你没事，你没事，那两个战士已经坦白了，是他们让你试枪的。"当然，这使我又一次尴尬，因为我听了那战士的话，说了谎。事件真相总算弄清楚了，错不在我，我是受了那战士的怂恿。只是，我不知道别人是否都听到解释，后来又是怎样想的。

有了这两次教训，母亲再三叮嘱我，切勿忘乎所以，一切言谈举止都得小心谨慎，拿后来的话说就是要夹紧尾巴做人。没想到尾巴夹紧了还是"闯祸"。母亲关照我，凡有外出参观活动，老老实实跟在队伍后面，切勿乱跑，我就问："那我跟在哪些人后面妥当?"母亲思索了一下说："这样吧，你跟在茅盾夫人孔德沚婶婶后面，就不会出差错了。"从此我牢牢记住这句话。几天之后，正逢市里举行欢迎民主人士抵达沈阳的大会，我也同队去了。那是一个剧场，里边坐满了人，留下前面第一排让贵宾落座，我也忝列末座。过了一会儿，台上招呼贵宾从舞台左边的小梯上去，于是以郭老为首（那时李济深还未抵沈），大家鱼贯而上。我怎么办呢？我衡量自己仅仅是个民主人士的家属，是属于不需要上去之列的，便稳稳当当地坐在椅子上，没有随同站立起来。这时已上台的被一个个地介绍，台下哗哗地鼓着掌。渐渐地,大部分人都上台去了,最后轮到茅盾夫人孔德沚登上梯子,她回头盯着我,紧张地挥着手招呼:"快走!等什么,还不走呀!"就在这一刹那间,我的意识又出了岔子。我想:不上去怕不好吧,会显得自己孤傲和不合群;再说母亲关照我要跟着孔德沚婶婶行动,那么我跟着她上台去该是符合原定行动准则的。就这样,我最后一个上了舞台。等到台上把每一位来宾介绍完毕,请他们都集中到台中央,再回头一看,台边上怎么还多出一个我,孤零零地站在那里,显得那么突出。我想此时不光是会议的主持者,连剧场里的与会者也一定惊诧不已——怎么会忽地多出一个人来?看到主持人朝我一愣,我心里也不由一激灵,知道坏了,他们根本没安排我上台,我跟错了。正在我进退为难之际,主持人想了一下,把我让到身旁,介绍说这是谁谁的儿子。没想到,他的话音刚落,下面的掌声似乎比前一个还响亮些。但我的背上一时如有万根芒刺在戳,我生平头一回体会到,这"乞讨"来的掌声是什么滋味。果然第二天闲话来了,而且是冲着母亲的,说什么许广平为了想把儿子培养成政治家,竟用这种手段把他塞到台上去亮相云云。

对于我的前程,母亲究竟是怎么想的呢?她真的要把儿子引向仕途上去吗?就在前不久,即这一年的 12 月 1 日,在我们所乘的海轮驶向解放区途中,她在我的纪念册里,写了这样一段话:

> 照旧俗,中国古礼,男子二十日冠,算是成人的年龄了。现在,就这弱冠期中,我把你送到新的社会,新的大中国摇篮中,使你从这里长大,生息,学习,坚壮,以至于得贡献其涓滴。以毋负抚育之深意,是所至盼!海儿览
>
> 母亲 于舟中

母亲还曾不止一次地对我说过:"我把你交给党!"我想,上述的题词

便是她对于我的期望，她只要我能够健康成长，为新社会"贡献涓滴"而无其他。但人们的误解——我只能用"误解"这个词，竟是那么强烈。可见我们每个人的心都是受某种文化、各种感受、种种关系等因素的制约与影响的。

从沈阳到北平

我们住的沈阳铁路宾馆，隔几天就有一次当地首长出面举行的"接风"宴，欢迎又一批民主人士抵达。冯玉祥将军的夫人李德全到达后，向大家详细叙述了冯将军死难的经过，众人听了很感悲痛和疑惑。她本人对这次灾祸虽有疑问，为怕影响中苏关系，只得忍着丧夫之痛，也没有明确提出详细调查的要求。大家听了也都不便表示什么。

我至今记得的是，冯夫人当时回忆说，冯将军是应邀回国来参加新政协大会的，他们夫妇带着两个女儿和儿子、女婿，还有秘书赖亚力，一起从美国搭乘苏联客轮"胜利号"借道埃及去苏联。客轮先到高加索的港口城市巴统，放下 1500 名欧洲归国的苏侨（白俄），然后横渡黑海，开往奥德萨（据其长女冯弗伐说，此船是德国军用船改装的，并非正规的商用客轮）。船上的文娱生活很丰富，每天除了有音乐会和交谊舞会，还放映电影，因此电影胶片积聚有成百卷之多。抵埠前的一天，即是 8 月 22 日，放映员在回倒电影胶卷过程中，不慎拷贝起火，并很快从放映室蔓延到客房。由于风大，火势凶猛，浓烟冲腾而起，正与两个女儿在舱内谈话的冯将军立即带着夫人、女儿向出口处冲去。不料离房间最近的那扇门竟从外面锁死，怎么呼唤也无法打开，为寻找出口，小女儿冯晓达冲向走廊的另一端，竟被烈火所吞噬。他们三人被困在胶片燃烧的化学气体充溢的走廊里，直到儿子洪达和四女婿、赖亚力先生几人把他们一一抢救到了甲板上，冯将军心脏已经停止跳动。在冯夫人叙述的全过程中，没有提到曾有苏联船员前来救援,只说下到救生艇是由船员带领的。

冯玉祥另一女儿当时受了轻伤。赖亚力的脸部被烧伤,在苏联的医院住院治疗。直到过了三个多月之后,我们还看得出他脸上皮肤的颜色明显有异。这场不应发生的灾难屈指算来已经超过半个世纪,且已时势大变,应当可以解密、说个分晓了吧。我所能提供的情况是,在全国政协一起开会期间,冯弗伐曾向前国民党军统头目沈醉提出过她对父亲遇难的疑问。沈醉的答复甚可回味。他说:"蒋介石对于冯玉祥在美国演讲反对援蒋内战是恨之入骨的,可惜他的手没有那么长。"我想,这也可算作解密的一部分吧。

住在宾馆里这许多知名人士,经常聚在一起讨论党中央提出的由李富春同志传达的为准备召开新政协的征询意见。平时则在各自的房间里看书读报,或相互串门聊天,或到文娱室玩扑克,如桥牌、百分、拱猪等。喜欢桥牌的往往是朱学范、沙千里、章乃器、赖亚力,他们都在 40 岁左右。有时李济深将军也去参加,大家都自觉对老者"放水"让一步,使他高兴。我有时不识相,仗着自己年纪最轻、记忆力强,出过的牌都记得,偶尔不客气咬住不放,让李老多"下",做不成局。他的秘书林一心在旁观战,心中也许有点着急吧,可是在这种游戏场合,亦不便明显地表示什么。

按照上面的意思,这一批民主人士原打算到哈尔滨住上一阵,待平津解放、大军渡江后再南下。可是形势发展很快,只不过两个月时间,解放战争已势如破竹,四平之战后,又解放长春,平津已是指日可待,也许开春便可以去北平,不需要转到哈尔滨了。因此,把北上的计划改为到吉林、长春、抚顺、鞍山、小丰满、哈尔滨这些地方参观学习。对这次活动,我本来有过一些简单的记录。但"文革"开始后,这些笔记都被我付之一炬。手头有一页保留下来的日程,姑且抄录如下:

2月11日　出发参观，午抵抚顺煤矿，一天。

12日　小丰满下午到吉林。

13日　长春。

14日　哈尔滨住马迪尔饭店，四天。

18日　火车返回沈阳，已午后。

我至今记忆犹深的是住在哈尔滨马迪尔饭店时，父亲的朋友萧军来探望。他带来一叠自己编的《文化报》和合订本给母亲看。就在那年（1948年）秋，他为"文化报事件"受到了公开的批判，他创办的鲁迅文化出版社也被停业交公。这些事，母亲抵达东北时已略有所闻，因当时讲述者回避闪烁，语焉不详，这事究竟如何，她并不清楚（1948年5月1日，毛主席在致李济深、沈钧儒的信中，明确表示召开政治协商会议的地点在哈尔滨，在筹备新政协的过程中，哈尔滨是最重要的民主人士聚集地，具体地点就在马迪尔）。

萧军造访的目的，看得出是要向母亲一吐胸中的块垒，谈谈整个事件的原委。但我们刚到解放区，这事件又实在太复杂，一时半刻难以弄清。再说停办《文化报》是东北局文化方面领导的决定，萧军的党员朋友为此也纷纷与他"划清界限"，母亲也很难表示什么。也许萧军对她的回应不满意，也就告辞而去。其实母亲在听到这事件之后，也曾百感交集，奈何爱莫能助，什么事也做不了。况且自身在版税问题上又正被误解，各种风言风语如影随形，久久挥之不去，使她百口莫辩，哪里还管得了别人的事？

哈尔滨等地的参观学习完毕，仍坐火车转回沈阳的原住地饭店。交际处领导告诉大家，为了准备赴北平，可以订做些简易的木箱，数量多少不论，每人按需提出。我们这一批人除了零用钱买的杂七杂八之外，行李确实增加不少。公家发的有每人定做的皮大衣一件，日本士兵穿的厚绒线衣裤一套、俄国式的长绒羊毛毡一条、美国军用睡袋一只，仅仅这些物品就足够塞满一只大木箱。以致后来一只只大木箱在走廊里排列成行，蔚为壮观。

1949 年 2 月 2 日，即北平宣布和平解放的第二天，56 位民主人士共同签署的庆祝解放战争伟大胜利的贺电发表。一个多月前开始的由赖亚力授课、李德全担任助手的俄语入门学习班（将近有 10 个学生），因大家忙于准备起程，也宣布结业。

民主人士从沈阳到北平，据我看到的材料，没有提到邓颖超代表周恩来专程到沈阳接民主人士到北平的资料。而我有她在南行火车餐厅致欢迎词的底片，虽然结影不甚清晰，判断人物绝无问题。

民主人士在沈阳车站合影

2月25日，民主人士乘的专列抵达北平。火车在永定门站暂时等待，看到被释放的国民党士兵散漫地步行，可见解放军的宽大政策。列车将要抵达前门车站时，只见铁路两旁的屋顶，每隔10米都有持枪战士守卫，可见安全保卫工作之严密。进站后，大家被直接送到北京饭店，也就是现在夹在新建的北京饭店中间的老楼。母亲和我被安排住在三楼。

几天后，叔叔周建人全家也到了北平，与我们住在一起。他们是从上海乘船到天津，先在西柏坡附近的李家庄停留，等待北平解放。还有许多老朋友如柳亚子、马寅初、王任叔、胡愈之、郑振铎、萨空了、沈体兰、张志让、艾寒松、徐迈进等也都在北京饭店晤面，开饭时济济一堂，十分热闹。王任叔带了他已当了解放军炮兵的长子王克宁来看望我们。我们两家在上海本来住得挺近，母亲被日寇抓捕遭难时，我在他家躲藏过，因此相见倍感亲切，在一起合影留念。可惜的是，才过了半年，王克宁就病逝了。

据统计，从1948年8月到1949年8月，秘密经过香港北上的民主人士约有350人，其中119人参加了第一届全国政协会议。母亲被选为全国妇联筹委会常委，3月24日代表国统区任团长，参加第一届全国妇联代表大会，任主席团成员，后被选为妇联执行委员。到9月又参加了政协会议，任政协委员。10月被任命为政务院副秘书长，从此定居北京。我只在北京饭店住了几天，就到河北正定，进入当时为革命青年开办的华北大学，编入政训第31班，参加为期三个多月的学习。我全新的生活就这样开始了。

最后想说两件事：一是，出发前母亲一直担心我耐不住北方的严寒，为此一路上总是忧心忡忡。没想到船一进入东北地区，那长久折磨我的胸闷气急突然好转。原来这里的干燥气候清除了我过敏的根源，我的哮喘病终于消失。二是，据史料记载，1949年9月21日，中国人民政治协商会议第一届全体会议在北京召开。会上，母亲代表民主人士发言："中华人民共和国的成立，应有国庆日，所以希望本会决定把 10 月 1 日定为国庆日。"毛泽东听了非常支持，当即表态："我们应作一提议，向政府建议，由政府决定。"1949 年 12 月，中央人民政府委员会第四次会议通过《关于中华人民共和国国庆日的决议》，规定每年 10 月 1 日为国庆日，并以这一天作为宣告中华人民共和国成立的日子。从 1950 年起，每年的 10 月 1 日，就成为全国各族人民隆重欢庆的节日了。由此可以看出，母亲在当时社会中拥有较高的威望和地位，她对中华人民共和国国庆节的设立起到了重要的作用，也为这段航程画下了完美的句点。

时光飞逝，转眼 60 年过去了。在祖国 60 年生日之际，重新回忆这段对我而言历历在目、对于更多人来说颇感神秘的历史，看着我那时拍下的一张张"孤证"照片，实在是件很有意义、值得玩味的事。历史告诉我们，我们必须先自由、解放，才能够探索。唯有摆脱一切知识、理论、成见等执着，才能够洞见真实。

（原载《文史资料选辑》第 155 辑，全国政协文史和学习委员会编，中国文史出版社 2009 年版）

从"五一口号"到《共同纲领》

胡乔木 *

1948 年"五一口号"发布之前，4 月 27 日，毛主席在给中共北平市委书记刘仁同志的信中，即让他明确告诉北平的民主人士，我党准备邀请他们来解放区开各民主党派各人民团体代表会议，讨论的事项包括："（甲）关于召开人民代表大会成立民主联合政府问题；（乙）关于加强各民主党派各人民团体的合作及纲领政策问题。""会议的名称拟称为政治协商会议。"这里把加强与会各党派、各团体的合作及为加强这一合作而制定为各方认同的"纲领政策"，作为新的政治协商会议的两大任务之一。4 月 30 日，中共中央发布"五一"劳动节口号 23 条，其中经毛主席亲自改写的第五条，正式向全国各民主党派、各人民团体、各社会贤达发出"迅速召开政治协商会议，讨论并实现召集人民代表大会，成立民主联合政府"的号召，由此揭开了筹建新中国的序幕。

为了促进召开新政协主张的实现，毛主席于 5 月 1 日又致信民革主席李济深先生和民盟负责人沈钧儒先生，征求他们的意见。信中说："在目前形势下，召集人民代表大会，成立民主联合政府，加强各民主党派、各人民团体的相互合作，并拟订民主联合政府的施政纲领，业已成为必要，时机亦已成熟。""但欲实现这一步骤，必须先邀集各民主党派，各人民

---

* 胡乔木（1912—1992），第十一届中共中央书记处书记，第十二届中共中央政治局委员，原中共中央顾问委员会常务委员，第一届全国政协常委。时任毛泽东秘书、中共中央政治局秘书。

团体的代表开一个会议。在这个会议上，讨论并决定上述问题。此项会议似宜定名为政治协商会议。"毛主席提议由民革、民盟和中共"于本月内发表三党联合声明，以为号召"。他还亲自拟了一个联合声明的草案，由当时中共派驻香港的负责人潘汉年一并送达。

中共的号召，得到各民主党派、无党派民主人士和海外华侨的热烈响应，一个规模巨大、催动新中国诞生的"新政协运动"在全国兴起。为适应这种形势的需要，1948 年 9 月中共中央决定将中央城市工作部改名为中央统一战线工作部，负责管理国民党统治区工作、国内少数民族工作、政权统战工作、华侨工作及东方兄弟党的联络工作。原城工部所管的解放区城市政策的研究工作，划归中央政策研究室。统战部在毛主席、恩来同志的领导和李维汉同志的主持下，为筹备新政协和拟定共同纲领，做了大量具体工作。

1948 年八九月份，已有部分民主党派代表及无党派民主人士陆续到达华北解放区河北平山县李家庄（中央统战部所在地）和东北解放区哈尔

李富春与民主人士在沈阳铁路宾馆座谈

滨。为了更具体地同这些民主人士商谈召开新政协的各项事宜，毛主席向恩来同志提出："似宜将名单及其他各项拟成一个文件，内容字句均须斟酌。"恩来同志和中央统战部在同到达李家庄的民主人士商讨后，拟定了《关于召开新的政治协商会议诸问题》草案。这个草案经毛主席审改后，于 10 月 8 日由中共中央电发东北局。中央指示高岗、李富春约集在哈的民主人士"会谈数次"，告以这是中共中央提出的"书面意见"，请各民主人士"过细加以斟酌"。之后，中共中央又通过华南分局征求了在香港的各民主党派负责人和著名无党派民主人士的意见。11 月 25 日，高岗、李富春代表中共中央与在哈的民主人士达成了《关于召开新的政治协商会议诸问题》的协议。该协议第二项第五款规定：新政协应讨论和决定两项重要问题："一为共同纲领问题，一为如何建立中华人民民主共和国临时中央政府问题。共同纲领由筹备会起草，中共中央已在起草一个草案。"这是正式使用"共同纲领"一词较早的文献。其中所说"中共中央已在起草一个草案"，即指中共中央第一次起草的《中国人民民主革命纲领草稿》。

（节选自《胡乔木回忆毛泽东》，胡乔木著，人民出版社
1994 年版）

北 平 和 谈

——新政治协商会议的序幕

李维汉 *

李宗仁"谋和"，各派民主力量的反应

　　1949 年初，蒋介石在其内外矛盾和中共八项条件的强大压力下，不得不于 1 月 21 日宣布由李宗仁代总统，退居幕后操纵。李宗仁代总统后，便积极进行"谋和"活动。首先是争取第三方面。他摆出开明姿态，一方面下令"释放政治犯""恢复各党派的合法地位""启封停刊报纸"；另一方面电邀李济深、章伯钧、张东荪去南京，又派邵力子、甘介侯去上海访晤宋庆龄、章士钊、颜惠庆、罗隆基、张澜等。对李宗仁的"谋和"活动，中共采取针锋相对的策略。1 月 25 日即以发言人名义发表谈话，指出："对国民党的伪善，人们应保持清醒的头脑"；同日，中央发电指示上海、香港党组织，要求"迅即将李（济深）、沈（钧儒）、马（叙伦）、郭（沫若）等的声明及我党上述谈话，连同中共 1 月 14 日声明向国民党各大城市广为启（散）发，使广大群众不受美帝及国民党的欺骗。尤其要注意争取中间分子"。1 月 28 日，中央又致电上海党组织，要他们同尚在

＊　李维汉（1896—1984），第一、二届全国人大常务委员会副委员长，第二、三、五届全国政协副主席。时任中共中央统战部部长。

上海的张澜、黄炎培、罗隆基等交换意见。电文谓："如果南京反动政府及李（宗仁）、孙（科）、邵（力子）、张（群）等接受毛主席的八项条件，并即逮捕各主要战犯（如蒋介石、陈立夫一大批等），以便实现真和平真民主，那就是好的；如果只提出要南京反动政府释放政治犯，取消特务，恢复民主同盟活动及容许被封的报纸、杂志复刊等等，那就是很危险的。因为对前项要求张（澜）、黄（炎培）、罗

李维汉在西柏坡

（隆基）等人不一定肯提出，而对后项要求既易为张、黄、罗等赞同，又易为南京在形式上接受，结果转使民主人士陷入被动，且有承认反动统治之嫌。"要求着重说服他们坚持李济深等55人声明的立场。

已来解放区的民主人士在这方面做了许多工作。周建人、翦伯赞、田汉、胡愈之、韩兆鹗、严信民、吴晗、楚图南等联名致电张澜、黄炎培、史良、陈铭枢、罗隆基等人。章乃器、施复亮、孙起孟等也致电香港的民主人士，请他们坚持正确的立场。

与此同时，中央还向上海等地党组织发出指示，要求他们配合这一斗争，在国民党统治区各大城市发动工人、学生等群众运动，在条件成熟的地方，工会、学生会等团体可公开活动，被启封的报纸可自动复刊，并注意使中间阶层人士的民主运动和群众运动相配合，以揭露李宗仁和平谈判的欺骗性。实际上，李宗仁虽然想采取一些旨在争取中间力量的做法，但在国民党顽固派的阻挠抵制下，所谓"释放政治犯""恢复各党派的合法地位""启封停刊报纸"等命令，多未兑现。这样，就在广大人民面前暴露了国民党并无和平诚意，反使李宗仁处于政治上更加被动的地位。在上海、香港的

民主党派人士，亦未受其蒙骗，李宗仁争取第三方面的企图基本失败。

李宗仁这时仍未放弃假和谈的基本立场，但迫于形势，于 1 月 27 日致电毛泽东，表示愿意以八项条件作为和谈的基础。

在此前后，为了试探中共方面的反应，李宗仁还安排了一些人士直接与中共方面接洽。

1 月 12 日，白崇禧派黄绍竑飞抵香港，想托李济深帮忙，促成桂系方面单独与我方和谈。但此时李济深已来解放区了，黄即通过我方在港负责干部，致电李济深，表示为促蒋下野，"尤宜与中共方面取得谅解与合作，方为有利"。李宗仁代总统后，1 月底派黄启汉、刘仲华为代表抵平，叶剑英接待了他们。黄、刘转达李宗仁的话说：李宗仁愿意以和平方式解决问题，具体办法是：（一）实现局部和平；（二）切实在八项条件之上内应外合，推动全面和平。叶剑英答应将其谈话内容转陈中央。2 月 1 日，中央致电彭真、叶剑英、林彪、罗荣桓、聂荣臻等人，指出：黄启汉、刘仲华的谈话"是有政治内容的，且有文章可做""如刘仲华尚在北平，望令其迅速返宁，面告李宗仁，如其果有反蒋、反美，接受毛主席八条要求的真意，即应迅速与蒋分裂……如李、白托黄、刘转告之言，纯系骗局，则中共便无此余暇与之敷衍。"

2 月 12 日，刘伯承、陈毅在河南商丘接见了白崇禧派来的私人代表李书城。李此行的目的，主要是受托了解我方对白崇禧及国民党湖北省主席张笃伦、河南省主席张轸的态度。刘伯承、陈毅向他说明中共方面必须将革命进行到底的根本立场，并以傅作义为例，反复说明了如果白崇禧能以实际行动作出贡献，我们将欢迎和优待，张轸、张笃伦也是这样。

李宗仁还直接、间接地安排了一些人士组成"南京人民和平代表团""上海人民和平代表团"前来洽谈，中共方面都采取了积极接待的态度。"南京人民和平代表团"邱致中、吴裕后等于 2 月 6 日抵平。叶剑英接待了他们，并说明了和平必须是在八条基础之上的真正的和平。经过交谈，他们表示认识到共产党是要和平的，战争贩子在南方。2 月 14 日，由颜惠庆、章士钊、江庸组成的"上海人民和平代表团"抵平，邵力子以私人资格随团前来。对于这个代表团，中共方面采取积极热情、诚恳坦白的方针，由叶剑英负责接谈，还邀请傅作义、邓宝珊等同他们接触。翌日，叶剑英与颜、邵、章、江会晤，并于当晚设宴招待代表团一行，傅作义、邓宝珊也应邀赴宴。初晤结果表明，颜、邵、章、江对我们是友好的，向我们表示敬佩之意，也提出了今后工作的某些建议。但他们此次的目的，是想国共两党以对等身份实行南北议和。叶剑英坦率地指出：实现民主、和平、统一的新中国的伟大目标基本上有两种方式，即天津方式和北平方式。从我们的愿望讲希望北平方式，但这取决于国民党是否以民族利害为重，以人民利益为重，希望李宗仁认清形势，按照八条，同蒋介石真正决裂。2 月 17 日，我方召开欢迎"上海人民和平代表团"大会，北平市副市长徐冰讲了话。会后，叶剑英又分别与代表团成员晤谈。翌日，董必武、林彪、罗荣桓、聂荣臻、叶剑英宴请颜惠庆一行，进行了深入的谈话。2 月 20 日，还邀请他们参加招待民主人士的 400 人的大宴会。22 日，他们飞抵石家庄，傅作义、邓宝珊同行。我去石家庄迎接他们，陪同他们抵达西柏坡。毛泽东、周恩来接见了代表团成员，并商谈了有关和谈及通邮、通航事宜。这样，就为正式和谈铺平了道路。他们比较充分地了解了解放区的情况和我党的主张，这对他们回去后向李宗仁做工作以及后来参加新政协，是有重要作用的。叶剑英曾按照中央的指示挽留邵力子，邵力子答道：此次恐怕仍须回去，不过，下次可以再来。2 月 27 日，他们带了毛泽东给李宗仁的一封信离平返南京。

北 平 谈 判

3 月 26 日，中共中央通知南京政府，以毛泽东八项条件为基础，于 4

月 1 日在北平举行和谈。4 月 1 日，南京政府派出由张治中（首席代表）、邵力子、刘斐、章士钊、黄绍竑、李蒸组成的和谈代表团抵平。中共方面首席代表为周恩来，代表是：林伯渠、叶剑英、林彪、李维汉，后来又加派聂荣臻为代表。

李宗仁虽然公开表示愿意以八项条件作为谈判的基础，但这是假的，实际上是想保存国民党的政府与军队，占有江南数省，以期东山再起。李宗仁在台上进行和谈活动，蒋介石在台下则加紧实施在三至六个月内完成大规模扩军的计划，其备战计划包括：重建 400 个师，征募 250 万新兵，重新召集退役军官，编制新的装甲兵团，扩充空军。这是我们和广大人民完全不能同意的。因此，谈判的焦点是：南京政府是真接受八条还是假接受八条。

谈判前夕，张治中曾去溪口见蒋介石。对此，中共是有警惕的。张治中抵平后，周恩来即当面质问他，指出这显然是蒋介石仍在幕后操纵，并质询南京"四一惨案"事件真相。张治中作了一些解释。4 月 6 日，新华社发表社论尖锐地指出：虽然李宗仁政府"表示希望参与和平解决国内问题，但是他们和继续主战的蒋介石及其死党一样，反对人民解放军继续前进，反对接受中共的八项条件""他们要把反动势力'平等'地'光荣地'保存下来，以为卷土重来的资本"。社论严肃地表明了我方的态度，打破了南京代表团的幻想。

为了充分交换意见，4 月 2 日至 12 日，双方代表先进行了个别商谈。南京代表们一方面与中共代表就一些问题交换意见，一方面还与李济深、黄炎培、谭平山、傅作义、邓宝珊等多方面交谈。

4 月 8 日上午，毛泽东、周恩来在香山接见张治中，就谈判中有关事宜，长谈了四个小时。毛泽东谈到，为了减少南京代表团的困难，可以不在和平条款中提出战犯的名字，对南京代表团的处境和困难，也表示谅解。并说，和谈方案先由中共方面草拟，拿出方案后，正式谈判就容易了。将来签字，如李宗仁、何应钦、于右任、居正、童冠贤等都来参加则更好。毛泽东还邀请张治中吃午饭，张得知毛、周昨宵一夜未眠，便辞谢而归。

4月13日，举行第一次正式会议，中共提出了在八项条件原则基础上制定的《国内和平协议》草案。周恩来对草案的各条作了说明，双方进行了充分的讨论。我们的态度是：如南京政府真正接受八项条件，那一切都好商量，而是否接受八条，又主要集中在两个根本问题上，周恩来说："中心问题是接收和改编。"

关于解放军渡江接收国民党军队问题。南京方面企图划江而治（何应钦曾在12日电示南京代表团说："签约后驻军，第一期最好各驻原防地""渡江问题要严加拒绝"）。中共方面则指明，人民解放军必须渡江接收国民党政权。周恩来说，今天的革命，再不能像辛亥革命和北伐战争那样，由于中途妥协而使反动派最后又得到胜利。因此，要坚持将革命进行到

北平和谈会场

底。南京代表团虽然不能反对渡江，但总希望慢一点。我方指出：慢一点渡江，无异给广州、溪口以掩护，使之获得喘息之机。同时我方也向他们表示，在谈判期间可暂不渡江。

关于改编国民党军队问题。南京代表团希望双方军队分期分批各就驻在区域内自行改编，这实质上是要保留其军队。中共方面则坚决主张依据民主原则，改编国民党的军队。至于改编方法，考虑到国民党军队的出路，提出先依照原编制集中整理，然后再改编为人民解放军。后来，南京代表团同意改编，但希望将改编划分为两个时期，在联合政府成立前，国民党所统辖的部队由他们自己处理；联合政府成立后，再由整编委员会处理。我方不同意这样办。

以上两条是关系到人民革命能否进行到底的根本问题，是不能让步的。但是为了尽量争取以和平方法解决问题，我党在其他问题上作了许多让步。在讨论协议草案时，南京代表团对草案提出了 40 余条意见，中共方面接受了 20 余条。例如战犯问题，南京方面是很关心的。毛泽东在 4 月 8 日致李宗仁电中就谈道："贵方既然同意以八项条件为谈判基础，则根据此八项原则以求具体实现，自不难获得正确之解决。战犯问题，亦是如此，总以是否有利于中国人民解放事业之推进，是否有利于用和平方法解决问题为标准。"讨论协议草案时，南京代表团对战犯问题争得很厉害，主张不要将战犯问题写入协议。我方照顾他们的意见，将战犯分为两类，对其中怙恶不悛者，应予从严惩办；而"一切战犯，不问何人，如能认清是非，幡然悔悟，出于真心实意，确有事实表现，因而有利于中国人民解放事业之推进，有利于用和平方法解决国内问题者，准予取消战犯罪名，给以宽大待遇"。除战犯外，对于国民党军队官兵及国民党政府工作人员，决议修正案也表示了予以宽大处理的精神，其他各项问题也在认真听取南京代表团的意见后，作了适当的解决。

谈判中，中共方面代表团还主动向他们保证，若李宗仁政府接受和平协议，我党将负责同各民主党派协商，接受他们以及南京政府方面若干人参加新的政治协商会议，也参加联合政府。

4月14日，我受周恩来之托向在北平的部分民主人士报告第一次谈判的经过以及南京代表团对《国内和平协议》草案的意见，并广泛征求民主人士的意见。沈钧儒、马叙伦、黄炎培、谭平山、彭泽民、蔡廷锴等人先后发了言。他们的意见很集中，认为我方已作出了不小的让步，《国内和平协议》草案之宽大已出乎意料，在渡江接收国民党政权、改编其军队及战犯这些根本问题上，不应该再让步。最后，我将接受了南京政府代表团20余条意见后修改过的《国内和平协议》（八条二十四款）修正案稿向大家宣读，大家均表同意，并认为不需要逐条讨论了。

4月15日，召开第二次正式会议。会上宣布了协定的修正案。周恩来说：这是定稿了。我们总是尽量求取原则上的同意和实施技术上的合理，以便南京代表团说服南京政府，使协议很快签字，从而推动和平事业的进行。最后他郑重宣布：谈判以4月20日为限期，南京政府是否愿意签字，须在20日以前表态，南京代表团派黄绍竑、屈武于4月16日携《国内和平协议》修正案飞南京请示，希望南京政府能接受这一协议。

4月20日晚，中共方面得到李宗仁、何应钦的复电，不同意在《国内和平协议》修正案上签字，并反对渡江。21日，毛泽东、朱德发布渡江命令，谓："拒绝这个协议，就是表示国民党反动派决心将他们发动的反革命战争打到底。拒绝这个协议，就是表示国民党反动派在今年1月1日所提议的和平谈判，不过是企图阻止人民解放军向前推进，以便反动派获得喘息时间，然后卷土重来扑灭革命势力。拒绝这个协议，就是表示南京李宗仁政府所谓承认中共八个和平条件以为谈判基础是完全虚伪的。"命令一下，中国人民解放军便全面渡江。

谈判破裂后，我陪同周恩来在北京饭店召集各党派、团体和民主人士代表会议，周恩来作了《关于南京政府拒绝和谈及时局的发展》的报告。

与会的冯友兰等一批教授会后向我们表示："中共所提和平方案，条件非常宽大，南方人民将更清楚地看到谁是谁非。"并希望人民解放军早日解放全中国，相信我党今后能与各民主党派真诚合作。

争取南京代表团成员

南京代表团大多数人同共产党是熟悉的，他们当中有的人同情共产党（如章士钊），有的人长时间同共产党进行和平谈判，并不赞成蒋介石的内战政策（如张治中、邵力子），有的人属于地方派系，在国民党政府中并不得势（如刘斐、黄绍竑），他们一般是有和平愿望的。共产党既把他们作为谈判的对手，同时又把他们作为争取、教育的对象，并通过他们争取李宗仁真正同蒋介石决裂，按照八条达成协议。因此他们来平后，中共方面除热情接待外，还对他们做了大量的思想工作。正式谈判前，中共方面代表多次与他们个别谈话，交换意见。特别是毛泽东，从 4 月 8 日起，分别邀请张治中、邵力子和章士钊、黄绍竑和刘斐、李蒸和卢郁文（南京代表团秘书长）谈话，使他们思想有了转变。见了毛泽东后，张治中很兴奋，吃饭时，他谈到了共产党的朴素、诚恳、吃苦耐劳、自我批评和虚心学习种种美德，他感慨万端地说："国民党的失败是应该的，共产党的成功并非偶然。"在这一期间里，他们亲眼看到了解放区的新气象，人民当家作主的情形及我党干部的优良传统，很为感动。4 月 7 日晚，我们为南京代表们安排了晚会，演出了秧歌剧。演出完后，张治中对我方人员说："真好！站在代表的立场，我不能鼓掌。但站在领会一种新艺术的观点的立场，我始终是在笑着。我衷心地喜悦，这是我们民族的活力，一种青春的素质在里面。"南京代表中有人还与三轮车夫、饭店茶馆店员、大学生中学生谈话，深切地感到共产党的领导是大有前途的。他们承认国民党的错误和失败，承认今后的国家工作应由共产党来领导，同意了《国内和平协定》修正案，并表示愿意说服李宗仁接受这一协定。在谈判桌上，张治中坦率地表示："国共两党的斗争，到今天可以说告一结束了""我们应该把眼光放远些，胸襟开阔些，重新合作。"

民主党派和无党派人士也积极配合做南京代表的工作。和谈开始前，毛泽东接见李济深、沈钧儒等多人，并将中共的具体方案、文件先与民主人士商量。会议开始后，也将情况向他们通报。李济深、谭平山、王昆仑、陈此生、陈劭先、朱学范、许宝驹等也多次与南京代表谈话。如4月2日，张治中等6人去见李济深，李向他们说："孙总理的三民主义与三大政策始终未能实现，而中国共产党的反帝、反封建、反官僚资本主义都做到了。他们与孙总理的主张是一致的。我们做错了，我们要承认。"张治中等就"中共是否允许其他党派存在"等问题提出询问，李一一作了解释。这些谈话，对南京代表团接受《国内和平协定》修正案，起了积极的促进作用。李济深还派私人代表朱蕴山、李民欣同刘仲容一起去南京，做李宗仁、白崇禧的工作。

人民解放军渡江后，南京方面曾派飞机来接代表团返宁。我们考虑他们回去后的安全问题，挽留他们。周恩来曾于20日夜打电话给张治中、邵力子，说他代表中共中央、代表毛主席和他本人请南京和谈代表团同人全部留下；已协议的《国内和平协定》，日后还会起作用；代表团各位，今后还会有贡献，请他们考虑。周恩来还语重心长地对张治中说："西安事变，我们对不起一个姓张的朋友，今天再不能对不起你了。"于是，在平的南京谈判代表张治中、邵力子、章士钊、李蒸及其随从人员开会讨论后，一致同意留下。张治中在6月26日发表对时局的声明说："以我所见所闻的，觉得处处显露出一种新的转变，新的趋向，象征着我们国家民族的前途已显出新的希望……我以国民党党员一分子的立场，只有感到无限的惭疚；但是站在国民一分子的立场说，又觉得极大的欣慰。我们中国人，毕竟还有能力把国家危机挽转过来，还可希望把国家搞好……我多年来内心所累积的苦闷，为之一扫而空。"黄绍竑因携《国内和平协定》修正案赴宁，解放军渡江后，他即辗转到了香港。为了尽最后的努力争取李宗仁、白崇禧，刘斐于 6 月到达香港，并曾秘密去过广州。8 月 13 日，黄、刘联合在港国民党军政人员龙云等 44 人共同发表了《我们对于现阶段中国革命的认识与主张》，坚决拥护中共的领导，站到了人民一边。9 月，张治中致电新疆的陶峙岳等，对促成新疆的和平解放起了一定的作用。后来，南京代表团的全体代表都应新政协筹备会的邀请，参加了中国人民政治协商会议，会后都参加了政府工作，对新中国的建设事业，作出了积极的贡献。南京代表团转向人民，意义是很大的，这在谈判史上确属少见，它充分反映了国民党政府已丧尽人心，而共产党领导的人民革命则是众望所归，也反映了党的统一战线的极大成功。

和谈斗争的成果

自 1 月 1 日至 4 月 21 日解放军渡江，和谈斗争历时近四个月。虽然南京政府最后拒绝在协定上签字，但这场斗争却有着重大的政治影响。

首先，和谈斗争揭穿了美帝国主义和国民党反动派假和谈的阴谋，宣传了我党将革命进行到底的基本立场及为此而制定的实现真正和平的八条主张，深刻地教育了人民，包括一部分曾经幻想走中间道路的同盟者，从政治上提高和加强了统一战线。

其次，毛泽东提出的八项条件及《国内和平协定》修正案对于分化瓦解敌人，争取局部和平解放，配合全国解放战争的胜利进行，起了重要作用。在反动统治行将崩溃之时，其内部四分五裂，人心涣散，士气沮丧，充满了失败的情绪，许多人急于找出路。八条及《国内和平协定》修正案向他们指明了出路。这样，一方面是人民解放军强大的军事威力，另一方面是《八条》及《国内和平协定》强大的政治威力，这就加速了反动营至的崩溃。当《八条》发表时，党中央即指示将《八条》在国民党统治区内广泛宣传。谈判破裂后，毛泽东、朱德又在渡江命令中指示："向任何国民党地方政府及地方军事集团宣布国内和平协定的最后修正案，对于凡愿停止战争用和平方式解决问题者，你们即可照此最后修正案大意和他们签定地方性协定。"在解放战争的最后阶段，国民党军政人员接受和平条件和率部起义者极多，最著名的有傅作义率部 20 万在北平接受改编；程潜、陈明仁接受《国内和平协定》，率部在湖南起义；陶峙岳、包尔汉率新疆 10 万军政人员归向人民；等等。这些与《八条》和《国内和平协定》的政治作用是分不开的。记得当年有个说法：八条抵得上百万军队。这样说是很有道理的。

最后谈谈李宗仁。他由于当时的立场所限，未能在和平协定上签字，走错了一步棋，后来不得不远去异国。这确实是个遗憾。值得欣慰的是，出于爱国热忱，并在党的统一战线政策的感召下，1965 年 7 月，他毅然排除险阻，远渡重洋，回到祖国的怀抱。周恩来、叶剑英及党和国家其他领导人、各民主党派负责人、无党派人士、国民党起义人士以及当年南京政府和谈代表等多人去机场迎接。毛泽东在中南海接见了李宗仁，与他亲切握手，笑谈契阔。他参观访问了祖国各地，所到之处，受到盛情接待。在回国声明中，他说："1949 年我未能接受和平协议，至今犹感愧疚。"李宗仁先生最后选择了叶落归根、回归祖国的光明道路，是令人敬佩的。爱国一家，爱国不分先后，只要对国家和民族的事业做了贡献，人民都是欢迎的，人民优待他们，也不会忘记他们。

尹华、袁廷华协助整理

（原载《中华文史资料文库》第 7 卷，全国政协文史和学习委员会编，中国文史出版社 1996 年版）

协商大政　擘画开国

童小鹏 [*]

"五一口号"与群贤北上

1948 年 3 月中旬，中央后委（叶剑英、杨尚昆负责）根据中央的指示，分批从山西临县三交地区向河北平山县西柏坡转移，与中央工委（刘少奇、朱德、董必武负责）会合。毛泽东、周恩来、任弼时在转战陕北胜利结束后，3 月 21 日率党中央和军委机关东渡黄河，行千余公里，经晋绥边区于 4 月 13 日到达晋察冀中央局驻地——河北阜平县的城南庄。毛泽东在这里住了一个时期。周恩来、任弼时先率中央和军委机关于 4 月 23 日到达河北建屏县（今平山县）的西柏坡。

这时，人民解放军不仅转入战略进攻，消灭了大量敌军，而且收复的城市也不断地增加。河南的洛阳、开封，山西的运城、临汾和距离西柏坡仅百余里的石家庄相继解放，晋察冀和晋冀鲁豫两大解放区已连成一片。土改运动也全面展开，国民党统治区的民主运动及华南武装斗争也蓬勃发展，形成了配合解放战争的第二战场。一些民主党派在香港、上海、昆明等地相继恢复和发展。中国共产党领导下的人民力量在迅速壮大，而蒋介石政权

---

　　* 童小鹏（1914—2007），第五、六届全国政协常委，中共中央统战部副部长，晚年任中央党史资料征集委员会副主任。时任中共中央统战部副秘书长。

处于朝不保夕、摇摇欲坠的境地，新中国诞生的前景已经清晰地显示出来。

中央研究了全国形势后，于 4 月 30 日发布了具有重要历史意义的"五一"劳动节口号，响亮地提出号召：各民主党派、各人民团体、各社会贤达迅速召开政治协商会议，讨论并实现召集人民代表大会，成立民主联合政府。"五一"当天，毛泽东致电香港李济深、沈钧儒，并指示潘汉年登门进谒。电文说，要邀集各民主党派、各人民团体的代表开政治协商会议，提议会议的地点在哈尔滨，会议的时间在今年秋季，一切反美帝反蒋党的民主党派、人民团体，均可派代表参加。不属于各民主党派各人民团体的反美帝反蒋党的某些社会贤达，亦可被邀请参加此项会议，以加强各民主党派、各人民团体的相互联合，拟订民主政府的施政纲领。中央的号召切合时宜，反映民心，很快得到了各民主党派、人民团体、无党派人士和国外华侨的热烈响应，迅速发展了人民民主统一战线，推动了全国民主力量的广泛团结。

1945 年 8 月到 10 月，毛泽东、周恩来和蒋介石在重庆谈判，10 月 10 日签订了《政府与中共代表会谈纪要》（即《双十协定》）。1946 年 1 月 10 日到 31 日，蒋介石根据《双十协定》召集了各党派代表及社会贤达参加的政治协商会议，并通过了基本符合全国人民和平民主愿望的五项协议，这就是俗称的旧政协。可是，五项协议的墨迹未干，就被蒋介石一手撕毁。1946 年 6 月，开始对我中原军区大举进攻，全面内战从此爆发。11 月，蒋介石又召开所谓的"国民大会"，公开背弃政协协议。而我党号召召开的是新政协会议，是不允许国民党反动政府系统下的一切反动派和反动分子参加的会议；是反对帝国主义、封建主义、官僚资本主义，拥护新民主主义，团结一切人民民主力量，推翻国民党反动统治，建立民主共和国的政治协商会议。所以，各民主党派、人民团体和爱国民主人士在党的"五一口号"的号召下，群情激奋，立即响应。5 月 4 日，华侨首领陈嘉庚代表在新加坡的 120 个华侨团体致电毛泽东，表示响应"五一"号召。5 日，中国国民党革命委员会李济深、何香凝，中国民主同盟沈钧儒、章伯钧，中国民主促进会马叙伦、王绍鏊，致公党陈其尤，中国农工民主党彭泽民，中国人民救国会李章达，中国国民党民主促进会蔡廷锴，三民主义同志联合会谭平山，无党派人士郭沫若等，从香港联名致电毛泽东，响应"五一"号召，并通电国内外。7 日，台湾民主自治同盟在香港发表《告台湾同胞书》，响应"五一"号召。接着，在港的各界民主人士柳亚子、茅盾、冯裕芳等 125 人，妇女界何香凝、刘王立明等 232 人以及南洋、法国、加拿大、古巴华侨代表，纷纷致电毛泽东，拥护中共的主张。23 日，民主建国会在上海作出决议，指定驻港代表章乃器、孙起孟表明响应"五一"号召的态度。在美国的冯玉祥将军反对蒋介石独裁统治，积极支持民主运动，为和平民主奔走呼号，批评美国政府的对华政策。在"五一"号召发出之后，他搭乘苏联轮船"胜利号"回国参加新政协筹备

1948 年 4 月，郭沫若、谭平山、蔡廷锴、沈钧儒、何香凝、马叙伦（左起）等民主人士在香港合影

工作，但航行到黑海时因轮船失火不幸遇难。10月下旬，他的夫人李德全带着他的骨灰回到祖国东北。随后，她也投身于筹备新政协的工作。

"五一"号召发出后，新政协的整个筹备工作就在周恩来的亲自领导之下开始了。中央城工部负责同上海、香港地下党组织保持秘密电台联系。7月底到8月初，周恩来致电上海、香港党组织和华北局，准备安全接送沪、港、平、津的民主人士和党员到解放区。9月26日，中央为了适应统战工作需要，决定将中央城市工作部改称为中央统一战线工作部，部长李维汉，副部长高文华，秘书长齐燕铭，我为副秘书长。首要任务是协助中央做好召开新政协会议的具体工作，组织接送各民主党派、无党派人士及各界知名代表到解放区。李维汉部长给统战部同志开了个会。说明召开新政协会议的重大意义，动员大家以艰苦奋斗、克服困难的延安精神，完成党中央交给的光荣的政治任务。会后，大家就紧急动员起来，分别投入紧张的筹备新政协的工作。齐燕铭负责民主人士的政治联络和协商工作，章汉夫、于刚等也参加了这项工作。李维汉分别同民主人士交谈，并组织集体讨论。统战部随时把民主人士对新政协的意见向周恩来和中央反映，重要问题都及时向中央请示报告。周子健是总务处长，负责解决民主人士的吃住问题，伙食都按中央机关小灶标准供给。住房除了挤出较好的民房外，请当地工匠利用空地或旧房基盖起了几栋土木结构的平房，砌上土炕，再配上木制家具。这种居住条件虽然很简陋，但在李家庄算是最高级的了。从上海、北平来的民主人士看到他们的居住条件比李维汉部长还好，对共产党的优待感到过意不去。另外，在石家庄建立交际处，以原陕甘宁边区政府交际处为基础，增加一些干部，由金城、申伯纯负责。民主人士到来，先给予热情招待，然后用吉普车转送李家庄。我除分管行政工作外，主要是负责同上海、香港等地地下党组织的秘密无线电台联络，保证及时、准确传达中央的指示并向中央报送收到的电报。因为收发电报多在深夜，要及时处理，电台离驻地又远，译电员就用我炕头的手摇电话

中央统战部为民主人士修建的接待用房

机同电台收转电报码子。所以，常常是深夜不眠。

正在我们紧张工作的时候，蒋介石于 10 月下旬飞抵北平，想乘我华北主力部队在察哈尔、绥远地区作战之机，命令傅作义指挥两个军从保定突袭石家庄，威胁我党中央的安全。党中央及时得到北平地下党的准确情报后，周恩来亲自部署人民解放军准备反击，并于 27 日凌晨 4 时半、6 时、7 时三次写信给毛泽东，汇报我军部署情况。周恩来指挥解放战争已经够忙了。9 月，他敦促国民党整编第九十六军军长吴化文在济南起义。10 月 17 日在获悉国民党第一兵团副司令兼第六十军军长曾泽生在长春率部起义后，周恩来向毛泽东等介绍国民党军东北"剿总"副司令兼第一兵团司令郑洞国的情况，说明在目前情况下，争取其起义，则对整个黄埔系军队的影响当会很大。毛泽东赞成这一分析，随即电告中共中央东北局并林彪、罗荣桓，指出对郑"可努力争取之"。18 日，他又写信给郑洞国，敦促其起义，投向人民。19 日，郑洞国在长春放下武器，促使辽沈战役的迅速胜利结束。而今，得悉华北敌军企图偷袭石家庄，周恩来一面为中央军委起草命令紧急调动部队，准备集中主力将进犯的敌军各个击破，一面对中央机关布置了周密的紧急疏散措施，除少数老弱病号和儿童疏散到后方外，党中央和军委机关照常工作。敌军袭来，遭到我军迎头痛击，被歼 3000 多人，才知道我方早有准备，遂令后撤，蒋介石偷袭石家庄的阴谋就此破产。

1948 年 8 月 1 日，毛泽东复电给集中在香港的民主人士，对他们赞同召开新政协表示钦佩，并提出关于召集此项会议的时机、地点、何人召集、参加会议者的范围以及会议应讨论的问题等项，希望诸先生及全国各界人士共同商讨，并以卓见见示。从这个时候开始，筹备新政协会议就成为我党一项重大的政治任务摆在紧迫的议事日程上了。

如何把滞留香港的民主人士安全地接到解放区来共同商议召开新政协？周恩来曾试探开辟自欧洲到苏联再转赴哈尔滨的路线，但未能在短期内打通。同年初秋，周恩来曾经电告在香港的潘汉年设法与港方交涉。潘汉年通过民主同盟的萨空了，去找香港当局指定与中共中央及民主党派联系的香港大学校长施乐斯。施乐斯对民主党派主要负责人李济深、沈钧儒要从香港去伦敦转经苏联到中国东北解放区一事请示港督，港督表示对这件事做不了主，他要请示伦敦英国政府，且要较长的时间才能答复。施乐斯语意搪塞，态度敷衍。因此，周恩来决定在港民主人士不走这条路线，改走香港到大连或朝鲜罗津等航道，来完成迎接民主人士到解放区这项重要又机密的任务。12 月，施乐斯才转告伦敦的意见说，不发护照但可给一纸证明身份的文件，离开伦敦时还可以保护。可是伦敦回话时，我们已经安全地迎接了两批民主人士到达解放区了。

早在 8 月 2 日，周恩来致电在大连工作的钱之光，要他以解放区救济总署特派员名义尽快去香港，配合香港分局负责接送在港的民主人士。钱之光到港后，住在铜锣湾希云街 27 号，就和香港分局方方、潘汉年、章汉夫、连贯、夏衍等共同把民主人士北上的接送任务紧张又审慎地开展起来。

9 月 20 日，周恩来拟定了邀请从港、沪和长江以南各地前来解放区商讨召开新政协的各民主党派、无党派人士 77 人的名单，其中有李济深、蔡廷锴、张澜、沈钧儒、谭平山、章伯钧、郭沫若、黄炎培、马叙伦、何香凝、史良等著名人士。同时，他又起草发出中央致香港分局并钱之光和上海局刘晓、刘长胜的电报，征询对名单的意见，还指出，各方人士于今冬明春全部进入解放区方为适宜。北来人士，拟先集中哈尔滨招待商谈；华北民主人士如直接进入解放区，则集中华北。视战事发展，明春或来华北或即在哈市召开新政协。

根据周恩来的指示，对民主人士的接送要绝对保密，保证安全，做到万无一失。钱之光和方方、潘汉年等作了仔细周密研究，为了不引人注目，决定分批秘密接送，由同民主人士保持联系的香港分局、香港工委以及其他党内同志分别联络。为了保证旅途安全，商定每次都由负责同志陪同下船，并派出熟悉旅途情况的同志随船护送。在联和公司工作的杨琳、袁超俊、刘恕，在中华贸易公司工作的祝华、王华生、徐德明，都参加了护送工作。

从 1948 年 9 月到 1949 年 3 月，先后接送了四批在港的民主人士安全抵达解放区。第一批北上的民主人士沈钧儒、谭平山、蔡廷锴、章伯钧等，由祝华、徐德明随船护送，于 9 月 29 日安抵哈尔滨，中央派李富春专程迎接。因为这一批都是知名度很高的重要人物，钱之光在接送工作准备完成后，立即向中央作了报告。周恩来复电同意了行动计划，并指示"这是第一批，出发后有什么情况要随时报告"。10 月 3 日，沈钧儒等到达哈尔滨的第四天，毛泽东、朱德、周恩来致电欢迎他们安抵东北解放区，并告知准备于 1949 年适当时机举行新政协会议。

第二批北上民主人士搭乘的是一艘挂挪威旗的轮船，10 月底才送走。他们中有郭沫若、马叙伦、许广平母子、陈其尤、沙千里、翦伯赞、宦乡、曹孟君、韩练成、冯裕芳（冯 12 月 27 日在沈阳病逝）等人，由连贯陪同，王华生随船护送。这艘船在航行途中，许广平的儿子周海婴用自己装的收音机收到新华社播发的沈阳解放消息，大家听了都很高兴，在船上开了一个热烈的庆祝会,郭沫若、曹孟君表演了节目,有的唱歌跳舞,有的朗诵诗作,充满胜利的欢乐。他们的船驶至大连、安东(今丹东)间的大东沟海面抛锚停航,改乘小船上岸,东北局负责同志去安东迎接,他们经安东转赴哈尔滨。

第三批北上的民主人士有李济深、朱蕴山、茅盾夫妇、章乃器、彭泽民、邓初民、洪深、施复亮、梅龚彬、孙起孟等30多人,是人数最多的一批,由李嘉仁陪同,徐德明随船护送,于12月26日晚上乘"阿尔丹号"轮离港,1949年1月7日到达大连,中共中央派李富春、张闻天专程到大连迎接。

李济深等这批民主人士离港之前,周恩来曾经电示钱之光和在大连的冯铉、刘昂说:"已经走了两批人员,很可能引起外界的注意,这次行动要更加谨慎。"钱之光等根据周恩来的电示更加精心、谨慎行事,对这批北上的民主人士穿戴也煞费苦心,有的西服革履,扮成经理模样;有的则是长袍马褂或是普通便服,化装成到东北做生意的商人,口袋里还装有货单准备应付检查。在这批上船的民主人士中,李济深是位很有影响的人士,可他秘密地离港走了,连香港当局政治部也不知道。李济深走了几天,该政治部主任亲自找到民革的副秘书长吕集义,责问说:"李先生这样一个有影响的人物离开香港,你们为何事先不告诉我们,叫我们怎样交代?"话语不无责怨。可是,李济深没几天就安抵大连了。

第四批民主人士是1949年3月14日从香港出发,在天津上岸。这次北上的有黄炎培、姚维钧、盛丕华和他的儿子盛康年,还有俞寰澄等人,由刘恕护送。他们于3月25日到达解放了的北平,董必武、李维汉、齐燕铭等前往火车站迎接。至此,香港分局、香港工委和钱之光等同志根据中共中央的指示精神和周恩来的亲自部署,接送在港的民主党派代表人物和著名的进步爱国人士进入解放区参加新政协筹备工作的重要使命,便按期胜利地完成了。

周恩来在部署迎接在港的民主人士北上的同时，也部署迎接上海、北平、天津的民主人士到中央统战部驻地李家庄。主要路线是：在上海的，秘密经苏北或山东转石家庄；在北平、天津的，经华北局城工部的秘密交通站沧州南边的泊头镇转往石家庄，由设在石家庄的交际处转送到中央统战部所在地李家庄。1948 年 8 月，当时的城工部就开始接待工作，到 11 月底，由平、津、沪、西安等地来到李家庄的民主人士有毛泽东的老师符定一和胡愈之、沈兹九、吴晗、周新民、刘清扬、严信民、韩兆鹗、何惧等。而后又来了周建人、雷洁琼、楚图南、田汉、安娥、杨刚、张曼筠、周颖以及上海工人代表朱俊欣等。中央统战部热情接待后，同他们个别交换意见，举行时事座谈会，讨论国际国内形势，座谈周恩来起草的《关于召开新的政治协商会议诸问题（草案）》和统战部起草经周恩来批准的《新的政治协商会议筹备会组织条例（草案）》。

10 月 8 日，周恩来电告东北局组织已到或将到哈尔滨的民主人士沈钧儒、谭平山、章伯钧、蔡廷锴、王绍鏊、朱学范、李德全等举行座谈，征求意见，以达到沟通思想、统一思想认识的目的。11 月 21 日、23 日，东北局高岗、李富春组织了两次座谈会，邀请民主人士座谈两个《草案》。30 日，周恩来起草中共中央致香港分局电，将两个《草案》转告尚在香港的民革李济深、何香凝，民盟周新民，农工民主党彭泽民，民建章乃器、孙起孟等人，征询他们的意见。经过多次电报往返，反复协商，于 11 月 25 日，我党代表高岗、李富春与在哈尔滨的民主人士对新政协会议的召集、参加者、时间、地点、讨论事项等问题达成了如下协议：新政协筹备会由 23 个单位的代表组成；筹备会的任务为负责邀请参加新政协的各方代表人物、起草文件和召集新政协正式会议；筹备会组织条例由中共起草，俟筹备会开会时正式通过；筹备会会址预定为哈尔滨。关于新政协参加范围及任务，决定：一、新政协的参加范围，由反对帝国主义侵略、反对国民党反动统治、反对封建主义和官僚资本主义压迫的各民主党派、各人民团体及无党派民主人士的代表人士组成，南京反动政府系统下的一切反动党派及反动分子必须排除，不许参加；二、新政协举行时间在1949年，具体时间及地点由筹备会决定；三、新政协应讨论和实现的问题是《共同纲领》的制订和中华人民共和国中央人民政府的建立。

11月26日，中共中央统战部致函中共上海局，将东北民主人士讨论《关于召开新的政治协商会议诸问题（草案）》的各项意见转告他们，并将高岗、李富春代表中央与在哈尔滨的民主人士11月25日商谈的共同协议转发给他们供研究，并据此转告各有关方面。12月19日，中国致公党主席陈其尤从香港到达沈阳后，随即致电毛泽东、朱德、周恩来，代表致公党全体同志向中共中央致敬，表示对召开新政协诸问题草案的理解，愿为实现新民主主义、建设新中国而努力。

沸腾的李家庄

中共中央统战部所在地李家庄，是距离党中央所在地西柏坡只五华里的一个小村，村里几十户人家。可是，随着一批批民主人士的到来，这个村变得沸沸腾腾、热热闹闹。

1948年12月25日，在李家庄的民主人士举行时事座谈会，与会者有胡愈之、沈兹九、刘清扬、韩兆鹗、周建人、吴晗、杨刚、严信民、楚图南等，由胡愈之主持会议。李维汉、章汉夫等也参加了会议。会议就国际国内政治形势进行了广泛的讨论。过了六天，正是1949年元旦，《人民日报》发表了毛泽东为新华社写的新年献词《将革命进行到底》，揭露了美蒋勾结玩弄假和谈的阴谋，表明了中国共产党和中国人民将革命进行到底的决心，一定要坚决、彻底、干净、全部地消灭一切反动势力。因为蒋介石发表新年文告要弄两面手法，一面表示愿意商讨停止战争、恢复和平的具体办法，另一面又提出要保持旧宪法、法统、团体及军队等先决条件。内容上在新年献词中已给予严厉的揭露驳斥。1 月 4 日，毛泽东特为新华社撰写了一篇《评战犯求和》的重要评论，一下子就更戳穿了蒋介石想利用和平谈判来保存反革命实力的阴谋。14 日，又发表了毛泽东《关于时局的声明》，痛切地再批驳蒋介石的新年文告，并提出进行和平谈判的八项条件：惩办战争罪犯；废除伪宪法；废除伪法统；改编反动军队；没收官僚资本；改革土地制度；废除卖国条约；召开没有反动分子参加的政协会议，成立民主联合政府，接收南京国民党反动政府及其所属各级政府的一切权力。《声明》一发表，立即成为民主人士的热门话题。在李家庄、哈尔滨的民主人士都热烈进行讨论，在香港以及上海、重庆各地的民主人士也秘密地进行谈论，一致驳斥蒋介石假和平、真内战的险恶阴谋，同时一致表示拥护毛泽东提出的和谈八项条件。在李家庄的符定一、周建人、胡愈之、沈兹九等 19 名民主人士，早在 1 月 7 日就联名致电在哈尔滨的李济深、沈钧儒、蔡廷锴、谭平山、章伯钧、郭沫若等人，提出对战犯求和必须"芟恶务尽"，将革命贯彻到底；实行人民民主专政，决不能容纳反动分子于人民阵线内部。16 日，在李家庄、哈尔滨的民主人士互相致电联络后，决定起草发表告国人文件，严正表示他们将革命进行到底的决心和态度。

1 月 16 日下午，周恩来在百忙中从西柏坡乘吉普车来

胡愈之、沈兹九夫妇到达李家庄

到李家庄。虽然天寒地冻，可是小小的李家庄一下子就热闹起来。村民听到汽车进庄的声音，都拥到进庄的路边看热闹。统战部工作人员和民主人士也纷纷走出门来欢迎。周恩来身穿一套和大家一样的灰棉布军衣，头戴大耳朵军帽。他一进庄就下车向群众招手，同民主人士一一握手问好。齐燕铭秘书长招呼周恩来和民主人士进入一间墙泥未干的会议室就座。我和统战部干部围在四周，坐的坐，站的站，一下子就挤满了一屋子。李维汉当即宣布："请周恩来同志作报告！"周恩来在热烈的掌声中谦逊地说："本来就应该来看望各位先生并当面请教，因为战争紧急抽不出身来，好在统战部随时将各位先生对召开新政协的意见报告了毛主席和党中央。今天本想先听听各位的意见，李维汉却对我说许多先生要求我先讲，然后大家再座谈发表意见。那么，我现在就向大家报告一些情况……"

周恩来报告了解放战争的发展情况后说，战争的发展实在是突飞猛进。战争大局已定，今年就有可能打垮蒋介石，但是现在切不可手软。他接着对毛泽东《关于时局的声明》中的八条作了详尽的阐述，又说："一定要把革命进行到底。鲁迅先生说得好，要痛打落水狗，对落下水的狗还要痛打。天津已于昨天解放，正在争取早日解放北平。如北平解放得早一些，政协筹备会的工作更要加速进行，希望大家共同努力。"周恩来的报告受到大家的热烈欢迎。

会后，统战部全体工作人员和民主人士会餐。菜不多，也不是什么山珍海味，主要的一道菜是长征老战士、老伙夫班长胡金山做的红烧肉。为此，总务科长乔风咏亲自动手宰了自己饲养的一头大肥猪，加上大家自己动手种的大白菜，还有饺子、大米饭和白干酒。大家都吃喝得很是开怀满意。没有酒杯，就用粗瓷大碗代替，频频举碗同祝解放战争的胜利。席间，民主人士中的符定一先生年龄最大，已是快 70 岁的老人了，而且是毛主席在湖南第一师范学校读书时的老师，所以，大家都向他敬酒，祝他长寿百岁。

饭后，在会议室举行跳舞晚会。当时统战部有个机要科，是由中央机要处拨过来的。他们在延安时，既是中央机关舞会上的乐队，又是可以下池的舞伴，他们就成了这次舞会上的主力了，三把胡琴、一支笛子便是乐队。室内没有电灯，就用几盏马灯挂在屋墙四角，乐队奏起来，晚会就开始了。大家正跳得高兴时，朱总司令和周恩来也来了，使舞会达到了高潮。最后，大家扭大秧歌。锣鼓一响，周恩来和大家一起扭起秧歌来。民主人士没有扭过秧歌，也高兴地跟着大家一起学扭起来。村里的群众围在门口看热闹。当晚，上海来的民主人士何惧和统战部的于刚特别兴奋，真是"酒逢知己千杯少"，两个酒仙互不相让，每人喝了两大碗白干，喝得酩酊大醉。于刚怕回家受妻子程绯英批评，便倒在我的炕上迷迷糊糊地睡了一宵。

1 月 20 日，中共华北局和华北人民政府在李家庄举行盛大的欢迎会，欢迎来自各地的民主人士和上海工人代表。当华北局第二书记薄一波、华北人民政府主席董必武等乘几辆吉普车来到李家庄时，群众都不约而同地热烈鼓掌表示欢迎。欢迎会开得很热烈、很亲切，使民主人士深深感到解放区的温暖，纷纷发言表示拥护毛主席 1 月 14 日的《声明》，拥护共产党打倒蒋介石，将革命进行到底。

1 月 22 日，中共中央对有关部门发出《关于对待民主人士的指示》，要求我党各部门的负责同志向民主人士报告战争、军事政策、政权、土改、外交、经济、文化、教育、妇运等方面的情况，要不加回避地正面解答有关党的政策的一切问题，主动向民主人士进行宣传教育，并耐心倾听他们的意见。周恩来还指示统战部给民主人士组织报告会。于是，统战部邀请了一些负责同志在李家庄给民主人士做专题报告，如胡乔木报告文化政策，邓颖超报告解放区的妇女工作，安子文报告干部政策，李维汉报告解放战争和国民党统治区的民主斗争等，都受到民主人士的欢迎，不但增加了他们对党的有关政策的理解，而且提高了他们商讨召开新政协的热情。

1月下旬，因为傅作义将军与平津前线司令部代表已经秘密签订和平协议，北平和平解放在即，形势发展迅速。毛泽东和党中央分别致电在海外的爱国侨领陈嘉庚、司徒美堂。电文说："中国人民解放斗争日益接近全国胜利，需召开新的政治协商会议，建立民主联合政府，团结全国人民及海外侨胞力量，完成中国人民的独立解放事业，敬请早日回国，莅临解放区参加会议。"

在这之前的1月19日，毛泽东、周恩来特地联名致电在上海的孙中山夫人宋庆龄。电文说："中国革命胜利的形势已使反动派濒临死亡的末日。沪上环境如何，至所系念。新的政治协商会议将在华北召开，中国人民历尽艰辛，中山先生遗志迄今始告实现，至祈先生命驾北来，参加此一人民历史伟大的事业，并对于如何建设新中国予以指导。至于如何由沪北上，已告梦醒与汉年、仲华切商，总期以安全第一。谨电致意，伫盼回音。"5月27日，上海解放。6月19日，毛泽东致函宋庆龄，信中说："兹者全国革命胜利在即，建设大计，亟待商筹，特派邓颖超同志趋前致候，专诚欢迎先生北上。敬希命驾莅平，以便就近请教，至祈勿却为盼。"6月21日，周恩来也写信致宋庆龄，欢迎她北上共商建国大计。

邓颖超奉命抵达上海，拜访了宋庆龄，于7月21日复电周恩来、李维汉，告知孙夫人表示因身体不佳不能参加任何团体的业务，也不愿意参加任何团体，只愿以个人旁听的资格列席新政协会议。邓颖超向中央提议由特别邀请单位推选宋氏为代表。8月28日，宋庆龄在全国民主妇女联合会副主席邓颖超、廖仲恺先生之女廖梦醒、上海市军管会交际处处长管易文的陪同下，从上海乘专车抵达北平。毛泽东、朱德、周恩来、林伯渠、董必武和李济深、何香凝、沈钧儒、郭沫若等59人前往北平火车站欢迎。

侨领陈嘉庚早在6月4日已偕庄明理、王雨亭由香港抵达北平，准备出席新政协会议。林伯渠、董必武、叶剑英、李维汉、李济深、蔡廷锴、陈其尤等和在北平的侨生200多人到车站欢迎。

1948 年秋冬，毛泽东、周恩来在西柏坡

　　因为胜利形势发展飞快，召开新政协会议的筹备工作必须加紧进行。在周恩来的领导下，在李家庄的统战部全体工作人员日以继夜不知疲倦地工作着。那段日子里，来往电报特别多，重要的由我随收随送给住在西柏坡的周恩来。有一次，我送电报去，正遇上毛泽东和周恩来在作战地图前面聚精会神地研究战局，我赶快拿起照相机拍下了这个具有历史意义的珍贵镜头。不久，平津战役便宣告结束，北平获得和平解放。胜利的消息传来，毛泽东和周恩来在党中央领导中国革命斗争的最后一个农村指挥部西柏坡运筹帷幄、决胜千里的伟大形象，又光闪闪地浮现在我的脑子里。

　　1949 年 1 月 31 日，北平和平解放，平津战役胜利结束。

　　北平的和平解放，为政协会议的召开提供了很好条件，同时又促使新政协筹备工作的加紧进行。周恩来考虑到政协会议会址从哈尔滨改在北平召开，为了及早在北平准备接待民主人士的住处和政协筹备会会场，便指示统战部派齐燕铭、周子健、申伯纯等立即从李家庄前往北平，在华北局与北平军事管制委员会（主任叶剑英）协助下接管中南海，成立中南海办事处，负责中南海的房屋管理和环境卫生，同时接管北京饭店、六国饭店、德国饭店等几家大饭店，准备接待来自各地的民主人士和参加政协筹备工作的人员。他还要统战部尽快准备好车辆，护送住在李家庄的民主人士进北平。周恩来又指示中央办公厅杨尚昆主任，要警卫处先派干部和少数部队进驻中南海，负责安全保卫工作。2月1日夜里，周恩来在西柏坡约见了即将出发北平的齐燕铭、周子健，向他俩当面交代了具体任务和注意事项。随后，齐、周就率领部分工作人员离开李家庄，打前站前往古都北平。而后，调回中央工作不久的杨超等同志也从西柏坡进入北平，住在北京饭店20多天，根据周恩来的指示，在李维汉的直接领导下开展调查研究工作，同中央统战部的一个工作班子一起，组织新政协会议材料，了解各民主党派的情况，提供各民主党派、无党派人士的材料，为新政协会议的召开作了事前准备。

　　这期间，统战部更是忙碌、紧张，除继续同上海、香港党组织联系，继续组织接送民主人士到北平外，还起草了《对新政协单位与人选的拟议》这份重要文件送中央审批，又继续采用座谈会、个别交谈的方式，同李家庄的民主人士交换或听取对政协筹备工作的意见。当时，部分民主人士曾就战争罪犯问题举行座谈会，讨论了战犯定义和战犯名单两个问题。在李家庄的民主人士吴晗、雷洁琼等15人整装也同齐燕铭一起前往北平。这是先行赴平的第一批民主人士。

"进京赶考去"

　　1949年1月14日，毛泽东的《关于时局的声明》发表后，在国内引起极大反响，各民主党派负责人分别在哈尔滨、李家庄发表谈话，表示拥护毛泽东提出的八项条件。1月24日，清华、燕京两所大学教授张奚若、曹靖华、费孝通等52人也联名发表宣言。宣言说："八项主张"是实现真正和平的最低条件，必须坚定不移贯彻到底。

2月14日，上海人民和平代表团成员颜惠庆、章士钊、江庸飞抵刚刚解放半个月的北平。邵力子以私人资格也随团到达。第二天，北平军事管制委员会主任叶剑英会见颜惠庆、章士钊、江庸、邵力子。22日，颜惠庆等飞石家庄，傅作义、邓宝珊也同机到达。中央派李维汉到石家庄迎接，并陪同他们乘汽车到西柏坡。毛泽东、周恩来在西柏坡接见从北平来的颜、章、江、邵四老，对和平谈判及南北通航通邮等问题交换了意见。毛泽东、周恩来又接见傅作义、邓宝珊，称赞傅将军为了人民利益和平解决了北平问题，欢迎他同中共合作，欢迎他们参加政治协商会议。会谈结束后，我分别给他们照了相。

随着形势的发展，中央统战部开始分批迁往北平。秘书长齐燕铭和周子健、申伯纯一行已于2月3日进入中南海，先接管南海范围的房屋（因中海部分暂由北平市人民政府和民政局作办公室，到4月间才全部接收），立即成立中南海办事处，由周子健任处长，负责整修房屋，打扫卫生。因为中南海是明清皇朝贵族的庄宅和花园，许多建筑物都已破旧。北平解放前，国民党华北"剿总"司令部就驻在里面。他们只管使用，不管修理，许多房屋都搞得破烂不堪，到处堆着垃圾。中南海里头杂草丛生，污泥堆积，成为蚊虫滋生地。后来动员了部队才把污泥清理出去。对准备给中央领导同志居住和活动的颐年堂，准备政协筹备会办公开会的勤政殿和开大会用的怀仁堂，更是清理修缮的重点，还要进行扫雷、防火等安全检查。

与此同时，申伯纯率领交际处人员接管北京饭店、六国饭店、德国饭店、远东饭店等几家大饭店，又协同北平市人民政府、公安局审查饭店有关人员并对他们进行政治教育，布置安全保卫工作，为即将集中北平的大批民主人士和各界代表人物提供生活和工作的必要条件。

2月10日，原住李家庄的民主人士全部到达北平。14日，林伯渠离开西柏坡前往沈阳，迎接在东北的民主人士李济深、沈钧儒、马叙伦、郭沫若等到北平，以便集中起来共商大计，成立新政协筹备会。25 日，李济深一行 35 人由林伯渠和东北行政委员会副主席高崇民陪同，乘专列火车抵达北平。由中央统战部负责接待，安排在北京饭店和六国饭店。26 日，中国人民解放军平津前线司令部、北平市军事管制委员会、北平市人民政府、中共北平市委根据中央指示，共同于中南海怀仁堂举行盛大的欢迎大会，热烈欢迎由东北、天津、李家庄来北平以及留在北平的民主人士和各界代表。刚从西柏坡回北平的上海人民和平代表团颜惠庆、章士钊、江庸、邵力子也应邀参加。林伯渠、董必武、彭真、薄一波、聂荣臻等负责人都参加欢迎大会，宾主共 400 多人，大会开得既隆重又热烈。这是北平有史以来罕有的一次政治盛会。会后，在北京饭店举行盛大宴会，傅作义、邓宝珊、郭宗汾、周北峰等也应邀赴宴。宴后，观看了华北大学文工团的文艺节目。

3 月 10 日，李维汉部长率领中央统战部大部人员到达北平。李维汉住在丰泽园内的颐年堂后院正厅，其他人员大都住在居仁堂。大家安顿就绪，就全部参加紧张的工作，白天拜访民主党派负责人和民主人士，同他们交换筹备政协会议和党派工作的意见，晚上就组织情况汇报会，把民主人士的近况和意见综合成书面材料，报告周恩来和中央；另外组织座谈会，单是征求接管上海的意见就开了七次座谈会。会后，把许多好意见整理出来报告中央并电告华东局参考。我和机要科迟至 15 日才到达北平。我与紫非先住在颐年堂大厅的西侧。没几天，因为大厅要接待客人，就搬到后院的东厢房。那时候，因军委三局电台设在西郊八大处，送报挺不便，便在中南海专设了一部电台和上海、香港等地秘密电台保持联络。

人们都还记得：1945 年 7 月 1 日到 5 日，褚辅成、黄炎培先生和冷遹、章伯钧、左舜生、傅斯年等六位参政员以个人名义访问延安。黄炎培到杨家岭拜访毛泽东。4 日下午，毛泽东邀请褚辅成、黄炎培和冷遹等六人到他家做客，整整长谈了一个下午。毛泽东问黄炎培对延安有什么感想，黄炎培坦率地说："我生六十多年，耳闻的不说，所亲眼看到的，真所谓'其兴也淳焉，其亡也忽焉'。一人，一家，一团体，一地方乃至一国，不少单位都没有跳出这周期率的支配力。一部历史，'政怠宦成'的也有，'人亡政息'的也有，'求荣取辱'的也有。总之，没有能跳出这个周期率。中共诸君从过去到现在，我略略了解的了，就是希望找出一条新路，来跳出这个周期率的支配。"毛泽东听过黄炎培的耿耿诤言，对如何跳出历代统治从艰苦创业到腐败灭亡这个周期率的支配问题作了回答："我们已经找到新路，我们能跳出这个周期率。这条新路，就是民主。只有让人民来监督政府，政府才不敢松懈。只有人人起来负责，才不会人亡政息。"

时过三年余，中共中央领导同志于 1949 年 3 月 23 日就要动身从西柏坡向北平胜利进发了。临行时，毛泽东既幽默风趣又意味深长地对随行同志说："今天是进京赶考的日子，进京赶考去。我们决不当李自成，我们都希望考个好成绩。"周恩来在旁也说："我们应当考试及格，不要退回来。"

民主人士至西苑机场迎接毛泽东。左起：沈钧儒、朱德、董必武、李济深、陈其瑗、郭沫若、黄炎培、毛泽东、林伯渠、马叙伦

毛泽东、周恩来这些话，就是重新喻示全党同志要经得起胜利的考验，告诫全党不能陷入"从艰苦创业到腐败灭亡的周期率"中，其意义何等重大和深远啊！

3月25日清晨，毛泽东、朱德、刘少奇、周恩来、任弼时等中央领导同志乘火车到达北平清华园车站。下车后，先在颐和园休息。周恩来留下卫士长成元功看管文件等物，他没有歇息就同有关保卫同志去西苑机场察看、检查阅兵的现场。当日下午，在北平的党政军机关负责同志和各民主党派、无党派人士及各界代表人士共1000多人聚集在西苑机场，热烈欢迎毛泽东和其他中央领导人。当毛泽东、刘少奇、朱德、周恩来等自颐和园到达西苑机场时，北平市市长叶剑英首先迎向了毛主席、朱总司令。工人、农民、青年、妇女各界代表，也满怀热情与希望迎接自己的领袖。毛泽东、朱德等首先和工人代表一一握手。毛泽东一行来到160多位民主人士的欢迎行列，高兴地、热烈地与李济深、沈钧儒、陈叔通、黄炎培、郭沫若等一一握手，互致问候。对和平解放北平有功的傅作义将军也来欢迎，毛泽东与他握手后还一起合影留念。阅兵开始时，毛泽东登上第一辆浅绿色吉普车，朱德、刘少奇、周恩来、任弼时、林伯渠等也依次登车，乐队高奏雄壮的《解放军进行曲》，50门六〇炮陆续放出发发礼炮。第四野战军参谋长、阅兵总指挥刘亚楼陪同毛泽东检阅经过无数艰辛战斗的英雄部队。缓缓行进的阅兵车到来，"毛主席万岁"的欢呼声翻江倒海般地澎湃起来。阅兵结束后，毛泽东等同工人、农民、青年代表和民主人士一起拍了一张象征团结、胜利的照片，然后，驱车前往早已准备好的中共中央、中央军委驻地香山。毛泽东住的"双清别墅"，原是熊希龄的私人别墅，房间不多，但风景优美，院子里有两口泉水池，故叫"双清别墅"。朱德、刘少奇、周恩来、任弼时住在"来青轩"。

（节选自《风雨四十年》第二部，童小鹏著，中央文献出版社1996年版）

接送民主人士进解放区参加新政协

钱之光 *

　　在解放战争迅速发展的形势下，1948 年五一节，中共中央发出了召开新政治协商会议的号召，立即得到各方面的热烈响应。8 月以后，大批民主人士陆续进入解放区，准备参加新政协。我曾负责接送在香港的民主党派和进步人士到解放区参加新政协的筹备工作。这一段经历，我至今印象十分深刻。

一

　　话要从 1946 年 6 月说起。国民党在美帝国主义的支持下，撕毁《双十协定》，发动了全面内战；1947 年 2 月，又宣布国共和谈完全破裂，要中共驻南京、上海、重庆等地担任谈判联络工作的代表全部撤回。这时我在中共驻上海办事处工作，上海办事处也面临撤退前夕。周恩来同志电示我和刘昂同志去香港。因为自李公朴、闻一多事件以后，国民党对民主运动的镇压和对民主人士的迫害日益加剧，绑架、殴打、逮捕、暗杀的事件时有发生；为了保存革命力量，在周恩来同志的直接领导和安排下，从 1946 年下半年起，一部分民主人士、文化界进步人士和我们党的干部陆

---

　　* 钱之光（1900—1994），中共第九至十一届中央委员，十二大选为中央顾问委员会委员，第二、三届全国人大代表，原轻工业部部长。时任香港华润公司董事长。

续撤到香港，并以香港为基地，继续扩大对内对外的工作。他们在香港活动的经费和生活上的问题需要协助解决；同时，也要加强香港与解放区的经济联系，以便得到必要的器材、药品等物资。我和刘昂已经买好了 1947 年 3 月初去香港的船票，但 2 月 28 日上海办事处被国民党的宪警和特务包围，未能成行。3 月 7 日，中共南京、上海代表团和办事处的同志全部撤回延安。我们回到延安的第二天，向周恩来同志汇报工作，他又一

钱之光

次提出要我们到解放区沿海口岸，设法打通与香港的联系。遵照他的指示，我和几个同志由延安辗转到达大连，创建了中华贸易总公司，探索大连到香港的海上通途。为了与中央保持直接联系，我们建立了电台。经过几次试航，沟通了这个通道。我们租用外国船只往返于大连、朝鲜的罗津和香港之间，运出大豆等土特产品，带回需要的物资和器材。同时，我们还完成了接送在香港等待参加第六次全国劳动代表大会的代表进入解放区的任务。这些工作，特别是电台的架设和大连至香港海路的沟通，为后来接送民主党派代表人物和著名进步人士进入解放区参加新政协，创造了条件。

1947 年夏季，解放战争由战略防御转入战略进攻阶段。随着国民党反动派在军事上的节节溃败，政治、经济也日益破产。到 1948 年春，全国形势发生了巨大的变化，我各条战线和解放军都已居于优势，国民党统治已越来越走向穷途末路。党中央在五一节发布口号，号召全国人民团结起来，巩固与扩大反帝反封建反对官僚资本主义的统一战线，打倒蒋介石建立新中国。同时号召各民主党派、各人民团体及社会贤达，迅速召开新

的政治协商会议，讨论并实现召集人民代表大会，成立民主联合政府。党中央的号召立即得到各民主党派、各人民团体、无党派民主人士、少数民族、国外华侨的热烈响应和赞成。

当时在香港的各民主党派领导人李济深、何香凝、沈钧儒、章伯钧、马叙伦、王绍鏊、陈其尤、彭泽民、李章达、蔡廷锴、谭平山，以及无党派民主人士郭沫若等，在 5 月 5 日联名致电毛泽东，热烈响应党中央的号召，并同时发表通电，号召国内外各界暨海外同胞"共同策进，完成大业"。

8 月 1 日毛主席复电，对他们赞同召开新的政治协商会议并热心促其实现，表示钦佩，并提出"关于召集此项会议的时机、地点、何人召集、参加会议者的范围及会议讨论的问题等项，希望诸先生及全国各界人士共同商讨，并以卓见见示"。从这时开始，筹备召开新的政治协商会议，就成为我党当时的重大政治任务。而如何排除各种阻碍，把在解放区以外的民主人士接到解放区来共商建国大计，保证新政协的胜利召开，也就成为一项紧迫的工作，被提到日程上来。

正是在这种形势下，1948 年夏，我接到周恩来同志的电示，要我做好准备，前往香港；大连的工作由刘昂前来接替。不久，刘昂从中央所在地河北省西柏坡来到大连。她临行前，恩来同志曾同她谈了话，交代了任务。

二

8 月初，我从大连出发，经丹东、跨过鸭绿江大桥抵达朝鲜边界新义州，转火车到平壤，会见了我驻朝鲜办事处负责人朱理治同志。在平壤我只作了短暂的逗留，同苏联的办事机构办理了租船手续，然后便去罗津乘租用的苏联轮船"波尔塔瓦号"，开始了特殊使命的远途航行。

为了便于公开活动，恩来同志叫我以解放区救济总署特派员的名义前往香港。当时，与我同行南下的有祝华、徐德明和翻译陈兴华等同志。从罗津到香港，要经过朝鲜海峡、东海和台湾海峡，航程漫长，随时可能遇到国民党军舰。为了应付意外情况，我们事先商量好各自的身份，改了称呼和姓名，并准备必要时装扮成船上的职工。在旅途中，我对这条航线的情况，进行了观察和了解。

我们船上装的是大豆、皮毛、猪鬃等土特产品，还带了一些黄金，准备到香港换回西药、电讯器材、高级纸张以及汽车轮胎等物资。在这次往香港的航行中，我们遇到过国民党海空军的监视，也遇到过龙卷风。有时国民党飞机在我们船的上空盘旋，并不时呼啸而过；有时还遇到国民党的军舰，也许因为挂有苏联旗帜，他们没有采取什么行动，但当时气氛是紧张的。当我们的船颠簸地驶进台湾海峡时，又遇到了强大的龙卷风。只见船的正前方忽然升起了擎天的水柱，海水激烈地旋转着往上升。面对这样的惊涛骇浪，真是有些惊异和担心。幸好这股龙卷风离我们的船只还远，同时船已改变了航向，因此避开了龙卷风的袭击，继续向前航行。

旅途的风险总算过去了，当我们的船快到香港时，就看到海面上有许多轮船，船杆上飘着不同国籍的旗帜，香港当局的缉私快艇，也来回穿梭。当时，为了避免引起注意，我改扮成船上的锅炉工，脸上、手上、身上都是煤灰，即使熟人见了，也很难认识。等海关人员上船检查后，我才洗了澡，换上西装。我们终于安全地到了香港。

这里，将是我们开展工作的新阵地，但这是一个十分复杂的社会，密探、特务、黑帮以及三教九流无所不有。特别是当时香港当局政治上是倾向国民党的，美蒋特务活动也十分猖狂。我感到要完成这一次任务，将会遇到很多的风险。

三

　　船到香港时，苏联方面派人乘汽艇到船上来接头。他们在香港设有办事机构，与船上有通讯联络，事前知道"波尔塔瓦号"到达的时间，并通知了我们设在香港的联和公司。为了上岸便利起见，我就上了他们的小艇。走到半路上，遇到了先期到港的袁超俊、刘恕同志也来接我们。上岸后，我们先到联和公司商量卸货事宜和布置今后的任务，接着就与华南分局取得联系。华南分局当时由方方同志负责，潘汉年同志也是主要领导人之一，负责统战工作。我到方方同志家里时，汉年同志已在座，见了面，大家都很高兴。我向他们介绍了解放区的情况，传达了中央的指示。他们也已接到中央的电报。我们一起商量了接送民主人士北上的问题并具体分了工。为了尽快与中央和大连保持直接联系，我们还建立了电台，随时向中央和恩来同志汇报，并通知大连方面。

　　当时，在香港的民主人士很多，他们一直与我们党保持着联系。具体联系的，有华南分局、香港工委，也有我们党其他方面的同志。至于每一批安排哪些人走，什么时候开船，我们是根据民主人士的准备、货物的装运、香港的政治气候以及联系工作的情况等来决定的。在联和公司工作的同志，像杨琳、袁超俊、刘恕、祝华、王华生、徐德明等，都参加了这方面的工作。

　　我们负责接送了四批民主人士北上。每次都是由原来与民主人士保持联系的人去联系好，等载货回解放区的船准备好以后，就由他们负责，把民主人士护送上船。在当时复杂的情况下，要保守秘密是一件很不容易的事。每次护送民主人士，特别是一些引人注目的知名人士上船，我们事先都做了比较周密的安排。要求负责联系的同志机智灵活，特别注意摆脱密探的跟踪。对于上船要经过的路线，事先要调查熟悉；还事先约好什么人去接，遇上情况如何对付等。由于民主人士社交活动多，认识他们的人也多，为了避免遇到熟人，每次都安排在黄昏以后上船；每次都有负责同志陪同，我还另派工作同志随船护送。

经过我们的努力和华南分局、香港工委的密切配合，在较短的时间里，就做好了第一批民主人士北上的准备工作。党中央、周恩来同志同意了我们的行动计划，并指出这是第一批，要绝对秘密，保证安全，出发后有什么情况，要随时报告。

准备进解放区的民主人士很多，我们考虑到这是第一批，不便安排太多。我记得这次北上的民主人士加上我们的同志，大约有十几个人。沈老（沈钧儒）、谭老（谭平山）、蔡廷锴、章伯钧先生，都是第一批北上的。由章汉夫同志陪同，我派祝华和徐德明同志随船护送。

那是8月下半月的一天下午，我事先赶到船上，黄昏时候，在船上迎接了沈老等人。当时船停泊在离岸的浮筒处，沈老等是坐小艇上船的。当时沈老已是70多岁的高龄，比起在重庆、上海时有些消瘦，但精神矍铄，步履稳健。我和谭老在重庆时有往来，这时相见，彼此很高兴。我对谭老说："可能没有想到吧，在这里我们又见面了！"他紧握着我的手连说："是呀，是呀。"我们谈了一些别后的情况。当章伯钧先生攀扶着软梯上船来的时候，他一抬头就惊奇地说："老兄，你也来了！"由于工作关系，我到香港后还没有与他见过面，因此突然相遇，他觉得出乎意外。

临下船时，已是夜色朦胧，我祝他们一路平安！请他们多加保重！我离开后仍留下我们的同志在小舢板上瞭望，知道他们没有遇到麻烦，等船开出港后才回来。

船是顺利地从香港出发了，但我们心里一直忐忑不安。因为这只是工作的开始，船要经过台湾海峡，随时有被蒋军炮击或被劫的危险，而且航程很长，不知道在什么地方会出什么问题。我回到住地立即向党中央、周恩来同志和大连方面报告了这一批民主人士出发的情况。以后，我一直焦急地等待着船开出后的消息，直到第八天接到大连刘昂同志的电报，说："船已顺利到达朝鲜的罗津，中央派李富春同志专程迎接，已前往哈尔滨。"这时，我才放了心。

后来听说，这次船过台湾海峡时遇到了强台风，失却了控制，船被冲到了澎湖列岛附近，经过全体船员的努力，才摆脱了触礁的危险。当时在船上的几位老先生镇定自若，还像平时一样，做着健身体操。

四

第一批民主人士安全北上后，刘昂同志等在大连又租了苏联的货轮，装上解放区出口的物资和一些黄金来香港，以便接回第二批民主人士，并带回解放区所需的物资。

我们的任务主要的是接送民主人士北上（这需要用经济贸易工作做掩护），也要从香港进口物资，因此经济贸易是我们工作的一个重要方面。我们设在香港的联和公司，是 1938 年初在武汉时派杨琳同志建立起来的。随着形势的发展和贸易的扩大，原有的机构和办事地方已不能适应工作开展的需要，我们便改组了联和公司，在皇后大道毕打街毕打行另租了几间大的写字间。我和同志们一起商量重新取个名字，既要有意义，又不能太暴露。我提出叫"华润公司"，并解释说："华是中华的华，代表中国；润是毛润之的润，代表我们党。就是说，这个机构是我们党设的贸易公司。"大家都说这个名称好，就这样定了下来。于是挂起华润公司的牌子，由杨琳同志任经理，以后，中央决定由我任董事长。

继华润公司成立不久，为了与解放区来往方便，我们又花了 30 万美元，买了一条轮船，在铜锣湾西云湖组织了华夏轮船公司，袁超俊同志任经理，刘双恩同志是船长，大副也是我们的同志。在香港，为了适应当时的环境，我改姓简，大家都称我"简老板"。

10月中旬，大连方面租的船到了香港，但在到达时与另一只船相碰，搁浅在海湾，要就地检修。由于已与民主人士商量好行期，我们只好另租一艘挂挪威旗的船回解放区，10月底才把第二批民主人士送走。这次走的，记得有郭沫若、马叙伦、许广平母子、陈其尤、沙千里、宦乡、曹孟君、韩练成、冯裕芳等人，连贯同志陪同，胡绳同志随行北上，我派王华生同志随船护送。

我和郭老在武汉、重庆、南京、上海接触较多，彼此很熟悉。在船上见面时我对他说："我是恩来同志派来接你们的。"他问了我恩来同志等领导人的情况，又谈到全国形势好转之快，出乎预料。当时由于郭老的夫人不能同行，临别时我说："航海很是辛苦，一路还要提防国民党的飞机和军舰，这次于立群同志不能伴你同行，但我们一定设法，很快送她进解放区，早日与你团聚。"

这趟船在大连与丹东之间的大东沟抛锚下人，郭老等就在这里改乘小船上岸。东北局派了负责同志去迎接。他们是经丹东去哈尔滨的。后来听说，许广平的儿子周海婴爱好无线电，自己装了一台收音机，在船上收到新华社播发的沈阳解放的消息，大家都很兴奋，开了一个热烈的庆祝会，郭老、曹孟君出了节目。有的唱歌、有的跳舞，还有朗诵的，讲故事的，充满了胜利的欢乐。

五

第三批北上的民主人士最多，加上我们党内的同志，共有30多人。国民党革命委员会主席李济深先生就是这一批北上的。对此，党中央极为关心，恩来同志的电示也更加具体、周密。他事前给在大连的冯铉、刘昂同志拍电报说：这一批民主人士北上，要与苏联驻大连的有关部门交涉，租用他们的轮船，而且这次一定要在大连港靠岸；到达后，要安排在大连最好的旅馆，民主党派领导人要住单间，确保安全；要举行欢迎宴会，并请大连市委协助做好接待工作。就连宴会的席位、座次，都有明确指示。还说：北方天气寒冷，要为他们准备好皮大衣、皮帽子、皮靴等等。

当时大连是苏军管辖区。靠船的码头分军用和民用。军用码头是深水泊泣，可停靠万吨船只，但对外不开放，别国船只，一律不准进港。我们虽然租用的是苏联船"阿尔丹号"，但是不经过他们允许，也不得在这里卸货下人。经过冯铉同志的交涉，得到了苏方的允诺。为了顺利完成任务，在轮船开离大连之前，刘昂同志还特地宴请了船长、大副等人，对他们说："我们这次来回除装载货物外，还有不少人要乘这次船回来，请多加照顾。"船长边吃边说："请放心，船已租给你们，由你们安排，我们尽力协助你们的工作。"

恩来同志在给冯铉、刘昂同志电示之后，又给我来电说："已经走了两批人员，很可能引起外界的注意，这次行动要更加谨慎。"确实，香港的情况本来就十分复杂，我们和民主人士的行动，时刻受到各方面的注视，两批民主人士离港北上后，更引起了外界的注意。10月以后，香港官员派来与我们洽谈业务的人频繁起来了。连政治部的负责人也以谈业务为名来过华润公司。根据这些情况，我们不得不反复研究。经过慎重考虑，最后确定第三批民主人士走的时间，安排在圣诞节后第二天深夜。因为香港受西方的影响很大，每到圣诞节要放假，人们欢度节日，这是我们行动的有利时机。

这一次北上的民主人士有李济深、茅盾夫妇、朱蕴山、章乃器、彭泽民、邓初民、洪深、翦伯赞、施复亮、梅龚彬、孙起孟、吴茂荪、李民欣等。李嘉仁同志陪同，龚饮冰、卢绪章等同志随行，我派徐德明同志随船护送。

李济深先生是个很有影响的人士。我们与他有密切的联系，香港当局与他经常有往来，美国方面同他接触也频繁。这时，国民党已分崩离析，各种反动的政治势力都想争取他，以此作为政治斗争的资本。有人对李先生挑拨说："你不能去解放区，你到了那里就身不由己了。"另一些人正策划"划江而治"，也想利用他的声望和影响。如白崇禧就写了亲笔信，让一位国民党大员赶到香港请任公（李先生字任潮）到武汉"主持大计"，实际上是妄图拉住他，打他的旗号，由桂系与共产党"划江而治"。在这种错综复杂的情况下，李先生要顺利离开香港，确实是阻力重重的。原来我们安排他第一批北上，但由于当时的具体情况，未能实现。为这件事，廖夫人何香凝做了工作。1948年冬，有一天，吴茂荪先生约请李济深、何香凝、朱蕴山、梅龚彬、陈劭先、陈此生等人吃饭，饭后，何香凝老人对李先生说："任公，你还是早走的好，一则是形势的需要，二则为了任公你自身的安全。"我们为了解除李济深的后顾之忧，对他的家属作了妥善安排，还组织民革中与他亲近的人一起走。经过这些工作，李决定与朱蕴山、吴茂荪、梅龚彬、李民欣一同北上。李先生离港10多天后，白崇禧派往香港的大员才到达，听说李先生走了，大失所望。

按预定计划，这次上船是在12月26日晚上。为了安全，避人耳目，要走的人，事前都不知道与谁人同船，各走各的路。有的从家里转到朋友家上船，有的在旅馆开个房间停留半天再上船，有的人还搬了家，把要带的行李，放在原来住处，另行派人搬上船。民主人士不随身携带行李，看不出要出门旅行的迹象，到达了约定地点，由我们的同志护送上船。李济深先生动身的那天晚上，为了迷惑外界，还特地参加了邓文钊先生的宴请，同时参加的有朱蕴山、吴茂荪、梅龚彬、李民欣、陈此生，何香凝老人也到场作陪。席后，他们便乘我们事先准备好的小艇上船。当时要直接上苏联的货船，也是易于惹人注目的。为了掩人耳目，他们还带了酒菜，装着泛舟游览的样子，乘着小船在水面上游弋于外轮之间，一个多小时后才靠拢要上的苏联货船。上船后，李济深看到船上的熟人很多，有点惊异，我们特地把他和朱蕴山、李民欣安排在船长室，让他们不露面，以避

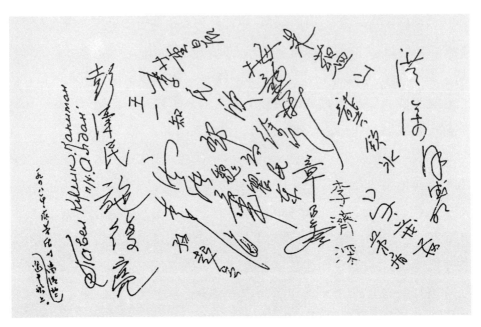

民主人士在北上途中集体签名留念

免海关检查。这一次走的人，有的西服革履，扮成经理模样；有的则是长袍马褂或普通衣着，装成商人，当作坐船到东北做生意的，所以口袋里还装一套货单。大家并事先准备了一套话，以便应付检查。

李走后没有几天，香港当局知道了，立刻引起香港各界的反应。香港当局的政治部主任亲自找到民革的副秘书长吕集义，责问说：李济深先生的安全，我们是要负责的。他走了，你们为何事先不告诉我们？这样一个有影响的人离开香港，连我们都不知道，叫我们怎样交代？为这件事，香港的传说就更多了，香港《大公报》1949 年 1 月 4 日登了这么一则消息："美联社香港三日讯：据可靠人士告本报记者：李济深已离港赴华北中共区。据说……经北韩赴哈尔滨。这是以前北上开新政协的其他民主人士所采取的途径。"李离港之所以被人发现，是因为人家去找他，问他对蒋总统元旦文告有什么批评。于是香港的空气顿时紧张起来。事情又很不凑巧，这趟船航行很不顺利。起航后的第十天，船还没有到达大连。我们都十分着急，通过苏联办事机构，才知道船到青岛海面时遇到逆风，加上坏了一个引擎，每小时只能走六里。一连几天，我们焦急不安，直到轮船过了青岛海域才放心。

船是在出发后的第12天，即1949年1月7日上午到达大连的。中央派李富春、张闻天同志专程去迎接，他们还邀请朱学范先生一同前往。朱先生是参加世界第六次劳动代表大会后回到哈尔滨的。同时去接的还有大连市委的负责同志等人。到达后，下榻在大连最高级的大和饭店，李富春、张闻天同志还到各个房间看望。当天中午，在关东酒楼以丰盛的宴席举行了欢迎会。

民主人士到达不久，我们的同志就送去了獭皮帽、皮靴、貂绒大衣。他们刚从温暖的南方来到寒冷的北方，正需要防寒的服装，收到这些东西，十分激动，有的人还拿出钱来要付款。我们同志解释说："解放区是

李济深等民主人士下榻的大和饭店（今大连宾馆）

供给制，衣、帽、鞋都是送给你们的，这是周恩来同志指示我们办的。"
他们听了，连声称道，说："恩来先生想得真周到，吃、穿、住、行都给
我们安排了，真是太感谢了！"在大连期间，安排他们游览了市区，参观
了工厂，然后乘专列经沈阳去哈尔滨。

第四批民主人士是 1949 年 3 月 14 日从香港出发，在天津上岸的。那
时天津已经解放。北上的有黄炎培夫妇，盛丕华和他的儿子盛康年，还
有姚维钧、俞寰澄等人。是刘恕同志护送的。3 月 25 日到北平，董必武、
李维汉、齐燕铭等同志前往迎接。

从香港北上参加新政协筹备会议的大多数民主党派代表人物和著名进
步爱国人士，主要是这四批，从 1948 年 8 月到 1949 年 3 月，先后平安到
达东北和华北解放区。另外，也有一些民主人士是通过其他关系、经过其
他路线进到解放区的。

此外，在接送民主人士进入解放区的过程中，还作过其他计划和努
力。1948 年秋，曾由潘汉年同志出面找萨空了（民主党派驻港代表）同
志商谈，请他与港方当局交涉，说民主党派有几位负责人要经欧洲进解放
区。萨空了找到香港大学校长施乐斯（D.T.Sloss，香港当局指定与中共和
民主党派的联系人），说民主党派负责人李济深、沈钧儒等要从香港去伦
敦，再经苏联到东北解放区。施说要报告港督。后来施告诉萨空了说，港
督表示他也做不了主，这件事要请示伦敦，需要一个比较长的时间才能答
复。施还说，你们朱学范到伦敦，我们收留了他，但后来他走了也不告诉
我们一声（朱是经莫斯科去东北参加世界第六次劳动代表大会的），我们
就很难负责。你们两个领袖要走，所以要请示。到了 12 月施才转来伦敦
的意见，说不能发护照，但可给个证明身份的文件，离开伦敦的时候，还
可以保护（此时沈钧儒已安抵东北解放区）。过了一段时间，待我们确知
沈老等已抵达解放区时，才由萨空了去找施乐斯，告诉他我们不走欧洲这
条路线了。

原来新政协筹备会议准备在哈尔滨召开，后来由于形势发展很快，我军接连取得了辽沈、平津、淮海三大战役的胜利，北平和平解放。不久，我各路大军又横渡长江，以排山倒海之势占领了南京，解放了长江以南大片地区。因此，1949年6月，在北平召开了新政协筹备会议。9月间召开了正式会议，通过《共同纲领》，选举产生了国家领导人。从此，新中国诞生了。这是后话。

1949年5月初，恩来同志召我回到北平。第二天我和刘昂同志一起向恩来同志汇报工作。他高兴地说："你们做了很多的工作，接送民主人士的任务和开辟对外经济贸易工作，都是做得好的。"其实，民主人士的顺利北上，自始至终离不开党中央的领导，离不开周恩来同志亲自指挥。可以说，民主人士的顺利北上以至新政协的顺利召开，是党中央的英明决策，是毛泽东、周恩来同志亲自部署、周密指挥的结果。

从1946年国民党反动派加紧镇压民主运动，我们党协助民主党派和进步人士撤往香港，到1948年秋全国胜利前夕，又把大批民主人士接到解放区，筹备新政协，我们党与民主党派和进步人士一直是风雨同舟，为建立人民民主的新中国而团结战斗的。这一段历史，充分表现了我党与民主党派"长期共存、互相监督""肝胆相照、荣辱与共"的革命情谊，它已光荣地载入我国革命运动的史册。

1983年9月

（原载《迎来曙光的盛会——新政治协商会议亲历记》）

护送民主人士北上

《红色华润》编委会

1948 年 1 月 31 日，任弼时和周恩来致电罗青长转钱之光："华东局答应拨黄金五百两，东北局拨粮二千吨，运至香港出售后交许涤新作为特别费用。"[①] 许涤新当时在"香港工委"负责财经工作，我党此时正在酝酿一个更加伟大的新计划。

1948 年 4 月 30 日，中共中央发布"五一"劳动节的口号，号召"各民主党派、各人民团体、各社会贤达迅速召开政治协商会议"。中央制定了一份 77 人名单。

5 月 5 日，客居香港的各界民主党派的代表李济深、何香凝、沈钧儒、章伯钧、马叙伦、王绍鏊、陈其尤、彭泽民、李章达、蔡廷锴、谭平山、郭沫若等联名致电毛泽东并转解放区人民，表示拥护"五一口号"，愿通电国内外各界及海外侨胞，共同策进，完成大业。[②]

1948 年 8 月 2 日，周恩来致电在大连的钱之光：

> 以解放区救济总署特派员名义前往香港，会同方方、章汉夫、潘汉年、连贯、夏衍等，接送在港民主人士进入解放区参加筹备新政协[③]。

---

① 中共中央文献研究室编：《任弼时年谱》，中央文献出版社 2004 年版。
② 中共中央文献研究室编：《周恩来年谱》，中央文献出版社 1998 年版，第 790 页。
③ 《周恩来年谱》，第 801 页。

随即，钱之光从朝鲜罗津上船，乘坐苏联货船"波德瓦尔号"，载着东北大豆、猪鬃和土特产，还有一批黄金，驶抵香港。同行的还有祝华、徐德明、翻译陈兴华。

他们所带的黄金事先就缝在马甲里了，上船后把黄金藏在船长室里，苏联船长很友好。这些马甲都是大连中华贸易公司的同志们亲手缝的。钱之光走前，中央派他的妻子刘昂从西柏坡赶到大连，接替钱之光管理大连站，此前她是董必武的秘书。

"波德瓦尔号"抵达香港后，港英当局缉私快艇来回穿梭，海关部门照例上船进行检查。检查的时候，船上要升起不同颜色的旗子：黄色旗子代表的是"卫生检疫"，花色旗子代表的是"移民局"。他们检查的时候，外人不许上船。还有，苏联船长对"锚地"不熟悉，需要"领航员"来领航①。为了安全起见，钱之光扮成锅炉工，烧火，身上全是煤灰，等海关人员走了以后才洗澡、换西装。杨琳、刘恕、袁超俊到船上迎接，而后住进刘恕家里。

当晚，华润分别致电朱德、周恩来和大连的刘昂，报告钱之光顺利抵达的消息。

此后，钱之光任华润公司董事长，杨琳任（总）经理，袁超俊任业务部主任，刘恕任会计部主任。大家称钱之光为"简老板"。

钱之光到香港后，新的任务也随之来到华润：一方面，华润要通过与东北局的贸易活动，支援国内的解放战争；另一方面，华润还要把客居海外的民主人士护送到东北解放区，筹备召开新的政治协商会议，为建立新中国做准备。

先说经济任务。

一船接一船的货物从东北运到香港，华润员工有一批人负责出售这些

---

① 采访朱仲平记录。

货，同时，还有一批人负责采购内地所需物资。这样，两批人就形成了"进口"和"出口"的格局，在此基础上很快形成了进口部、出口部、储运部、财会部、秘书部。

采购量太大了，香港的商家、工厂，都在为华润赶制产品。华润买鞋子，一买就是成千上万双，都是给前线的解放军战士买的。买布匹，都是一卡车、一卡车地买。

香港不产棉花，华润先是通过香港的洋行代理进口，了解市场情况后，华润派出了自己的人，长期住在印度、巴基斯坦，专门进口棉花。这些人就成了棉花专家，一看棉绒就知道是什么等级。

此外，西药、轮胎、纸张、电讯器材等是每次都要运的，大多从英国、美国进口。华润不断地订货，存在货舱里，有船就运走。

抗战时期与杨琳交朋友的那个尹先生，多年来一直与华润做生意。一次，袁超俊和尹先生谈购买真空管的事，钱之光在一边听，袁超俊介绍说："这位是简老板"，并把"简"字写给他看，尹先生看了字后用粤语说："原来是简先生，幸会。"

钱之光感受到学粤语的重要性，他要求大家一定要学好粤语[①]。

再说政治任务。

钱之光、杨琳、刘恕、袁超俊等华润领导和香港地下党组织"港工委"开始着手登记在香港的民主人士名单，并筹划如何把散居在香港不同地点的几十位民主人士从家里接出来、送上船而又不会引起国民党特务的警觉，谁负责联系哪一个民主人士，如何应付可能发生的意外情况，同时，谁负责采购货物，谁负责装船等。此外还要勘察地形、设计出海线路。这是一项非常复杂的工作。

8月下旬，准备工作就绪，决定9月初起航。航线是：从香港北上，

---

① 袁超俊：《华润——在大决战中创业》，《红岩春秋》1998年第2期。

经台湾海峡，至朝鲜的罗津，再到哈尔滨。他们把方案报告给中共中央。

8月30日，任弼时、周恩来、李维汉联名致电华润公司董事长钱之光：同意组织一批民主人士搭乘华润所租的苏联货船前往朝鲜，但须注意绝对秘密①。

就在这个时候传来了一个不幸的消息：冯玉祥将军在从美国归国途中因轮船失火于9月1日不幸遇难。

为了确保民主人士的安全，大家一致认为：不能让这么多民主人士乘一条船，要改为分批回去。他们请示中央。9月7日，周恩来代表中共中央致电香港："民主人士乘苏轮北上事，望慎重处理。"并指示："不宜乘一轮，应改为分批前来，此次愈少愈好。"②沈钧儒和蔡廷锴听说以后，毫不犹豫，愿第一批前往解放区。

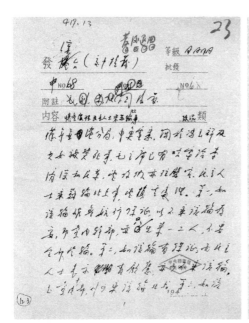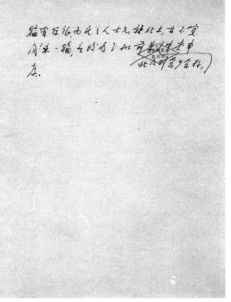

周恩来起草的中央关于慎重处理民主人士乘苏轮北上事致潘汉年等电

---

① ② 《周恩来年谱》，第804页。

钱之光和大家经过反复协商，最后决定，第一批先走四位：蔡廷锴、谭平山、章伯钧、沈钧儒，由港工委的章汉夫护送。

"波德瓦尔号"上装满了华润公司的货物，包括：医疗器械、机床、卷筒新闻纸、真空管、麻袋、轮胎、鞋子等，还有纺织用的棉纱、棉花、车用的零部件[①]。主要商品还是西药。我们无法一一列举这些货物，3000吨的货轮满载。以上五位扮作华润员工，扮作货物押运员。他们每人拿着一份货物清单。这里边有一个潜在的危险，这五个人更像大老板，而不像货物押运员，很容易引起怀疑，最好给他们配备几个助手。可是，当时其他可靠的华润员工还走不开，因为后期护送民主人士和采购物资的任务，更加艰巨。

杨琳决定让自己的儿子和博古的儿子同船前往，当"老板们"的助手。两个孩子会讲粤语，年轻，像普通员工。杨琳的儿子秦福铨当时在香港读大学，19岁；博古的儿子秦钢高中刚毕业，18岁。秦钢一直由叔父杨琳抚养。

正是 9 月，大学刚刚开学。10 日左右，杨琳告诉儿子秦福铨："不要上学了。"秦福铨问："为什么？"杨琳没回答，只是告诉儿子："不要出门，不能打电话告诉任何人。"[②]

黄美娴默默地为两个孩子准备行装。

杨琳完全知道，这可能是一次充满危险的航行。我们的保密工作虽好，但是，此前为联系民主人士，参与的人还是不少。万一被国民党特务察觉了，在大海上，国民党的军舰、飞机随时都有可能采取行动。

深夜，杨琳拿起笔，写了一封信，写给他的老战友、老上级陈云同志。他们为了党的事业共同战斗了 18 年，如今，下一代接上来了，博古虽然牺牲了，博古的儿子秦钢开始投身革命事业了，还有自己的长子秦福铨。

① 袁超俊：《华润——在大决战中创业》。

② 采访杨琳之子秦福铨记录。

1948 年 9 月 12 日，辽沈战役爆发。

就在同一天，9 月 12 日黄昏时分，钱之光登上"波德瓦尔号"轮船。

深夜，袁超俊、刘恕陪同四位民主人士和章汉夫乘坐小汽艇驶向"波德瓦尔号"，钱之光在船上迎接四位民主人士和章汉夫，并话别①。之后，钱之光下船回公司。袁超俊和刘恕完成任务后，也回到公司。

9 月 13 日清晨，杨琳把两个孩子叫醒，匆匆吃过早饭，拿起行装就下了楼，在九龙附近的一个码头上，两个孩子上了一条游艇，驶向鲤鱼门方向，游艇很快就停靠在"波德瓦尔号"旁边。

一位姓马的工作人员把两个孩子带上船，然后交给了水手长。水手长是一个很年轻的苏联人。水手长带着他们两个走进他自己的房间，里面有一个上下铺，两个孩子就住在这里。

刚安顿好，杨琳坐着另一艘小船也来了。杨琳上船后，介绍两个孩子跟章汉夫、蔡廷锴、谭平山、章伯钧、沈钧儒等前辈认识。

杨琳还带来一些日常药品，交给章汉夫，让他们路上用。把四位民主人士和两个孩子安排好以后，杨琳与大家告别，随后，他把儿子叫出来，把写给陈云的信交给儿子，嘱咐一番，就下了船。秦福铨回忆说："爸爸转身离开的时候，心情很沉重的样子。"

杨琳随后走进船长室，用俄语向船长嘱咐了一番。

这里有一个问题：轮船究竟是白天还是夜晚开船？

我们读到一些传记文章，说运送民主人士是在晚上开船。在采访的过程中，我们反复询问：您确定开船的时间是白天吗？秦福铨很肯定。《风雨同舟》一书也证实了这一点②。

由此推断：民主人士是在头一天的夜里秘密上船，这是为了防止国民

---

① 王烈：《钱之光传》，中国文联出版社 1993 年版，第 239 页。

② 杨奇：《风雨同舟》，香港各界文化促进会 2004 年版，第 30 页。杨奇说起航时间是 12 日，恐有误。

党特务跟踪，国民党要破坏我党关于召开新政协会议的计划。而这条船和船上的货物、乘客都是合法的，轮船出海前，船上所装货物、所载的乘客都要"报关"，香港海关人员要上船检查。苏联船长还需要香港领航员领航。沈钧儒等装扮成押运员主要是为了瞒过香港方面的检查，几个人当中，有老板模样的长者，也有年轻的助手，轻易不会引起怀疑，到了海上，即使碰到缉私船，也没问题。

那时出海基本上是在近中午的时候，有时候会在下午，不是在晚上开船，也没必要，我们的船是合法的，有报关单、货单、保险单等各种合法手续[①]。

船上的居住情况是：沈钧儒住在大副的房间里，在楼上，大副就睡在沙发上，大副是苏联人，很友好。

章汉夫、蔡廷锴、谭平山、章伯钧住在一个房间里，是两个上下铺。他们经常坐在一起聊天。

吃饭的时候，他们五人加两个孩子一起吃，有时候船长和大副会来。他们边吃边聊天儿。

其实，船上还有另外一些人，祝华和徐德明[②]也在船上，他们二人是真正的货物押运员。他们在船上单独起居，表面上不跟民主人士发生联系，只在暗中保护[③]。这是形势所迫，政治任务和贸易任务分离，万一国民党军舰赶来，抓走了沈钧儒、章汉夫等民主人士和共产党员，还有他们两个在，船上的物资就不会受到影响。船是苏联的，货是运往朝鲜的，都是合法的。而且，船本身属于客货两用船，船上搭乘的是什么人，有没有共产党，苏联船长可以不负责任。

---

① 采访朱仲平记录。

② 徐德明情况不详。

③ 采访祝华记录。

轮船在海上行驶了八天[①]。有一天，美国的飞机飞到轮船上空侦察，飞机飞得很低，很久不肯离去，苏联船员拿出苏联国旗，在两个孩子的帮助下，把旗子铺在甲板上，飞机看到苏联国旗，大概也拍了照片，就飞走了[②]。

轮船驶过东海，在朝鲜与日本之间的朝鲜海峡遇到台风，台风很大，轮船在大海里摇摇晃晃。那一夜，华润公司参与此项工作的人员彻夜不眠。钱之光一直在住地的走廊里走来走去。西柏坡的中央领导也彻夜未眠，他们担心轮船的安全，一直等电报。据日本报纸记载，那次台风造成2000余人伤亡[③]。

轮船在台风中航行了一夜，驶过朝鲜海峡就安全了。华润公司接到"波德瓦尔号"平安的电报后，马上向中央作了汇报。那天，华润人特别高兴，他们完成了这样一个伟大的任务。为了表示庆祝，钱之光和杨琳决定：晚餐加一个红烧肉。

9月18日，中共中央致电东北局：派人到罗津港迎接。头一天正好是中秋节，团圆的气氛依然浓重，大家格外高兴。

9月21日，货船到达朝鲜的罗津。陈云等忙于辽沈战役，东北局派李富春、朱理治到港口迎接。之后一行人乘火车抵达哈尔滨，高岗、陈云等在火车站迎接。

10月3日，毛泽东、朱德、周恩来从西柏坡致电表示欢迎。

电文写道：

> 诸先生平安抵哈，极为欣慰。弟等正在邀请国内及海外华侨、各民主党派、各人民团体及无党派民主人士的代表人物来解放区，准备

---

① 王烈：《钱之光传》，第239页。

② 采访秦福铨录像。

③ 采访郭里怡记录。报道见1948年9月17日《华商报》。

在明年适当时机举行政治协商会议。尚希随时指教，使会议准备工作臻于完善。

此时辽沈战役正如火如荼。

1948 年 9 月 12 日，辽沈战役爆发，我军在前线获得了巨大的军事胜利。辽沈战役历时 52 天，歼敌 47 万，东北全境解放。

1948 年 9 月 13 日，第一批民主人士离开香港奔赴解放区，这标志着我党统战工作的巨大胜利，赢得的是人心所向。

9 月 12 日与 9 月 13 日，这两个日子绝不仅仅是历史的巧合，它是我党一直坚持的"党的领导、武装斗争、统一战线"三大法宝的具体体现。

到达解放区，大家异常兴奋，蔡廷锴、谭平山、章伯钧、沈钧儒等很快就与中共中央取得了联系，开始研究《关于召开新的政治协商会议诸问

1948 年 9 月，在哈尔滨的民主人士合影。前排左二起：谭平山、沈钧儒、李德全、蔡廷锴；朱学范、章伯钧（后排左二、左三）

题（草案）》，并建议中央把《草案》带给还在香港的其他党派团体的负责人，征求意见，并请他们早日北来。他们给中央的这条建议后经钱之光和香港工委传达给了在香港的其他民主人士，从而使处于犹豫中的部分人士打消了顾虑①。

再说杨琳的两个孩子：到哈尔滨以后，他们把杨琳写给陈云的信交给了李富春的夫人蔡畅。

不久，陈云把孩子接到自己的办公室。陈云问秦福铨有什么打算。秦福铨说："我想参军。"当时我军在东北刚刚建立了一所航空学院，缺少有文化的学员，考虑到秦福铨是大学生，陈云批准他进入航空学院，成为我军第一代飞行员。秦钢年龄小，继续读书，他和延安来的一批孩子编成一个班，开始了大学生涯，李鹏当班长。他们之中很多是像秦钢一样的烈士子女②。

第一批民主人士在香港"消失"后引起舆论界种种猜测，这给第二批运送计划带来许多麻烦。华润和港工委负责同志都一再强调要"绝对保密"，护送工作不能出现任何差错。

1948 年 9 月，辽沈战役还在进行中，解放战争的形势还没有产生决定性的变化，加上美国政府支持蒋介石，在这种情况下，一些中间人士还处于观望状态。

为了保证新政协会议的顺利召开，1948 年 9 月，周恩来等拟定了一份 77 人的民主人士名单，电告华润：务必将他们安全地送回解放区③。我们在档案馆找到了这份名单。

名单上的人有一些不在香港，他们还在内地，在上海、昆明、重庆、成都等国统区。比如许广平，还在上海。现在的任务是，要派人把他们接

---

① 《周恩来年谱》，第 814 页。

② 采访秦福铨记录。

③ 《周恩来年谱》，第 808 页。

到香港。这些人的生活大多很清苦，请他们到香港来，他们很可能没有举家迁移的路费。

钱之光、杨琳等决定：派人回内地接应，并送路费。

徐景秋参加了这项工作。1948 年秋季，她化装成少妇，提着一个皮手袋，里面放着首饰和钱，乘火车北上，先到桂林，再到重庆，又到成都。她把经费和行程计划交给当地的地下党，再由他们交给民主人士 [①]。

在当地地下党组织的配合下，民主人士陆续抵达香港，与华润或港工委取得了联系。徐景秋记得，她联系了好几个人，当时大家都用化名。

徐景秋本是书香门第，父亲早年留学法国，搞铜板制造和枪支设计。徐景秋 1939 年与李应吉结婚，在川东地区以教师身份为掩护，从事地下工作。严酷的环境让她经历了太多苦难。1940 年，他们的第一个孩子出世后不久就送给了老乡，他们夫妻二人秘密转到湖南。两年后，条件好转，她再回丰都，寻找自己的孩子。在地下党的帮助下，她找到了当初收养孩子的那个老乡，孩子两岁了，刚会走，骨瘦如柴，正患痢疾，病情严重。谢过老乡后她把孩子带了回来，送进医院。战争时期，医院条件很差，传染病相互交叉，消毒也不彻底，孩子在医院里住了 7 天就死了。

徐景秋在华润是交通员和资料员，常出入于香港和深圳之间，送情报时，把情报藏在鞋子里，有时藏在发髻里。

鲁迅的夫人许广平和儿子周海婴也在这个时候被接到香港，谁负责接的，我们没能采访到，但可以肯定，是香港派人送去了经费 [②]。

苏联货轮"波德瓦尔号"从东北再次返航，杨琳推算，待轮船到香港后，卸完货，第二批民主人士在 11 月上旬可以起航，大家开始分头通知民主人士，让他们做好准备。

可是，就在 11 月 1 日下午 5 时 10 分，意外发生了："波德瓦尔号"

[①] 采访徐景秋记录。

[②] 周海婴：《鲁迅与我七十年》，南海出版公司 2001 年版。

轮船在香港鲤鱼门与一艘英国轮船相撞，船舱进水。

香港《华商报》1948年11月5日记载：

> 本月一日下午五时十分，英国太古轮船公司蓝烟通轮"沃米亚号"，在鲤鱼门海口与苏联货船"波尔德华号"（即波德瓦尔）相撞，苏轮船尾撞毁沉下，货舱入水，货物浸湿，关于该两轮相撞事件，海事处奉港督命组织特别海事法庭，昨日开庭研究。

袁超俊负责打官司，他拍了好多照片，包括轮船及船上货物受损的照片，准备索赔[①]。

他们很快意识到：这是一场旷日持久的官司，运送第二批民主人士的任务不能由这条船承担了。可是，"阿尔丹号"还在回去的海上，也等不及。

钱之光和杨琳等紧急决定：在香港就地租一条船。

王兆勋和林其英等负责租船。他们租了一艘800吨的小轮船，原名叫"华中号"，挂挪威国旗[②]（该船后被我党领导的运通公司买下）。

第二批民主人士于11月23日起航，包括：郭沫若、翦伯赞、许广平和儿子周海婴、马叙伦、陈其尤、沈志远、丘哲、朱明生、许宝驹、侯外庐、曹孟君、韩练成、冯裕芳等[③]。

华润的王华生负责货物押运。

港工委的连贯负责陪同。

行程中，许广平一直为儿子周海婴织毛衣，郭沫若因此为周海婴题

---

① 该船在九龙船坞修好后，可以继续运营，不久后运货返回东北。

② 王烈：《钱之光传》，第241页；另见杨奇《风雨同舟》第32页，《风雨鹭江》，中央文献出版社2000年版，第24页。

③ 一说宦乡也在船上。

字："团团毛冷线，船头日夜编。北行日以远，线编日以短。化作身上衣，大雪失其寒。乃知慈母心，胜彼春晖暖。"附言中写道："1948 年 11 月月杪，由香港乘华中轮北上，同行者十余人。广平大姊在舟中日夕为海婴织毛线衣，无一刻稍辍，急成之以备登陆时着用也。因成此章，书奉海婴世兄以为纪念。郭沫若，11 月 28 日。"①

11 月 2 日辽沈战役已经结束，东北全线解放。大家在船上开联欢会，郭沫若、马叙伦、丘哲等还在船上写诗朗诵。

为缩短行程，轮船改在长山群岛抛锚，再用小船把人员运上岸，送到安东（今丹东）。东北局负责同志前往迎接，并陪同北上哈尔滨。

第二批民主人士离开香港以后，不仅国民党特务有所察觉，港英政府也有所察觉，港英政府官员以洽谈业务为名，来华润打听情况②。

为了保证第三批运送工作顺利进行，华润公司和港工委决定：利用圣诞节的机会起航。这次护送的民主人士有李济深、朱蕴山、梅龚彬、邓初民、章乃器、施复亮、彭泽民、茅盾、王绍鏊、柳亚子、马寅初、洪深、孙起孟、吴茂荪、李民欣③。

因为李济深在其中，所以要格外小心。李济深是国民党革命委员会主席。当时，各派政治势力都在拉他，港英当局与他常有联系；美国驻香港的领事馆也在频繁地与他接触，美国希望通过他扶植国共以外的"第三种势力"；国民党特务对他盯得很紧。白崇禧还曾亲笔写信，企图与他合作。

1948 年 12 月 26 日上午，钱之光、杨琳和港工委安排李济深接受"合众社"记者采访④。

---

① 周海婴：《鲁迅与我七十年》。
② 华润集团档案馆（第三馆）。另见《钱之光传》。
③ 杨奇《风雨同舟》第 38 页记载，还有王一知、魏震东、徐明等。
④ 《华商报》1948 年 12 月 27 日。

　　记者问：听说明春将召开新政治协商会议，届时李将军将前往参
加否？

　　李答：新政协现在积极筹备中，明春正式召开时，我是可能前往
参加的。

李济深公开接受记者采访，做出当天根本不会离开香港的假象。26
日晚上，他在中环半山罗便臣道的家里，与家人一起吃饭，家里的窗帘故
意拉开，特务们可以看见他在家里，衣架上挂着他的衣服。港英政府在他
家对面的楼里租了一层楼，也派了几个特工监视，名曰"保护"。李济深
在家里与大家举杯饮酒，过圣诞节。吃到一半，李济深起身去洗手间，随
即出了后门，我党安排的小汽车刚好赶到，李济深上了车。

　　小车一直开到坚尼地道 126 号，这是《华商报》董事长邓文钊的家。
杨琳和邓文钊在抗战时期就是老朋友。

　　邓文钊在家里举办圣诞联欢，何香凝出席晚宴为李济深等送行，一派
歌舞升平的节日景象①。在晚宴进行的同时，其他民主人士陆续被接到铜
锣湾避风港，他们每人都有专门的接送员带引，登上小游艇，然后好像是
去油麻地游览夜景，在不知不觉中将民主人士送上"阿尔丹号"轮船。游
艇往返多次，半夜时分，李济深从邓家出来，也登上游轮，装作继续欢
聚，在海上游览香港夜景，在夜色的掩护下，小游轮驶近"阿尔丹号"轮
船，李济深神不知鬼不觉地登上轮船，小游艇上的其他人继续游览。

12 月 27 日上午，"阿尔丹号"轮船驶出香港。

港工委派李嘉仁陪同。

华润的货物押运员是徐德明。

我党负责人龚饮冰、卢绪章随行。那时解放区需要大批懂经济的干

---

① 杨奇：《风雨同舟》，第 40 页。

部，在香港工作的我党干部被不断地调回国内。

刘昂在大连部署迎接。周恩来电示刘昂：给民主人士安排大连最好的宾馆，为确保安全，要住单间；要举行欢迎宴会。1 月天气寒冷，香港与大连温差超过 40 度，周恩来指示：要准备好皮大衣、皮帽子、靴子等。

"阿尔丹号"在海上逆风行驶，坏了一个引擎，走了 12 天，于 1949 年 1 月 7 日才到达大连，中共中央派东北局的李富春、张闻天及大连市委的欧阳钦、韩光、李一氓，还有刚回国的朱学范到大连迎接。他们在大连游览了市区，还参观了几家工厂，然后乘专列于 1 月 14 日到达沈阳①。

他们到沈阳的当天，毛泽东、朱德、周恩来即致电李济深等②：

> 闻公抵沈，敬表欢迎。

不久，在沈阳，陈云为回到解放区的李济深、沈钧儒等 50 多位民主人士举行了盛大的欢迎仪式，千余人出席大会。会后，还有秧歌表演，刚刚解放的沈阳沉浸在欢乐的海洋里③。

1949 年 1 月 15 日天津解放。1 月 31 日北平解放。2 月 25 日，林伯渠陪同前三批到哈尔滨和沈阳的民主人士乘专列从沈阳到达北平。

第四批民主人士于 1949 年 3 月 14 日起航，这次是租用的挪威轮船 Davikon，这时平津战役已经结束，黄炎培、盛丕华和儿子盛康年、俞寰澄等民主人士在华润公司财务经理刘恕陪同下，直驶天津。同船还有二十几位文化界名人，如叶圣陶、郑振铎、曹禺等。

广大华行地下党员杨延修等同船北上，调回解放区参加接收上海的准备工作。

---

① 王烈：《钱之光传》，第 245 页。
② 《周恩来年谱》，第 827 页。
③ 采访陈云夫人于若木记录。

1949 年 1 月，已经来到解放区的沈钧儒（左二）、李济深（左三）、郭沫若（左五）等在沈阳观看秧歌表演

这是香港与天津在战后第一次通航，华夏公司经理王兆勋以轮船买办的名义在船上指挥。刘双恩熟悉华北航道，作为普通船员与挪威船长一道负责轮船航行当中的工作。

1949 年 3 月 24 日，第四批民主人士抵达天津，市长黄敬等前往迎接，25 日到北平[①]。26 日，中共北平市委等四家单位在中南海怀仁堂为这四批民主人士举行盛大欢迎会。

1949 年 3 月 25 日，毛泽东、朱德、刘少奇、周恩来、任弼时率中央机关及解放军总部人员从西柏坡抵达北平，在北平西苑机场举行阅兵式。检阅结束后，毛泽东就开始与民主人士一起商讨建立新中国的大事。

北平解放后，要求回国的爱国人士纷纷从世界各地回到香港。华润华夏公司的"东方号"等货轮此后又多次满载着爱国华侨、文化名人驶向大连或刚刚解放的天津。第五批达 250 余人，包括许多电影演员和作家[②]。

① 《周恩来年谱》，第 835 页。另据采访刘恕记录。

② 杨奇：《风雨同舟》，第 46 页。

黄药眠、钟敬文等 100 余人是第七批。在隆隆的炮火中，华润公司先后把 350 多位民主人士和 700 多位文化名人及爱国华侨运回大陆①，保证了政治协商会议的顺利召开。许多民主人士、文化名人以及爱国华侨在新中国诞生以后担负起重要使命，为新中国的发展做出很大贡献。

李济深：中央人民政府副主席；

沈钧儒：政协副主席，最高人民法院院长；

黄炎培：政务院副总理，轻工业部部长；

郭沫若：政务院副总理；

蔡廷锴：政协委员、人民政府委员、人民革命军事委员会委员；

谭平山：中央人民政府委员，人民监察委员会主任；

章伯钧：政协常委；

茅盾：政协常委，政务院文教委员会副主席，文化部长；

马叙伦：政协常委，政务院政务委员，教育部长；

孙起孟：政协副秘书长，政务院副秘书长；

马寅初：政协委员、人民政府委员、政务院财经委员会副主任；

许广平：政协委员、政务院副秘书长；

宦乡：政协委员兼秘书长；

沙千里：政协委员、贸易部副部长；

柳亚子：政协代表、人民政府委员。

我们不想一一列举他们的职位和头衔。像华润老前辈一样，他们在抗日战争和解放战争中，都是中国历史舞台上的活跃人物，他们的传奇经历都是中国革命史的组成部分。

（原载《红色华润》,《红色华润》编委会编，中华书局 2010 年版）

---

① 杨奇:《风雨同舟》, 第 50 页。

我从香港北上的经历

周而复[*]

香港成为临时文化中心

1946 年，夏衍、冯乃超先后离开上海以后，在上海的进步的文化文艺工作者，少数去了解放区，多数陆陆续续到了香港，只有文艺界旗手郭沫若和茅盾等还留在上海。国民党反动当局占领张家口以后，内战的烽火烧得更旺了，恩来同志率领少数工作人员由南京梅园的中共办事处撤到延安去了，留在上海马斯南路中共办事处的董必武同志和其他人员也准备撤退。国民党反动派在全国人民包围之中，狗急跳墙，公然宣布"民主同盟非法"，这是一个信号，国民党反动派准备下毒手了。著名的民主人士和无党派代表人物和文化文艺界著名人士无法待下去了，疏散撤退工作加紧进行。党组织为了郭沫若和茅盾安全离开上海，指派于伶负责护送他们去香港。不巧，于伶得了阿米巴肝脓疡病，发高烧，不能起床，无法完成这个任务。党组织改派叶以群护送。他们秘密离开上海，安全到达香港。郭老住在九龙山林道一幢西式房屋楼上，茅公也住在九龙。

香港当时形成以郭沫若、茅盾为首的临时文化中心，重庆的、上海

---

* 周而复（1914—2004），第五届全国政协副秘书长兼文史资料委员会副主任，第六、七届全国政协委员，曾任文化部副部长。时任中共中央南方分局文化工作委员会副书记。

的和广东的文化界著名人士几乎都来了，"群贤毕至，少长咸集"，极一时之盛。进步的报纸刊物不断复刊、创刊、出版；报刊除《华商报》复刊外，有方方直接领导的《正报》，章汉夫领导的《群众》，乔冠华、龚澎负责的《今日中国》半月刊（英文版），以茅盾等为编委的《小说》月刊，司马文森主编的《文艺生活》，秦似负责编辑的《野草》（在桂林创办，在香港复刊），周而复主编的《北方文丛》等；还有《大公报》《文汇报》等；同时有新民主出版社、新中国出版社和有利印务公司等，印刷、出版、发行进步的革命的书籍。可以说，这是全国文艺界著名人士第二次在香港大集会（第一次是抗日战争时期太平洋战争爆发以前），其阵容、声势和影响远远超过第一次。

中共中央南方分局文化工作委员会书记先是夏衍担任，副书记冯乃超，委员有胡绳、张泯、邵荃麟、周而复等，夏衍应胡愈之之邀，去新加坡协助胡愈之同志编辑报纸并进行统一战线工作。当时爱国民主人士陈嘉庚，积极开展反对国民党蒋介石妄图消灭共产党及其武装力量的内战。夏衍去后，由冯乃超继任书记，这以后组织上又决定我任副书记。

当时文委主要工作是向香港和南洋一带宣传党中央和解放区的方针政策；团结一切可能团结的人士，共同反蒋，争取早日实现宏伟的解放目标；宣传和在可能范围内实践毛泽东同志《在延安文艺座谈会上的讲话》和方针路线；开展文艺界的统战工作；联系和管理在香港或经过香港去国民党地区和解放区的党员和党外的文艺工作者等。

我参加文委工作，分工管少数文化艺术团体外，还联系党内作家和党外文学艺术工作者，协助解决他们所要解决的问题，如组织关系、工作、生活等。

……

1948 年春，因为解放战争不断传来捷报，特别是 1948 年的"五一"号召以后，召开新政治协商会议建立联合政府、成立中华人民共和国提到议事日程上了。根据中央和南方局的指示，我要安排党员负责干部和著名的民主人士去解放区，这样的组织工作是大量的，而且要求秘密分批进行，必须保证绝对安全。

本来，到香港以后，我基本上保持上午写作，下午和晚上参加各种活动。胜利的形势和重要的工作打破了有规律的生活安排，没早没晚，要完成组织上分派的任务。这样，写作的时间少了。

响应"五一口号"，组织文化界民主人士秘密离港

全国各民主党派主要负责人和民主人士也大半先后到香港，如国民党革命委员会的李济深、何香凝、李任仁、陈劭先；中国民主同盟的沈钧儒、沙千里；民主建国会的章乃器、孙起孟、盛丕华；中国民主促进会的马叙伦、王绍鏊；中国农工民主党的彭泽民、章伯钧、丘哲；中国致公党陈其尤；台湾民主自治同盟谢雪红、李纯青等。这些民主党派大半是早就成立的，少数是成立不久的，或者新成立的。香港不只是成了文艺界临时中心，同时也成为民主党派和著名的民主人士中心，民主活动中心之一了。

国民党反动派倒行逆施，违背人民追求和平、民主、自由的愿望，悍然发动内战。前方不断传来胜利消息，1947年10月10日，发布了《中国人民解放军宣言》，重申作战目的"是为了中国人民和中华民族的解放"。《宣言》在彻底揭露蒋介石反动集团一贯反人民的反革命历史和残害人民的滔天罪行之后，发出了"打倒蒋介石，解放全中国"的伟大号召。解放战争进入第三年，全国的军事、政治形势对我十分有利，我军同国民党军队进行战略决战的条件已经成熟。在东北战场上，我东北野战军正规部队已发展到70万人，地方武装33万人，总计103万人。国民党卫立煌集团55万人，龟缩在长春、沈阳、锦州三个孤立地区。在华东战场上，国民

党徐州"剿匪"总司令部总司令刘峙所部 60 余万兵力，加上增援部队共有 80 万人马。中共中央军委指示华东、中原两个野战军集中 22 个纵队及中原、华东、华北一部分地方武装共 60 多万人马，并肩作战，力求歼灭刘峙集团主力于长江以北。

东北和华东两大战略决战的胜利在望。1948 年中国共产党中央在"五一"劳动节提出"各民主党派、各人民团体、各社会贤达迅速召开政治协商会议，讨论并实现召集人民代表会议，成立民主联合政府"的建议。这为消灭卖国独裁的反动统治敲了丧钟，在东方地平线上升起建立独立、民主、自由、幸福新中国的曙光。汇集在香港的各民主党派负责人和民主人士、文化文艺界著名人士以及香港爱国进步群众无不欢欣鼓舞，奔走相告，响应和拥护中共"五一"号召。

1948 年 5 月，中国民主促进会发表响应中共"五一"号召的宣言。

5 月 7 日，台湾民主自治同盟号召台湾同胞响应中共"五一"号召。

5 月 23 日，民主建国会总会常务理事、监事联席会议决议："赞成中共'五一'号召，筹开新政协，成立联合政府；推章乃器、孙起孟为驻港代表，同中共驻港负责人及其他民主党派驻港负责人保持联系。"

6 月 9 日，中国致公党发表响应中共"五一"号召的宣言。

6 月 14 日，中国民主同盟发表响应中共"五一"号召致全国各民主党派各人民团体各报馆暨全国同胞书。

6 月 16 日，中国农工民主党发表对时局宣言，第三点指出："中共领导的人民解放军已逐渐形成绝对的优势，由区域的胜利，发展到全国的胜利。……中共中央'五一'号召主张：各民主党派、各人民团体及社会贤达，迅速召开政治协商会议，就是加速胜利有力的号召，亦即是建立各革命阶级的联盟，巩固和扩大爱国民主统一阵线必要步骤，实现新中国的正确途径。"

6 月 25 日，中国国民党革命委员会发表响应中共"五一"号召的声明。

香港许多人民团体也发表响应"五一"号召的宣言。"五一"号召发表后第二天，恰巧是"五四"运动 29 周年，这天上午，"文协"港粤分会举行第三届年会，讨论举办文艺周活动等事宜，改选理监事，当然，同时含有纪念"五四"的意义。下午，召开庆祝第四届文艺节纪念大会。这两个会，乃超和我都出席了，乃超还谈了《文艺工作者的改造——纪念文艺节》，引用毛泽东同志在《讲话》里的方针政策，启迪文艺工作者进行自我改造，进一步确立无产阶级世界观，提出："今天文艺的任务是扩大了，历史要求反映人民生活又指导人民生活的文艺。"

这时候，除已经到达香港的文艺界著名人士外，原在上海和其他地区的作家、诗人、画家、文化界著名人士郭沫若、茅盾也先后到达香港。此外我记得还有：王任叔、柯灵、楼适夷、阳翰笙、洪深、张天翼、蒋牧良、葛琴、钟敬文、黄药眠、刘思慕、廖沫沙、聂绀弩、周钢鸣、秦似、秦牧、司马文森、陈残云、洪遒、华嘉、杜埃、黄谷柳、孟超、楼栖、吕荧、胡希明、吕剑、陆浮、黄宁婴、缪灵珠、黄新波、李凌、李门等，还有沈志远、千家驹、沈超白、陈其瑗等。

我们看到中共中央"五一"号召，最早响应和拥护的是文艺界，结合纪念"五四"写了一份告国内文化界同仁书，响应中共中央关于建立联合政府的号召，呼吁文化界同仁团结起来，为建设新中国而奋斗。乃超和我一同先去征求郭老和茅公的意见。他们认为很好，同意尽快发表出去，希望多找一些作家签名。我们接受郭老和茅公的意见，便分头找人看《纪念五四致国内文化界同仁书》。我主要找上海的作家，广东等地作家由司马文森他们去找。汇集到香港的文艺界著名人士 63 人签名，在 1948 年 5 月 4 日发表了。

1948 年 10 月 19 日，鲁迅逝世 12 周年，我们在面海的六国饭店大厅会场，举行纪念会，会场内外坐满了人，整个大厅坐满了，就坐在会场外边，座位没有了，有的人干脆站着听郭沫若同志发表热情洋溢和慷慨激昂的讲话。因为他结合解放战争胜利发展的形势讲的，句句激动人心，不断被暴风骤雨般的热烈掌声所打断。这对于文化界和香港各界人士认识形势的发展发生了强烈的鼓舞作用。

西北野战军遵照中央军委关于向南进攻转入外线作战的指示，于1948 年 2 月 23 日发起宜川战役，以一部兵力围攻宜川，诱使洛川、宜君敌军来援，准备围歼援敌。援敌果然到达宜川南瓦子街地区，我军立即包围，将援敌全部歼灭。攻克宜川后，又歼守敌一个旅，于 4 月 22 日我军恢复被胡宗南部侵占一年又 33 天的革命圣地延安。根据党中央和毛泽东同志的战略方针，解放战争不在于一城一地的得失，主要在于歼灭敌人有生力量，一个月歼灭敌九个旅左右，那时即使某些城市还被敌人占领，敌人也无力守卫了。所以一年又 33 天，我军主动放弃延安，敌人让暂时的胜利冲昏了头脑，以为中共中央和军委所在地延安占领了，中共和解放军就完蛋了。无情的事实与他们主观的愿望相反，中共和解放军的力量日益壮大。主动放弃的延安，时机一旦成熟，便轻而易举解放了延安，鼓舞国内和港澳等海外地区的各界人士。

革命圣地延安在胡宗南占领和败退的时候，破坏得很厉害，老百姓回到面目全非、残破不全的延安，生活上遇到了困难。消息传到港澳地区，文艺界人士主动要求捐献，支援重新获得解放的延安地区人民群众。

1948 年 9 月 8 日到 13 日，在河北省平山县西柏坡村召开政治局会议。会议分析了全国极为有利的战争形势，检查了过去时期的工作，提出了建设 500 万人民解放军，在大约五年左右的时间内（从 1946 年 7 月算起），从根本上打倒国民党反动统治的总任务。

1948 年 9 月 12 日到 11 月 20 日胜利地进行辽沈战役，歼敌 47 万人，解放了东北全境。

1948 年 11 月 6 日到次年 1 月 10 日，历时 65 天，共歼敌军 55.5 万人，胜利结束淮海战役。

平津战役自 1948 年 11 月 29 日开始，经过谈判，傅作义率部 25 万余人接受改编，次年 1 月 31 日，北平宣告和平解放。

1948 年 8 月，开始邀请各民主党派，包括文艺界在内的各界民主人士到解放区共同筹备召开新政治协商会议，准备成立新中国是艰难而又伟大的任务，也是全国人民长期渴望实现的心愿。

周恩来以中共中央名义致电中共中央香港分局（党组织机构随着形势的变化，随着名称和任务有所变化），指示必须做好邀请与欢迎港沪及南洋民主人士及文化界朋友来解放区，并为他们筹划安全的道路。他指示香港分局委员潘汉年同志以及和文化界有广泛联系的夏衍同志等负责执行和各民主党派与包括文艺界在内的各界民主人士协商分别离港沪前往解放区的名单电告中央。

1948 年 6 月 30 日，方方同志收到中共中央电报指示，在香港铜锣湾天后庙道楼房内，邀请李济深（民革）、沈钧儒（民盟）、马叙伦（民进）、王绍鏊（民建）和郭沫若、茅盾、谭平山等商谈，方方主持座谈会，讨论关于筹备新政治协商会议的问题，征询与倾听意见。大家发言踊跃，一致赞成和衷心愿意在中国共产党领导之下，为召开新政治协商会议积极贡献各自的力量。方方将座谈会情况电告中共中央。

1948 年 8 月 1 日，毛泽东同志亲自电复在香港的各民主党派、各人民团体和各界著名的民主人士："诸先生赞同敝党 5 月 1 日关于召开新的政治协商会议讨论并实现召集人民代表大会建立民主联合政府一项主张，并热心促其实现，极为钦佩。……关于召集此项会议的时机、地点、何人召集、参加会议者的范围以及会议应讨论的问题等项，希望诸先生及全国各界民主人士共同研讨，并以卓见见示，曷胜感荷。"

中共中央香港分局和香港工委，派分局委员和各部门负责人登门拜访各民主党派和各界民主人士，虚心征求对于召开新政治协商会议的具体意见，及时向中共中央电告。

分局成立专门小组，潘汉年、夏衍、许涤新、饶彰风等参加，并且成立秘密班子，有专职的和兼职的，各人分工负责，互不通气，事先预定联系登船日期和地点，以免泄密。我参加这个班子，主要联系文化界民主人士，并参加联系个别民主党派负责人。

当时香港和北方解放区的交通往来十分困难，陆路没有直接交通，经过国民党地区难于保证安全，而且花费时日；空路，香港和解放区没有飞机往来，也不可能租用国民党政府的飞机，更不可能租用外国飞机，外国飞机无法和解放区通航。海路，解放区没有远航船只。怎样安全地把各民主党派负责人和各界民主人士安全送到解放区，交通是个重大问题。

周恩来同志早已考虑到这一点，他指定大连中华贸易总公司总经理钱之光，租用外国商船来往香港和解放区，表面是运载货物，实际上用船只接送各民主党派和各界民主人士；要钱之光用"解放区救济总署特派员"名义到香港公开活动，秘密和香港分局书记方方联系。

钱之光事先到朝鲜平壤，和当地苏联办事处租用"波尔塔瓦号"货轮办了手续，到罗津港上船，装载皮毛、猪鬃和大豆等特产远航香港。钱之光和他们设在香港的联和公司联系，由联和公司卸货出售土特产和购买电讯器材与西药等。随后，他到九龙弥敦道 180 号四楼方方住处，向方方等汇报商议分批护送各民主党派负责人和各界民主人士前往解放区参加新政治协商会议事宜，租用外商货轮和船上安排照料，由他负责；香港分局负责和民主人士联系商量怎样安排分批前往解放区。

1949 年 4 月 21 日，毛泽东主席、朱德总司令发表《向全国进军的命令》，"百万雄师过大江"，4 月 23 日宣告南京解放，敲响了国民党反动统治灭亡的丧钟。

解放战争伟大胜利的消息，通过电波不断传到香港，万众欢腾，振奋人心，新中国的曙光将要从东方冉冉升起。中共中央的"五一"号召，在一步又一步地变为现实，"召开政治协商会议，成立民主联合政府"，提到议事日程上来了。

4月26日中午，以新华社香港分社名义，在香港哥罗士打大酒店举行了盛大的庆祝酒会。方方作为主人主持。第二天下午，在金陵酒家，香港文化、新闻、文艺等各界人士600多人，举行规模盛大的庆祝胜利的聚餐，欢聚一堂。我们频频举杯，共祝胜利，还表演了庆祝胜利的文艺节目。

打败美式装备的国民党反动当局800万大军，消灭蒋家王朝，固然十分艰巨，建立新中国也不是轻而易举的事，需要团结各民主党派、各界代表人物和全国人民，以及海内外的爱国人士，召开新政治协商会议，成立中华人民共和国，共襄盛举。

①沈钧儒、谭平山、蔡廷锴、章伯钧等，由章汉夫陪同，前往大连，中共中央代表李富春专程到大连欢迎。

②马叙伦、沙千里、陈其尤、许广平、曹孟君、宦乡等，由连贯陪同，乘挪威货轮航往大连，由中共中央东北局负责同志迎接。

③郭沫若、茅盾夫妇、丘哲等，由胡绳陪同，乘苏联货轮"阿尔丹号"，前往大连。郭沫若在《华商报》副刊《茶亭》撰写《抗战回忆录》，1948年8月25日连载三个多月，当年11月21日就写完了，为了迷惑敌人，有意改为11月25日写完。实际上郭沫若11月24日就秘密登船离开香港了。

李济深等组成国民党革命委员会（简称民革），本拟推选宋庆龄为"民革"主席，她当时住在上海淮海中路，婉辞主席职务，但赞成成立民革，于是选举李济深为民革主席。李济深是香港当局和美国政府特别注意的人物。在解放战争中，不断传来中共方面的捷报和国民党蒋介石指挥的部队节节败退。美国政府见扶植蒋介石统治中国的梦想走向破灭，转而设法扶植中国"第三势力"，接替蒋介石统治中国，选择的对象是桂系李宗仁、白崇禧。他们妄图和中共"划江而治"，继续统治长江以南地区，因为长江以北基本为中共领导的人民解放军占领或将要占领，号称"小诸葛"的白崇禧坐镇中原武汉，他致函李济深，邀其前往武汉，"主持大计"。李济深并未立即坚决拒绝，息隐多年，也希望"东山再起"，在香港静观战局与形势变化，蒋家王朝摇摇欲坠，也没有应允就道。国民党进步力量的代表人物何香凝劝阻李济深勿去武汉；吴茂荪、梅龚彬协助向李济深进言，共同劝他应该到解放区去，和中共中央一道筹备召开新政治协商会议，建立新中国。李济深接受何香凝等意见，同意到解放区去参与筹备新政协。

港英政府知道李济深是重要人物，对他严密监视。当时李济深住在半山区罗便臣道，港英政府在他寓所对面租了一层楼房，派了数名密探住进去，伪称"保护"，实系监视。李济深一举一动无不在密探窥视和窃听之中。

李济深怎样安全离开香港，必须妥善周密安排，避免受到密探和港英政府干扰。饶彰风亲自拜访李济深，面告离港行动计划，李济深表示赞同。我们事先派人在湾仔六国饭店开房间，另外有人把李济深行李等物先送到他的朋友家，然后由朋友作为自己的行李带到在六国饭店所开的房间里。

1948 年 12 月 26 日暮色苍茫时分，李济深在住宅宴请亲友，像往昔宴请亲友一样，身上只穿小夹袄，把外衣挂在墙角的衣服架上，坐在宴席的主位上，频频举杯，向亲友敬酒，谈笑风生，举座欢腾。吃到一半，李济深缓缓离席，走进洗手间转了一下，悄悄走出家门，走了没有几步路，有辆高级轿车等候，他坐上轿车，向坚尼地道《华商报》董事长邓文钊住宅驶去。他进门受到方方、潘汉年、饶彰风欢迎，民革成员朱蕴山和王绍鳌、梅龚彬、吴茂荪等也在座，方方主持的宴会开始，大家举杯祝贺解放战争大好形势，全国胜利在望，开怀畅饮，一再举杯。护送人员离席，回到六国饭店准备，观察动静，岸上和海上和往常一样平静，被夜色笼罩着；李济深他们的行李已经从六国饭店送到小汽船上，便打电话告诉饶彰风，一切准备就绪。

我负责联系农工民主党主席彭泽民。他是著名的中医，曾经给我看过病，比较熟悉。事先我和他商量好行动计划，按照规定约好时间，到了他住在西环的家，我乘车到了六国饭店附近下车，漫步走向海岸。

李济深和朱蕴山、梅龚彬、吴茂荪等一行乘车来到六国饭店附近海岸，护送人员陪他们和彭泽民上了汽船，向停泊在维多利亚港内海面上的"AJIJIAB"远洋货轮开去。李济深和朱蕴山住在船长卧房，其他的人由李嘉仁陪同前往，分别住在船员房里。

李济深离开香港五天之后，即1949年1月1日，黄琪翔奉白崇禧委托从广州来到香港，邀请李济深返回广州，共商大计，不料人去楼空，黄琪翔无法完成重大使命。

1949年1月4日，香港《大公报》发表"美联社香港三日讯：据可靠消息告诉本报社记者，李济深已离港赴华北中共区……"

负责监视李济深的密探受到港英政府责问，他们最初不相信美联社消息，因为他们严密监视李济深的行动，自从那天晚上宴会以后，没有看到李济深外出，他的外衣一直还挂在木制的衣架上哩。直接负责监视的华人帮办黄翠微受到港英政府辅政司严厉斥责，最后遭到撤职处分。

中共中央派李富春、张闻天专程到大连迎接李济深、彭泽民一行，休息了几天，乘上火车专列前往哈尔滨参观访问。

陈叔通、马寅初、黄炎培夫妇、盛丕华夫妇、俞寰澄、姚维钧等，于1949年3月14日乘"华中号"货轮，挂葡萄牙国旗，3月20日到达天津（天津已于1949年1月15日解放），中共中央派董必武、李维汉、齐燕铭前来迎接，稍事休息，便去北平。

香港分局采取不同方式，租用客货两用轮，悬挂外国旗，护送香港和从上海和东南亚地区来港的民主人士分别乘船北上。文艺界人士如洪深教授，我和他们个别联系，事先商定时间和地点，大多数在夜晚，我分别送他们到指定海岸，由小轮船送到客货轮，如希腊的"大西洋号"，英国的"岳州号""宝通号""振兴号"和"东方号"等。

各民主党派和各人民团体代表李济深、沈钧儒、马叙伦、彭泽民、张澜、郭沫若、茅盾、章伯钧、谭平山、蔡廷锴、沙千里、陈其尤、许广平等 55 人发表对时局声明，表示坚决拥护中共中央毛泽东主席提出的八项和平条件，反对国民党反动派假"和平"的阴谋，愿意在中共领导之下团结一致，将革命进行到底。

1949 年 3 月上旬，冯乃超率领 200 多名文化界人士乘"宝通号"轮船离开香港，经过天津，到解放不久的北平去了。

郭沫若、茅盾这两位旗手秘密离开香港以后，留在香港的著名文艺界人士还不少，特别是广东籍的和比较长期在广东工作的著名文艺界人士没有走，如司马文森、陈残云、杜埃、周钢鸣、华嘉、林林、黄宁婴、秦似、楼栖、黄谷柳、胡希明、洪遒、吕剑、黄新波、李门等，文委考虑广东、广西不久将要解放，两广文艺界需要著名文化人士工作，香港也需要著名文化人士工作，暂时把他们留在香港，等待时机，根据需要，再分批去广东和广西，同时也要留一些人坚持香港文化统一战线等工作。他们听到我谈了组织上的意见，无不欢欣鼓舞，准备迎接解放。

1949 年 5 月 4 日，是五四运动 30 周年，文化界在香港邻近海边的六国饭店举行盛大纪念会。这是文化界的团结大会，是为新中国诞生而献身的誓师大会，也是文化界人士将不断分别奔向各自岗位的告别大会，数百人济济一堂，笑语欢声，倾吐胸怀，其乐融融，仿佛有说不尽道不完的千言万语要在纪念会上谈个够。

30 年前的五四运动，表明中国反帝反封建的资产阶级民主革命已经发展到一个新的阶段。五四运动成为文化革新运动，是反帝反封建的资产阶级民主革命的表现形式，由中国工人阶级、学生群众和新兴民族资产阶级组成了革命阵营，站在这个阵营前列的是数十万学生。

中国资产阶级民主革命经过鸦片战争、太平天国战争、甲午中日战争、戊戌维新、义和团运动、辛亥革命、五四运动、北伐战争、土地革命战争等发展阶段，到了抗日战争发展到一个新阶段。国民党反动势力挑起内战烽火，中国共产党人和解放军被迫拿起武器自卫，解放战争又发展到一个新阶段，要完成资产阶级民主革命的任务，必须基本推翻国外帝国主义势力和国内封建势力，进而建立独立、民主、自由、幸福的新中国。中国人民及其革命领导力量，经过百年多以来的各个阶段的奋斗，取得一个又一个伟大的胜利，终于到新中国即将诞生的前夜，谁不斗志昂扬？谁不欢欣鼓舞？谁不准备贡献自己微薄的力量？谁不想在新中国这座大厦上添砖添瓦？

在香港的各民主党派领导人，无党派民主人士以及包括文艺界在内的各界知名人士希望早日奔赴解放区完全可以理解，这是众望所归，人心所向。从上海、重庆、南京、武汉等地到香港的文艺界人士走得差不多了，组织上调我回北平工作，还给我一个任务，率领100多文化界人士赴解放区。这是一个艰巨的任务，也是一个光荣的任务。

1949年5月5日，我们租用英商太古轮船公司的"岳州号"，挂的是挪威国旗的货轮，参加这次航行的有李达、王亚南、姜椿芳、陈迩冬、傅天仇、舒绣文、张文元、于立群和她的五个子女、钟敬文夫妇、黄药眠夫妇、鲍方夫妇等共100多人。事先我和有关人员联系，要他们及时做好离港的准备，分组在指定路线和时间，在夜色茫茫中乘小汽艇分别登上挪威货轮。我查点人数，到齐了，便通知船长，在香港和九龙的人们还在甜甜的梦中，停泊在波涛滚滚海面上的货轮缓缓离开香港，向公海的北面驶去。

在挪威货轮上

这条挪威货轮大概有一万吨光景，上下三层，客舱只有少数几间，原来全部是船上大副、二副和工作人员住的，特地让出两间给我们，其余完全是统舱——这个统舱不是一般客轮与客货轮那样的统舱，并无床铺，只是一片空间，装货用的，现在装人了。

李达同志是中国共产党创始人之一，早年留学日本，1920 年参加上海共产主义小组，主编《共产党》月刊。1921 年出席中国共产党第一次全国代表大会，当选为中共中央宣传部主任。此后，任湖南自修大学校长，主编《新时代》杂志。1923 年，因与陈独秀发生意见分歧而脱离党组织。但坚持宣传马列主义，出版《现代社会学》和《社会学大纲》等著作。北伐战争时期，任国民革命军总政治部编审委员会主席兼中央军事政治学校代理总教官。大革命失败后，任上海法政学院教授，暨南大学教授兼社会系主任等职。他从事马克思主义理论研究和宣传教育工作，是我国传播马克思主义的先驱者之一。我早就景仰他对马克思主义研究的贡献和在哲学研究的成就。他沉默寡言，态度和蔼，平易近人，言谈声音比较低而缓慢，好像在字斟句酌，看不出是一位革命家，著名教授。当时，他年近花甲，穿一身灰色西装，打着淡青色领带，头发灰白稀疏，已经"拔顶"了，似乎剃得光光的，可是两眼炯炯有神，从严肃的表情看，他好像经常在思索什么哲学问题和人生问题。他办事不急不忙，有条有理，非常守时。和他在香港见面，我们没有详谈，只是讲了这次去解放区的行程和准备情况。他表示非常怀念润之同志。润之是毛泽东同志的号。他是湖南零陵人，和毛泽东同志是同乡。我不知道他是什么时候、在什么地方认识毛泽东同志的，至少在中国共产党第一次全国代表大会上就认识了，是老朋友、老战友。

上船以后，我请他住在船上让出的一间客舱里，他发现客舱的床位很少，100多人没有住处，谦让道："我可以和大家住统舱，不要住在这房间里。"我告诉他统舱人多而又杂乱，不能好好休息，让年轻人和家属们去住，你是长者，应该有个安静的地方休息，已经安排好了，不要谦让了。他说，我一个人住在客舱里，内心实在不安，应该和大家住在一起，我再一次劝他，并且告诉他还有别人也住在客舱里，他才勉强同意，说只好服从你的安排了。

同行当中有不少家属。郭沫若同志先去了解放区，他的夫人于立群和儿女汉英、庶英、世英、民英、平英都暂时留在香港，平英当时才三岁，不过刚刚学步，有时还要人抱着。立群带着孩子睡在下面统舱。

中国国民党革命委员会中央执行委员吴茂荪，原来是中国民主革命同盟（即小民革，1941年皖南事变后，在周恩来同志关怀和支持下成立的）发起人之一，积极开展国民党民主派的活动，做了许多有益的工作，1945年当选为国民党民主派组织"三民主义同志联合会"（简称民联）中央委员。1947年10月，冯玉祥将军出任旅美中国和平民主联盟和中国国民党革命委员会驻美洲总分会的主席，吴茂荪当选为执行委员，协助冯玉祥将军开展工作。1948年7月，作为冯玉祥将军的代表由美国回到香港，参加民革中央工作，并在同年12月，随着民革中央主席李济深离开香港。

1949年1月22日，李济深、沈钧儒、马叙伦、郭沫若、谭平山、彭泽民、茅盾、蔡廷锴、周建人、沙千里、朱学范、胡愈之、洪深、陈其尤，还有吴茂荪等53人联名发表《中国民主同盟领导成员暨各方面民主人士对时局意见》：

我们现在已经先后进入解放区来了。回忆去年5月6日，中共中央号召全国，建议召开包括各民主党派，各人民团体，各民主人士的政治协商会议，以加速推翻南京卖国独裁统治，实现人民民主联合政府。我们一致认定，这一解决国是的主张，正符合全国人民大众的要求，因此，特通电响应……人民民主革命，在其领导之下有了今天的成就，决非轻易得来。在今天，谁如要苟安纵敌，而使革命大业功亏一篑，谁就成为中国革命的罪人，民族的罪人了。但我们很愉快而且很兴奋，我们毕竟看到了中共主席毛泽东先生最近发表的对时局声明（即 1949 年 1 月 14 日 "中共中央毛泽东主席关于时局的声明"），为了贯彻革命到底，为了粉碎和平攻势，严正地揭穿了蒋美集团的阴谋，而提出了真正的人民民主和平的八项条件 ①。这正是对于蒋介石所提出的要求的无情反击，我们是彻底支持的。……

吴茂荪随李济深他们先走了，他的夫人王枫带着孩子也在统舱里。（王枫是民革成员，后来当选为中国国民党革命委员会中央候补委员，中央委员，中央常务委员。）统舱里住满了，还有许多人没地方住，唯有甲板和船舱走道空着，姜椿芳、舒绣文和我，以及无处安排的人，我们在甲板上摊开通铺，在不避风雨的甲板上休息了。

我们平安地离开香港港口，到了公海上，在下面统舱休息的人们，纷纷走到甲板上来，熙熙攘攘，谈笑风生，互倾衷肠，盼望尽快到达解放区，有的人高声歌唱，还要求四大电影明星之一——舒绣文表演。她在人丛中说，很抱歉，我只会演戏，别的什么也不会，在船上没法演独角戏，和大家一同唱歌吧。大家纵情欢唱，似乎遏住蓝色天宇的冉冉白云，又仿佛激起海上的波浪，轮船欢快地破浪前进，卷起白雪似的浪花，从船的两侧滚滚而去，到了船尾，合成一条巨大的雪白的浪花，像一条白色的巨

①　八项条件是：1. 惩办战争罪犯；2. 废除伪宪法；3. 废除伪法统；4. 依据民主原则改编一切反动军队；5. 没收官僚资本；6. 改革土地制度；7. 废除卖国条约；8. 召开没有反动分子参加的政治协商会议，成立民主联合政府，接收南京国民党反动政府及其所属各级政府的一切权力。

周而复在"岳州号"货轮上

龙，向远方奔腾而去。

轮船向北方驶去，风浪越来越大，船身摇摇摆摆，好像一个人在"打摆子"（疟疾），战栗不已。有人从统舱里跑上来，告诉我，于立群和孩子们几乎都在呕吐，不知道什么原因，快去看看。我到统舱一看：于立群在不断呕吐，有的孩子也在呕吐——晕船了。根据医生的意见，干脆让晕船的人呕吐完了，服点晕船的药，躺下来休息。刚把于立群和孩子们安置好，又传来许多人的呕吐声，真是扶得东来西又倒，忙不迭地招呼。统舱晕船的人慢慢少了，回到甲板上地铺那儿，也有人晕船，幸好是少数，因为睡地铺的人比较年轻力壮，并且甲板上摇摆的幅度小于下面统舱。

我到客舱去看李达同志，关怀他的健康，问他感觉怎么样？晕不晕船？他说，本世纪初，曾到日本留学，1912年在东京帝国大学毕业，这期间，坐了不少次轮船，已经习惯了，一点也不晕船。我放心了。他指着桌子上两本哲学书籍对我说，不仅不晕船，还可以安心读书，研究哲学。

马克思主义在中国正式传播先行者是李大钊。几乎在李大钊传播的同时，1918年秋到1919年夏，李达翻译《唯物史观解说》《马克思经济学说》和《社会问题总览》，1921年在上海出版，广为流传，发生了重要的影响。1922 年 12 月，李达应毛泽东邀请，到长沙出任湖南自修大学校长，讲授唯物史观、剩余价值学说和科学社会主义。1926 年，他在长沙出版《现代社会学》，主要阐述唯物史观基本原理和科学社会主义理论。可以说，这本书是在中国传播马克思主义哲学的主要代表作，对传播唯物史观的贡献和影响更大，成为毛泽东在延安研究和写作马克思主义哲学的主要参考书之一。冯玉祥在泰山听了李达对他所讲的马克思主义哲学，认为受益匪浅，写下这样一句话："若不信辩证唯物论则我民族不能复兴。"毛泽东收到李达所写的《社会学大纲》，赞赏是中国人自己写的第一本马列主义哲学教科书。李达对中国传播马克思主义哲学做出重大贡献，是我们的前辈。

他对毛泽东同志的《实践论》和《矛盾论》非常钦佩。说，毛泽东同志的《实践论》，用马克思主义的认识论观点来揭露党内的教条主义和经验主义——特别是教条主义这些主观主义的错误。1931 年到 1934 年，教条主义披着马克思主义外衣迷惑了许多同志，使中国革命受到了极大的损失。教条主义的同志否认"马克思主义不是教条而是行动的指南"这个真理，以马克思主义书籍中只言片语吓唬别人。经验主义的同志拘泥于自身片面经验，不懂得马克思主义理论对于革命实践的重要性。为了同一的目的，即克服严重的教条主义思想，毛泽东同志又发表了《矛盾论》。这两篇哲学论文解决了中国革命的不少问题，对中国革命的指导已经产生并且继续产生重大影响，太重要了。我研究这两篇马克思主义的哲学论文，写一些认识、分析、理解，帮助广大读者对这两篇重要的光辉的论文提高认识。我的理解和认识是否正确，要请教润之同志。

我完全赞成他的意见，并扼要谈了 1938 年在延安读这两篇哲学论文的体会，对我认识中国革命的历程和发展有极其重要的指导意义。

他点了点头，说，我们有同感。他表示到解放区以后，希望看望润之同志。我立即对他说，一定把他的愿望报告党中央和毛泽东同志。他脸上露出了微笑。我感到他的愿望藏在心里多年了。

"岳州号"轮船安全到达解放不久的天津港口，码头上挤满了接客的人群，有的是从北平赶到天津来接的，彼此见面特别亲热，仿佛劫后重逢（在国民党统治区所受的迫害和灾难），现在团聚在解放区自由的天地里。我下船安置大家住在天津当时最大一家旅馆里，立即向中央报告 100 多人已经平安到达天津，并报告毛泽东主席，李达同志希望见他。当即得到答复，要李达不必在天津停留，直接去北平，毛泽东主席准备见他。我把这消息告诉李达同志，他平静严肃的面孔上绽开微笑的花朵，匆匆上车，到北平去了。

这年，李达同志重新加入中国共产党。

江南百姓皆昂首

送走李达和于立群同志等直接去北平，留下小部分人在天津住了一宿，第二天全部前往北平，去所属各单位，北平已有家的，便回家去了。姜椿芳、舒绣文和我，暂时住在南河沿翠明庄。当天，我和周恩来同志办公室联系，要我晚上去中南海，恩来同志找我谈话。舒绣文听到了，她要求去看恩来同志。在重庆数年，恩来同志和文化界人士经常往来，指导文化界工作，特别对话剧更有兴趣，对话剧导演和演员交谈更多，舒绣文是其中之一。没有请示恩来同志以前，我不知道他有没有时间见她。她热切希望和我一同去，即使恩来同志没有时间见，也不怪我。我只好答应，看恩来同志的时间安排了。

新中国尚未成立，恩来同志还没有出任政务院总理，但当时实际上已经总理国家大事了，并且还兼任中央军委总参谋长，参加领导和指挥辽沈、淮海、平津三大战役，百万解放大军横渡天险长江以后，浩浩荡荡"追穷寇"，又担任中共中央首席代表，与国民党首席代表张治中等进行谈判，还负责筹备新政治协商会议，国事繁忙，可以想见。恩来同志问香港文化界和统战工作情况以及这次 100 多人到达天津解放区经过，特别关怀李达同志和于立群等家属情况。我扼要报告恩来同志所要了解的情况。他知道我对上海比较熟悉，准备派我去上海工作，具体担任什么工作，要我在北平等待组织分配；自己对工作有什么希望，也可以向组织提出。

1946 年，我曾经任《新华日报》和新华社特派员，作为中共方面记者随马歇尔、张治中、周恩来三位将军巡视华北、东北、西北、华东和中原，几乎跑了半个中国，这对于我了解中国，开阔视野，收集生活素材，创作小说等作品有极大帮助。我便提出，如有可能，我愿意担任新华社记者，到上海工作。恩来同志思索了一下，他说，现在胡乔木同志负责新华社工作，你可以找乔木同志商量一下，看他有什么意见。谈完了，我说，舒绣文想看望恩来同志，不知道有无时间见她。他立即说，老朋友么，一定抽出时间见见。我说，她在外边等着哩。恩来同志马上要秘书通知，请舒绣文进去，亲切地握着她的手说，有三四年不见了吧？欢迎你到北平来，参加文化工作。北平、新中国急需演员工作，你是著名话剧演员，也是电影演员，可以在这方面大展你的表演才华，为新中国、为人民，贡献你的艺术和智慧。她表示，在周副主席领导之下，愿意做任何工作，为新中国和人民贡献微薄的能力。恩来同志听到这里，高兴得爽朗地笑了。他从办公桌的抽屉里，取出两张四寸照片，是他和邓颖超同志的合影，摘下胸袋的自来水笔，签名送给舒绣文和我各一张留念；握着她的手，回忆地说，我们革命多年，所追求的新中国就要诞生了，让我们共同努力为新中国工作。

新华社社长胡乔木同志住在香山。第二天晚上我去看望他，表示我的愿望。他告诉我，夏衍同志现住北京饭店，准备到上海担任中共上海市委宣传部部长，他已经向组织提出，要求调你到市委宣传部工作，这比记者重要，你还是到上海市委宣传部工作比较合适。我不好往下说了，应该服从组织安排，组织需要是第一位的，个人的愿望是次要的。

夏衍同志打电话到南河沿翠明庄，要我搬到北京饭店，和他住在一起，共同前往上海。我搬到北京饭店二楼，住在夏衍和许涤新住的304号隔壁房间。潘汉年住在303号。夏衍对我说，组织上已经决定派我到中共上海市委宣传部工作，不久你要去上海，要做好准备，一同前往。

北京饭店住了许多民主党派领导人和各界著名民主人士，将要到新解放区工作的党内负责同志也有一部分住在这儿。在北京饭店，我见到沈钧儒、马叙伦、沙千里、郭沫若、茅盾、郑振铎、叶圣陶、洪深、许广平等。郭沫若、茅盾等比我早两三个月到达北平，洪深等是我亲自从九龙秘密送他们上外国轮船去解放区的；不过几个月光景，有隔世之感，谁也没有料到数十年来仁人志士所追求所奋斗的新中国的理想很快就要变成现实了。大家再次见面，笑容盈盈，斗志昂扬，仿佛都在摩拳擦掌，准备大干一番。

抗日战争胜利后，我完成采访军事调处执行部的任务，从北平回到上海，曾到静安寺路郑振铎同志住处拜访他。除谈了他的写作和编辑计划外，主要担忧国民党当局假和谈真备战的阴谋。他反对蒋介石挑起内战烽火，向往和平、民主、自由、幸福的新中国的诞生。没想到内战终于爆发，经过三年多的解放战争，新中国这个婴儿正在分娩了。他握着我的手，高兴得不得了，说，而复，我们在上海谈的理想，不过三年多的时间，竟然快要实现了，好极了，妙极了，今后我们要尽最大努力，好好干一番事业。他挥动双手，精神抖擞，边说边动，加重他的语气。

高谈阔论的时候，马叙伦先生走了进来。他比振铎大13岁，青年时期目睹满清政府腐败，内忧外患，灾难重重，受孙中山革命活动影响，先参加柳亚子发起的"南社"，在日本又参加同盟会。武昌起义，他参加筹办浙江民团准备响应。"五四"运动爆发，北大成立教职员会并发起组织北京中等以上学校教职员联合会（他当时是北大教授），他先任书记，后任主席。他先后担任浙江省教育厅长和北京政府改组后的教育部次长并代理部务。抗日战争胜利后，积极参与爱国民主运动，在柯灵、唐弢主办的《周报》和郑振铎、罗稷南等创办的《民主》等进步报刊撰文揭露抨击国民党当局和蒋介石反共反人民罪行，为和平和民主呼吁和奔走。1945年12月30日，他与王绍鏊、周建人、赵朴初、雷洁琼、柯灵、谢仁冰等创建中国民主促进会，在上海中国科学社召开第一次会员大会，接着在次年1月2日举行第二次会员大会，选举马叙伦、陈巳生、郑振铎、王绍鏊、周建人、柯灵等11人为第一届理事会理事，傅雷、许广平等三人为候补理事，在第一届理事会上，马叙伦、陈巳生、王绍鏊被推为常务理事。以后，马叙伦出任民主促进会主席。

马叙伦所联系的文化、教育、出版工作者和王绍鏊所联系的上海工商界部分爱国人士，是民进的基本队伍。在第一次全体大会上通过的简章指出："本会以发扬民主精神推进中国民主政治之实践为宗旨。"第一届理事会议通过《中国民主促进会对于时局的宣言》："我们认为暂时停战等等的协议，都是治标，只有把政治放在真正的坚固的民主磐石上，才是唯一安全永逸的计划。我们只有加紧我们的步伐，集中我们的力量，争取民主，实现民主。"民进还提出八项主张。

为了争取民主，由重庆到上海的民主人士决定召开上海人民反内战大会，由马叙伦等九人筹备。民进建议大会应派代表赴南京请愿，向国民党呼吁和平。1946年6月16日，上海人民团体联合会召开理事会，具体讨论赴南京代表人选，决定由马叙伦、篑延芳、盛丕华、雷洁琼、包达三、张䌹伯、阎宝航、吴耀宗、胡厥文等九人为请愿代表；上海学生和平促进会代表陈之复、陈震中共11人，组成和平请愿团，团长是马叙伦。在处于地下的中共上海局书记刘晓等指导下，6月23日，上海300多个团体单位10多万群众潮水般地涌到上海北火车站，召开大会，欢送和平请愿团。大会主席团由王绍鏊、林汉达、陶行知组成；大会执行主席、民进常务理事林汉达慷慨激昂地发表反映人民愿望的讲话。他说，九位代表不仅是上海人民的代表，也是全国人民的代表，因为现在全中国人民没有一个愿意打内战。中国的主权属于全国人民，政府的官吏只是主人的仆人。但是今天不是主人当政，而是仆人当政，我们要恢复主人的权力，今天九位代表去，就是要吩咐仆人立刻放下武器！……

列车开出北站，广场上10万群众开始反内战大游行，走在队伍前列的是主席团和各界知名人士：周建人、许广平、沙千里、叶圣陶、吴晗、田汉等。

和平请愿列车克服沿途国民党设置的障碍，到达南京下关车站，国民党反动当局布置的大批暴徒，冒充"苏北难民"，分隔包围代表团，主要对准代表团团长马叙伦，不由分说把马叙伦拥入候车室，围攻五小时之久，图穷匕首见，竟然大打出手，拳打脚踢。马叙伦、雷洁琼、阎宝航、陈震中等和前来欢迎的中国民主同盟的叶笃义等身受重伤，流血遍地。这就是在堂堂国民党首都南京震惊中外世界舆论哗然的"六二三"下关惨案。

马叙伦等被暴徒围困殴打的时候，冯玉祥和李济深将军等几次给国民党军政当局打电话，要求制止暴行，营救上海人民代表脱险。国民党当局置若罔闻，继续施行暴力。消息传到梅园新村，中共中央代表周恩来、董必武、滕代远、邓颖超等和郭沫若马上赶到医院，看望受伤代表。周恩来同志向马叙伦等亲切慰问，严肃地说："你们的血是不会白流的！"他见受伤代表躺在担架上和医院的长凳上，便亲自与院方交涉，才争取到三等病房里的五张床位。周恩来、邓颖超知道受伤代表还没有吃晚饭，派人从梅园新村取来牛奶、饼干，给他们吃。以后，冯玉祥、邵力子、沈钧儒、罗隆基、张申府、梁漱溟和黄炎培等也到医院看望和慰问马叙伦等受伤代表。周恩来等离开医院的时候，沉沉的夜色逐渐消逝，紫金山的高峰慢慢露出它的身影，天快亮了。

毛泽东主席不久指出：中国境内已有两条战线。蒋介石进犯军和人民解放军的战争，这是第一条战线。第二条战线，就是国民党统治区内各阶层广大群众轰轰烈烈的民主运动。

从下关回到上海，马叙伦认识到向国民党反动派要和平民主，无异与虎谋皮。他在《人民自己来解放吧》一文中说："政府这样剥夺我们的自由，我们除了和他奋斗争权，不会得到自由的。"民主战士李公朴和闻一多被特务杀害的噩耗传到上海，他发表《从李、闻案谈到政治暗杀》，愤怒指出："用暗杀作为政治斗争的手段，是国民党日落西山的象征。……我自然预备着接受一颗子弹，但是我也预备送他一颗原子弹！"他还在《努力达到他的志愿》一文中表明："李公朴先生已经发出了太阳的光明，在照着我们前进。我们只有达到他的志愿，才是对他的安慰。"

国民党反动当局，迫害镇压日益严重。1947 年 10 月悍然宣布民主同盟为"非法"，勒令解散，并公开诬陷民进领导人，妄图迫害。11 月 1 日，马叙伦写信给国民党行政院院长张群，痛斥国民党反动当局暴行，庄严声明："至伦立身，本末不移，贫富威武，无动于衷。达观早成，生死一致。自今以拥疾之躬，待命陋巷之内，捕杀不辞，驱胁无畏，穷以私剑，投诸浊流，皆系于政府，于伦无与焉。"马叙伦置生死于度外，铮铮之言，掷地有声。这不仅是他个人的誓言，是民进全体会员的誓言，是各民主党派的誓言，是各界民主人士的誓言，也是中国人民的誓言。

环境日益险恶，不必要的牺牲应该避免，在中共地下组织帮助下，他和王绍鏊等一同离开上海，到了香港，坚持继续在第二条战线斗争，反对国民党反动集团。我们欢迎他继续斗争。1948 年 5 月 5 日，马叙伦和在香港的各民主党派领导人以及无党派民主人士联名致电毛泽东主席并转解放区全体同胞，表示积极响应坚决支持、热烈拥护中共中央"五一"号召。这年冬，马叙伦、王绍鏊等先后到达东北解放区。1949 年 2 月 1 日，马叙伦和已经到达解放区的各民主党派、各人民团体和各界爱国著名人士李济深、沈钧儒、郭沫若等56人致电毛泽东、朱德等，庆祝人民解放战争的伟大胜利。第二天，他们便收到复电：

> 2月1日来电读悉，极感盛意。中华民族与中国人民解放斗争，百余年来，前仆后继。无数先烈的鲜血，洒遍了锦绣河山，亿兆后起人民，表现了英雄气概。此次人民解放战争之所以胜利，是由于全国人民不畏强御，团结奋斗，各民主党派各人民团体一致奋起，相与协力，从而使人民解放军获得各方面的援助，使人民的敌人完全陷于孤立。胜负之数，因以判明。现在残敌尚存，诡谋时作。求喘息谓为求和平，待外援名曰待谈判。口诵八条，手庇战犯，眼望美国，脚向广州。欲求人民解放斗争获得最后胜利，必须全国一切民主力量同德同心，再接再厉，为真正民主的和平而奋斗。诸先生长期为民主事业而努力，现在到达解放区，必能使建设新中国的共同事业获得迅速的成功。特电布复，敬表欢迎。
>
> 毛泽东　朱　德
2月2日

马叙伦和许广平还致电周恩来同志。北平、天津解放以后，党中央派林伯渠同志专程到沈阳迎接到达东北区的李济深、沈钧儒、郭沫若和马叙伦等民主人士来北平。林伯渠带去周恩来同志给马叙伦、许广平的亲笔信：

> 彝老（马叙伦号彝初）、景宋（即许广平）两先生：得电逾月，尚未作复，不能以忙碌求恕，惟向往之心，则无时或已。兹乘林伯渠同志出关迎迓之便，特致歉忱，并祝康健。
>
> 周恩来
2月14日

毛泽东、朱德的复电和周恩来的复函，文字不长，虽然不过寥寥数语，都充分表达了中共中央对包括马叙伦在内的各民主党派、各人民团体和各界爱国民主人士的亲切关怀和十分重视。

马叙伦他们到达北平以后，积极投身新政协筹备工作，为新中国的诞生而贡献智慧和才华。我对坚强的民主人士马叙伦心仪久矣，1946 年夏在马斯南路周公馆第一次见到马先生。人们大概会以为他一定是一位高大魁梧的壮士，但他中等身材，并不魁梧，戴着一副眼镜，上嘴唇有一撮灰黑相间的短髭，举止文雅，谈吐缓慢而有条理，不急不忙，沉着坚毅，言词肯定而又犀利，从外表看，是一位文质彬彬、满腹经纶的学者，实际上是一位坚强的勇猛的民主斗士。我倾吐内心钦佩之情，想起周恩来同志那句话，我说："马先生在第二条战线上冲锋陷阵，勇往直前，威武不屈，正如周恩来同志所说的那样：'你们的血是不会白流的'。全国千千万万人民和第一条战线解放军为同一目标战斗、流血、受伤、牺牲，终于夺取了胜利，为建设新中国开辟了道路。"

他谦虚地说，主要靠中共和毛泽东主席的英明领导，没有共产党和毛主席，不可能有今天这样辉煌的胜利，也不可能有新中国的诞生。

郑振铎同志说："我们一介书生，纸上谈兵，没有共产党、毛主席和解放军，是不可能打败蒋家王朝的。没有共产党和毛主席，也不可能在三年多的时间里就推翻国民党反动统治，更不可能建设新中国。现在知识分子有了施展才能的广阔天地，要努力把祖国建设好。……"

马叙伦高兴地微微笑了。他说，西谛（郑振铎号西谛）讲得对。在中共领导下，各民主党派和各界人士参加粉碎旧中国的反动统治；今后要在中共领导之下，建设崭新的中国！……

马叙伦坐了一会儿，先告辞了。他不只是人们钦佩的民主斗士，还是教授，学者，研究许慎撰写的《说文解字》，继段玉裁、桂馥、严可均、章太炎诸家有所补正，使读者对中国文字学了解，大有裨益。马叙伦还是书法家，功底极深，连写小字也悬腕，令人赞赏不已。

我自幼临池，多年来每有闲暇，不忘挥毫，可见我对书法艺术之追求与爱好。我和振铎同志谈了对马叙伦书法造诣的景仰，希望将来有机会能得到马先生的墨宝。振铎慨然允诺，并且很有把握，说，这事我和彝初提一下，肯定没有问题。

不久，我便收到马先生一条横幅墨宝：

1949 年 3 月 25 日欢迎毛泽东主席、朱德总司令视察即陪其检阅部队于西苑归记

西山爽翠衔红日，穆穆军容拥帅麾。

总为人民忍劳瘁，行装方卸检雄师。

万岁高呼毛泽东，与人衣食即春风。

江南百姓皆昂首，何为迟余解困穷。

烟云回首已成羌①，此日真开革命花②。

寄语紫金山下客，向民投地总无差。

射天炮响震青霄，车可爬山亦足骄。

今日不须持告庙③，且输前线破江涛。

而复同志两正

叙　伦

"江南百姓皆昂首，何为迟余解困穷。"这是当时江南人民愿望的写照。1949 年 4 月 20 日晚和 21 日，百万雄师以木帆船为主要航渡工具，先后横渡天险长江，突破国民党部队江防，23 日解放南京，国民党 22 年

---

① 1927 年冬 1 月在福建陪何应钦检阅张贞所部。

② 1912 年杭州西湖中忽有花蕚生长通俗呼革命花。

③ 高射炮坦克车皆俘自敌军。

反动统治覆灭！5月6日解放杭州，5月16、17日解放武汉三镇。5月15日，国民党华中军政长官公署副长官、河南省政府主席、第十九兵团司令张轸两万多人在贺胜桥、金口起义。蒋介石率领残兵败将逃往上海复兴岛。汤恩伯集团剩下的八个军20多万人，缩据中国最大的城市也是世界最大城市之一的上海这个不夜城，以及周围地域，进行顽强抵抗。陷在水深火热里的包括上海人民在内的江南人民无不昂首遥望北平，人民解放军为什么还不解放上海这些地区呢？

上海已在解放军包围之中，但是党中央规定：战役发起时间，视中共中央华东局接管上海准备工作进展情况而定；参战部队应以加强城市政策和外事政策的学习作为战役准备的主要内容之一。

党中央决定派大批干部去新解放区工作，北平几乎每天都有大批干部南下，干部见面无不谈你去什么地方，到哪个城市接管，像潮水一般涌向新解放的地区。我们这一批南下去上海的干部有潘汉年（拟任上海市副市长）、许涤新（拟负责财经方面工作）、夏衍和我（拟担任中共上海市委宣传部工作），还有民主人士盛丕华（经恩来同志提名，拟任上海副市长）、盛康年（盛丕华的儿子，红棉酒家的小开）、笪延芳、包达三（上海工商界民主人士）等，还有一位青年，人称杨秘书，不知为何许人也，亦不详其姓名，他沉默寡言，很少与人交谈。

5月16日下午，潘汉年、夏衍、许涤新和我从弓弦胡同15号李克农同志住处前往前门火车站。盛丕华他们早已到了。中共中央社会部部长李克农前来欢送。1946年，他是军事调处执行部中共代表团成员兼秘书长，我是《新华日报》和新华社特派员采访军调部新闻，在他亲自领导下工作，都住在南河沿翠明庄。他是位传奇式的杰出的闻名于世的情报工作人员，和国民党代表郑介民正好是棋逢对手。他是一位为党为革命深入虎穴的老革命战士。他谈笑风生，曾和我们谈论三次到北平不同处境和时代的重大变化。第一次化装进入北平，从事地下工作，小心翼翼，埋名隐姓，不能暴露自己身份和任务。第二次，是军事调处执行部时期，以中共代表身份公开进入北平，和国民党代表以及工作人员经常打交道，有时候争得面红耳赤。第三次，是和平解放北平以后，以主人翁的身份进入北平。现在国民党反动势力走向覆灭，党领导全国人民取得解放战争决定性的胜利，在筹备建立新中国。革命在前进，局势在变化，这是谁也阻挡不了的。他圆圆的脸上浮着胜利的微笑，和我们每一个人握手，说上海和江南人民在等待你们，祝你们一路顺风，胜利完成接管上海的任务，建设人民的新上海！

这列南下"队伍"的专车（当时津浦线还没通车，南下干部都是乘专列前往各地），汽笛长鸣，像是欢呼一般，直薄云天，离开前门车站，向江南驶去。

（节选自《往事回忆录》，文化艺术出版社 2004 年版）

送 船 记

罗培元 *

浑无相别意，

千里送行舟。

这里记的是一次非常特别的送行。送人的和被送的彼此没有惜别之情，但其中情感却非同寻常；我送的人，非亲非友，但比亲还亲，比友还友。

1948 年 10 月 × 日，香港。我一早起来，按"小开"（沪语小老板意，潘汉年的代名）和连叔（即连贯）两同志日前的交代，到几位民主党派人士家里，把他们的随身行李送到海边装船。我正雇好小船时，一位巡警迤迤然走来，事出唐突，我只好故作镇定。巡警用警棍敲敲我的行李。随即拿出一个小本本，指点其中某页某条"规定"给我看。我还没看清楚，他就一本正经地说，或罚款或上差馆去盘查。我连说遵罚，并问罚多少钱？他迟疑并左顾右盼一番，张开五个手指贴在裤上示意。我以为是五元，便马上交款，谁晓得他说是半个大牛。我说没有带这么多钱，他就翘着右手的大拇指朝东边一指，意思是要不遵罚，就把我带到差馆去。虽然这多半是吓唬，但我却深恐因小失大，罄我上衣口袋所有（大约二三十元），实

---

* 罗培元（1917—2007），第三、四、六届全国政协委员，第六届广州市政协主席。时任香港工委统战委员。

行倾囊买关，他也不为已甚，走开了。
我请船家快快搬行李上船，朝维多利亚
湾海面飞驶，上了一艘外国的货船，把
行李安顿好后，便匆匆赶回住处。

罗培元

接着，连叔给我布置任务，待船开
出鲤鱼门后，要一一打电话告诉上船人
的家属，请他们放心。其实家属们担心
的焦点是台湾海峡和交战区附近的海
上。连叔正说着，忽然门铃响起，客人
来了，都是事先约定的，每人手里提着
一个小包。大家知道这是北上去参加新
政协会议的，彼此心照不宣，但心里却充满激动、喜悦和紧张的情绪。

订好的饭菜依时摆上来，不用主人请，大家自动聚拢。由于担心有人
喝醉误事，不设酒。有人问："连先生，这是什么宴?"有人答："肯定不
是鸿门宴。"有的说："告别宴。"有的说："没有酒，什么宴都不像。"那
高个子快人快语："像当兵的打仗前，一顿大鱼大肉。"言者无心，听者有
意，四座阒然。

吃完饭，大家不约而同回到客厅，把门关上，进行换"装"。连叔在
厅门外，一言不发，猛抽"三炮台"香烟。我则心里翻腾着"小开"的
话，"无事是小，有事则大"，合计如何才能把这些"贵客"安全地送到
北去的船上。

不一会儿，客厅门开了，我们像看开场戏一样，端详每个人的打扮。
原先的长者已面目全非，乔装打扮成另一种身份的人了。最引人注目的是
那位高个子，他穿一套已褪成荔枝黄的拷绸裤褂，头顶破毡帽，脚蹬旧布
鞋，一副苦力头的打扮。他就是原淞沪抗日名将十九路军副总指挥蔡廷锴
将军。高大的谭平山和矮小的沈钧儒先生都留着大胡子，大家笑谑要他们

把胡子藏进衣领内。谭老一笑置之，沈老则真的要动作起来，引得大家哄堂大笑。后来，他们听了大家的意见，仍作常态处理。而章伯钧、王绍鏊诸先生，或穿长袍，或着唐装，各自打扮成富人样子。他们问道："打扮得像不像？"连叔幽默地回答："不抓到你们就像，抓住了就不像。"我急于送他们上船，只顾催促及早出发，尽快登船。我先赶到海边，雇好几条小船，撑船的都是妇女，这使我较为放心。不到半小时工夫，小船已泊近一艘大船，大家抬头一望，原来是苏联的货船，人们好像获得很大的安全感，指手画脚大声谈笑起来。我先扶两位老者从舷梯拾级而上，交给苏联朋友，蔡先生则以"咕哩（苦力）头"自命，快步而大摇大摆地上去，后面跟不上的人叫苦不迭，他则回头哈哈大笑。

苏联同志把我们领到船内的各厅。至此，我负责的任务已经完成，心里顿觉轻松，准备返回。于是，我向大家告别。走到舷梯前，蔡廷锴先生赶上来，拉着我附着耳朵说："你回去，一定要实践诺言，马上打电话给你宗妹（指蔡夫人罗西欧女士）。"谁说将军不多情呢？后来，我如约履行诺言，并将各自的衣服鞋子送还各家。

过些时，我又以同样方式送走郭沫若、陈其尤等著名人士。到 12 月 11 日，我的住所被搜查，得许涤新同志及时通知，才得以逃脱，但已不能再留港工作，只好到粤湘赣跟尹林平打游击去了。

（原载《风雨同舟四十年》，人民政协报编，中国文史出版社 1990 年版）

一项重要的历史使命

——忆迎接民主人士北上

刘　昂[*]

　　1947 年 2 月，国民党依靠美帝国主义的支持，发动了全面内战，和谈已陷于完全破裂。当时担任中共驻上海办事处处长的钱之光，根据周恩来同志的指示，准备去香港，继续扩大对内对外的工作，加强解放区与香港的经济联系。就在我们准备动身的 2 月 28 日，国民党宪警和特务包围了上海办事处，赴港之行未能成功。3 月 7 日我们全部撤回延安。到达延安的第二天，周恩来副主席又一次提出要我们到解放区沿海口岸，设法打通与香港的联系。于是，钱之光带领一支小队伍赶到烟台建点，我则留在中央董必武同志处工作。

　　1947 年 9 月，烟台被国民党军队占领，钱之光又到了大连，在天津街靠火车站的附近找了一座三层楼的房子，作为落脚点，办起了中华贸易总公司。

　　当时并没有挂出公司牌子，但就在这座楼里，我们筹划了打通香港的航线，在大连租用外国船只，往返于大连、朝鲜罗津、香港之间，运出大豆、皮毛、猪鬃等土特产品，买回解放区急需的药品、医疗器械、电讯器材、印制钞票的纸张和兵工生产的化工原料等。当时解放区正面临着国民

---

　　*　刘昂（1910—2005），钱之光夫人。时任大连中华贸易总公司总经理兼秘书长。新中国成立后，任第二、三届全国人大代表，第一机械工业部副部长、农业机械部副部长等职。

党军队的疯狂进攻，对外交通几乎全部被切断。为了夺取解放战争的胜利，在困难的环境下，我们除了设法通过海路采购物资外，还收集国统区的报纸杂志，供领导机关研究敌人动向。许多南来北往的干部也走这条海上通道。看起来是做买卖、搞贸易，其中包含的革命内容是丰富多彩的。

1948 年 5 月，我军在各个战场连连报捷，国民党反动统治已走向穷途末路，形势发展之快，超出人们的预想。中共中央在 1948 年 "五一" 节发布的口号中，提出了迅速召开新的政治协商会议，成立民主联合政府的号召。这一号召立即得到热烈响应和赞成。当时大多数民主人士滞留香港，将他们安全地接送到东北解放区，参加新政协会议，成了大连中华贸易总公司最重要的工作。

1948 年 6 月，周副主席在西柏坡找我谈话，告诉我：钱之光已经在大连建立了电台，打通了大连同香港的通道。现在，香港也准备建立电台，因此任务很重，人手不够，要我去大连接替钱之光，让他去香港主持接送民主人士的工作。我与去匈牙利参加国际民主妇委会第二次代表大会的丁玲、张琴秋等人同行。从西柏坡出发，骑牲口、坐车、步行，经山东益都到了海边俚岛，准备穿过国民党的海上封锁线到大连去。船是傍晚出发的，深夜突然碰上了国民党军舰，探照灯在海面上来回晃动，情况很紧张。船工们与敌舰巧妙周旋，终于甩掉了敌人，于第二天一早到达大连。丁玲她们继续北上，我则留在大连，开始了新的工作。

后来，钱之光到香港与我党的联和公司接上了关系。经过一番筹划，第一批北上的民主人士沈钧儒、谭平山、蔡廷锴、章伯钧等十几位，由章汉夫陪同，到达罗津，转道去了哈尔滨。

第一批北上成功，极大地鼓舞了我们的同志。我在大连又租了一艘货轮，装载从解放区运到大连的货物和一些黄金而下。我们的任务虽然是接送民主人士，但需要用经贸工作做掩护，所以买卖越做越大。1938 年我党在香港建立的联和公司的机构和办公地址已不能适应工作发展的需要了。钱之光便在香港皇后大道毕打街毕打行另租了几间大的写字间，成立了华润公司。我们党的贸易机构从此便出现在香港了。开始由杨琳任经理，以后中央决定钱之光任董事长。公司大了，买卖兴旺了，我们公司的船工一到香港，那里市场的牌价就要受波动。

刘昂

华润公司在香港从事着大笔的买卖，也把大批民主人士从香港送往解放区。郭沫若、马叙伦、许广平母子、陈其尤、沙千里、宦乡、曹孟君、韩练成等第二批民主人士，由连贯陪同，又从香港出发，在庄河大东沟上船登岸，转赴哈尔滨。船还在航行之中，周海婴从自己装的收音机里收到了新华社播发的沈阳解放的消息，大家都很兴奋，到娱乐室开了一个热烈的庆祝会。郭沫若、曹孟君出了节目。有的唱歌，有的跳舞，还有朗诵的，讲故事的，充满了胜利的欢乐。

第三批北上民主人士最多，有李济深、茅盾夫妇、朱蕴山、章乃器、彭泽民、邓初民、王绍鏊、马寅初、洪深、翦伯赞、施复亮、梅龚彬、孙起孟、吴茂荪、李民欣等。周恩来同志对这次行动的指示更加具体、周密，电示我和冯铉，这批民主人士北上，要与苏联驻大连的有关部门交涉，安排最好的旅馆、确保安全；要举行宴会；请大连地委协助做好接待工作。连宴会的席位、座次都有明确的交代，还要我们为北上的民主人士准备好御寒的皮大衣、皮帽子、皮靴。从这其中，我们看到了中国共产党对各民主党派的真诚和关怀，也看到了周恩来同志严肃认真、一丝不苟的工作作风。所以筹建新中国之初，无论中共党内，还是各民主党派，都称恩来是个好管家。

为什么中央对第三批北上的民主人士特别重视？因为，把民主人士顺利接送北上，也是同国民党反动派的一次较量。李济深先生是民革中央主席，各种反动政治势力也想拉拢他，作为政治斗争的资本。白崇禧就写了亲笔信，请他"主持大计"，妄图打他的旗号，由桂系与共产党"划江而治"。李济深先生离港十多天后，白崇禧派的人才到达，听说李先生走了，真是大失所望。

1949 年 1 月 7 日上午，接送第三批民主人士的船抵达大连，中央派李富春、张闻天专程去码头迎接，还到他们下榻的大连宾馆挨个房间看望；民主人士非常感动。尤其听到给他们御寒的衣物是周恩来亲自指示办的，更是心情激动不已。

当时，中国革命的形势发展很快，原定在哈尔滨召开的新政协会议，于 1949 年 9 月在北平正式召开，会议通过了《共同纲领》，选举了国家领导人，新中国从此犹如初升的太阳出现在世界的东方。四批民主人士先后顺利到达解放区，按期参加了新政协。在他们当中，有共和国的副主席、政务院的副总理、政务院政务委员、部长、副部长等。新中国的诞生，其中包含着大连、香港两地许多同志多少紧张的劳动啊！

葛玉广　整理

（原载《党史纵横》1990 年第 1 期）

"红 屋"

——回忆我父亲邓文钊在香港的往事

邓广殷 *

1946 年全面内战爆发后，国民党加紧对进步人士迫害，许多爱国人士从国内各地转移到香港。这时先后到港的人有何香凝、李济深、沈钧儒、郭沫若、许广平、黄炎培、陈叔通、马寅初、马叙伦等。香港成了藏龙卧虎之地。

抗战期间，何香凝在两广颠沛流离。抗战胜利后，她先在广州住了一段时间。后来在广东的国民党当局不停地骚扰她，令她十分厌烦，便带同孙儿孙女回到香港。然而在香港她并没有自己的房子。到港后，首先便要找房子安顿下来。

我母亲的姐姐何楚骚，嫁给香港大地产商邓镜波的儿子。她家也住坚尼地道，而且在坚尼地道拥有房产。我母亲便去和她商量，把坚尼地道 25 号一楼一套很大的单元租给何香凝。这套房子最特别之处，是有一个极大的客厅，以后何香凝的许多活动都在这个大厅进行。

邓文钊在香港坚尼地道的"红屋"，战前曾是宋庆龄、廖承志会见客人的地方，战后又重新为华南进步人士提供方便。40 年代后期，乔冠华、饶彰风是"红屋"的经常座上客。当时广州的英国领事馆被烧，收回香港的

---

* 邓广殷，邓文钊之子。第六至九届全国政协委员，上海宋庆龄基金会理事。

"红屋"，北上期间是中共在香港的重要活动场所

传言甚嚣尘上，英国与国民党关系紧张，便对共产党较为放松。乔冠华等决定趁此有利时机开展香港的上层工作。邓文钊除了办报之外，还积极帮助饶彰风团结港澳工商界人士，参加支援国内解放战争、建立新政权的准备工作。他尽量利用同港英政府高级职员的广泛关系，使一批从国内去香港的革命干部和文化界进步人士安居下来，竭力掩护他们的工作和接济他们的生活。如胡愈之由南洋到香港，就是邓文钊作保才取得入境许可的。

在"红屋"，邓文钊介绍他的朋友们与乔冠华认识，其中包括何明华主教（会督），香港大学校长史乐诗，教授王国栋等人。史乐诗在战时做过好事。广州失守前后，他曾将广州岭南大学的师生及设备秘密移到香港大学，免得人员设备落入日本人手中。香港沦陷后，他又与陈君葆教授等人一同保护了港大的珍贵图书设备。而王国栋教授在战时参加了义勇军，成为抗日的（英军服务团）骨干分子。这些人士对 1947 年香港新华社成立领取执照起过一定作用。乔冠华与一些英、美、德籍友人的会面，亦在

"红屋"或在邓文钊向刘福诚借的赤柱别墅内进行。

战后，宋庆龄将保卫中国同盟易名为中国福利基金会，迁往上海继续活动，其宗旨由支持八路军、新四军抗战，改为支持战后的进步文化活动，救济孤儿及支援解放区，包括东江纵队活动地区和游击区。香港当时虽然集中了许多爱国人士，但保盟机构已经不存在。何香凝曾从香港致函宋庆龄，建议在香港设立中国福利基金会华南分会。宋庆龄于1947年初回信给何香凝说："中国福利基金会如在华南设立分会，由夫人（即何香凝——邓注）等号召主持，必能扩大工作，庆龄自极赞同，敝会在港原有会员邓文钊君等希共策进行。"但是后来这一设想不知为何没有付诸实行。

尽管如此，邓文钊仍十分关心支援东江纵队。那时，爱泼斯坦已经去了美国居住。从下面两封邓文钊给爱泼斯坦的信中，可以看出邓文钊念念不忘为东纵筹款。爱泼斯坦后来到中国定居加入了中国籍，邓文钊1946年写给他的信（原信为英文）内写道："我们的报纸（《华商报》）两周前再次出版了，但仍被人撕毁。国民党用尽办法阻止我们，我想请美联社写一篇报道在美广播。我们的报纸不能到广州发行，只能让'小鬼'（游击队'小鬼'）去发售。停火协议虽已签订，但内战仍在进行，原东江一带战火未停。我很希望能看到最近出版的有关中国的书，请你多寄来一些全世界的好书。你可否从美国报刊中剪一些资料寄给我。我们需要钱进行救济工作，美国援华会能否做些工作，把钱寄来？'东江'很需要钱。希望你能出一点力。"

这里提到的美国援华会，是美共的外围组织，支持过保盟工作。据爱泼斯坦介绍，珍珠港事变后，美、英政府把所有援华组织统一起来，成立了一个叫"联合援华会"的机构，统一汇款到中国，因为外汇是要统一管理的。保盟也得到一份。战后，特别是解放战争开始后，美国支持国民党，抵制中共。这时外汇管制已经取消，美国援华会里一些人便主张脱离联合援华会独立工作，以便能够继续帮助解放区。但是援华会里另外一些人主张留在联合援华会并从中得到资金。这样就使美国援华会失去了方向。

邓文钊在另一封信中写道:"我想知道美国有没有寄钱到港,是否通过联合援华会寄来。东江纵队理应得到这笔钱的,他们曾救过 8 个美国人。他们现在受新一军压迫很厉害,新界广九路两旁受害最严重。新一军把有子弟参加游击队的每一家房子都烧毁,并进行掠夺。他们告诉我,新一军比日本鬼子更坏,叫新一军为'新日军'。几星期前,我曾与一批人去访问过他们,想送给他们一些药物。看到新一军在该处的暴行,回来后,我病了两天。我希望你能立即筹募一批资金寄给我转给他们,我会把他们如何救美国人的资料寄给你们。"

邓文钊还通过爱泼斯坦动员美国著名作家斯诺以及其他友好人士支援解放区。这一个时期,邓文钊常常为华南共产党人交接钱银。常有外国人带钱到香港交给乔冠华,有时由邓文钊转,有时在"红屋"双方直接交收。

1948 年春,上海和江浙等地资本家因国内财政赤字急升纷纷把资金转到香港,一个以团结香港和外来的工商界人士为宗旨的香港工商俱乐部应运而生。工商俱乐部每星期四晚举行一次聚餐活动,一方面联络感情,一方面交谈时局。马寅初、胡愈之、千家驹等知名学者都在聚餐会发表过演讲。邓文钊和香港工商界的王宽诚、陈祖沛、黄长水、陈君冷、陈广生等人都是工商俱乐部的积极分子。除工商界以外,其他渴望了解国内形势发展的各界人士也都踊跃参加工商俱乐部的活动。每次名人讲座,《华商报》都以显著篇幅刊登消息。工商俱乐部有效地发挥了自己的作用。

坚尼地道 25 号这时已成为何香凝和爱国民主人士,尤其是国民党里的反蒋派的活动场所。除了何香凝以外,这里也住着陈此生夫妇,何香凝的许多具体工作基本上由陈此生帮忙办理。为了躲避国民党特务和港英耳目,一些大型集会往往以庆贺新年或为何香凝祝寿等借口进行。当时在香港的李济深、彭泽民、蔡廷锴、柳亚子、李章达、谭平山、陈其瑗、邓初民、朱学范等都是坚尼地道 25 号的常客。在那里,召开过国民党民主派的代表大会，举行过国民党革命委员会的成立大会。这些集会的组织工作由陈此生负责。不过既然在家里举行，就有许多家庭的准备工作，如茶水、点心、招待等等。有时廖梦醒正好从上海回港，她便和我母亲何捷书一同料理。有时廖梦醒不在香港，我的母亲便过去帮忙。好在大家都住在同一条街上，照顾也方便。有一次集会，名义上是为何香凝祝寿，客人走后，何香凝、廖梦醒、何捷书、李湄（廖梦醒之女）、廖坚、廖恺孙（即廖晖）在寿幛下合影了一张相片。这张相片 90 年代在广州廖仲恺、何香凝展览馆展出时，竟误将何捷书当成了廖承志夫人经普椿。

形势发展得很快，解放军在战场上势如破竹。1948 年 4 月 30 日，中共中央号召各民主党派迅速召开新的政治协商会议，成立民主联合政府。民革等八个民主党派通电中共中央表示支持。可是，这些民主党派的头面人物几乎全在香港，把他们从香港送往解放区便成了一个重要任务。中共在香港的人员租了往返香港—东北（或华北）的外国货轮，让这些人士分批坐船北上，以便出席新政协会议。

开始这一行动没有引起国民党注意。后来他们听到风声，便设法阻挠。因为国民党战场上不利，萌生了与共产党"划江而治"的想法。一旦实现"划江而治"，这批民主党派的头面人物便是重要的政治资本。故此国民党是无论如何不愿意看到他们去解放区的。对于国民党的这个阴谋，中共早已识破，每次行动都布置得十分精密细致。

最有代表性的一次，是李济深北上的事。李济深被选为国民党革命委员会主席后，他的身份更加特殊。他离港的消息不知怎样泄露了，国民党对他盯梢更紧。经过精心策划，他的离港日期定在圣诞节。这一晚，当全城欢庆节日的时候，李济深在家"宴客"。他穿着便服与客人举杯畅饮，外衣如常地挂在客厅的衣架上，一切都没有什么异样。在对面用望远镜监视他的国民党特务放松了警惕。酒至半酣，李济深离席"方便"，其实是悄悄溜出门上了一辆等候他的汽车，直奔邓文钊的"红屋"。这一晚，与李济深一同离港的人有朱蕴山、梅龚彬、吴茂荪、李民欣等民革的头面人物，他们各自从九龙或香港的寓所到"红屋"集合，等候上船。方方、连贯、饶彰风早已在"红屋"等候。何香凝、郭沫若、沈钧儒等人也来送行。杨奇把李济深等人几天前集中到湾仔六国饭店的行李送到海边一艘小汽船后，观察岸上没有什么动静，便打电话到邓文钊家，用暗语报告情况正常，可以上船。于是一行人离开"红屋"，乘车到不远的湾仔海边，登上小汽船，开往停泊在维多利亚港的许多外轮中的一艘苏联货轮。三天之后，《华商报》才发表消息："李济深北上参加新政协。"国民党特务愕然。这是 1948 年底的事。

随后半年内，在港的民主人士陆续北上。黄炎培、郭沫若、茅盾、马寅初、马叙伦等人秘密离港的办法也与李济深差不多。有些人名为到"红屋"赴邓文钊"家宴"，实则与方方、连贯、杨奇等人接头，然后去湾仔海边上船。"红屋"离湾仔海边很近，坐车十分钟就到。1949 年 4 月，何香凝、廖梦醒一家也从香港北上。她们是乘搭一艘希腊商船到天津，然后坐火车去北平的。何香凝走后，坚尼地道 25 号改做《华商报》的电台机房。

全国解放后，"红屋"在一段时间内仍继续派用场。50 年代，张学良的二弟张学铭夫妇到港，打算与张学良取得联系，由《华商报》经理黎兆芳安排，在"红屋"住了一段时间。广东省商业厅厅长朱竟之奉叶剑英省主席之命，到香港接洽购买泰国大米，亦住在"红屋"，由邓文钊同蚁美厚出面与泰国华侨代表洽商，签订合同，及时从泰国进口大米 7 万吨应急。不过"红屋"更多是用作会见的场所。1949 年解放战争形势急剧发展时，饶彰风曾借用"红屋"与广东境内流寇代表谈判收编事宜。邓文钊在浅水湾的游泳棚也招待过不少人，叶剑英也到过那里。70 年代，一次叶剑英在北京接见我时，曾提及邓文钊在浅水湾招待他的事。

（节选自《我的父亲邓文钊》，中国文史出版社 1996 年版）

政治协商见习生

——我在香港参加统战工作的回忆

罗培元 *

全国性统战工作初窥

1948 年 5 月初，连贯约我至筲箕湾天后庙道第 4 号 4 楼会见他。他告诉我，党中央发布了"五一"劳动节口号，提出打到南京去，迅速召开新政协的主张，留在香港的各民主党派都发表声明表示响应。香港分局已根据中央指示，加强对全国各地留在香港的民主人士的统战工作，决定成立统战工作委员会。委员是连贯、谭天度、罗理实（雁子）、林琅和罗培元，负责人是连贯。中央要求方方和潘汉年抓这方面的工作，分局决定我作为驻会专职委员，协助连贯日常工作。

统委召开第一次会议，分局派了潘汉年同志来参加。连贯把各委员的名字介绍一遍之后，请潘汉年讲话。他讲了全国解放战争和政治形势的最新发展，统一战线政策和当前统战工作的任务，说为了响应党中央"五一"劳动节提出的迅速召开新的政治协商会议的口号，分局决定成立由连贯负责的统战委员会，加速在香港民主人士中就召开新政协征询意

＊ 简介见前。

见，把港方民主人士的意见，汇报给党中央，利于在各方面人士到达解放区后，正式召开新的政治协商会议。这项任务很重要，希望大家好好工作，完成党交给我们的使命。潘讲话后，连贯讲了暂时居留在香港的各党派、各方面民主人士的大体情况，讲了我们的分工。我被指定在分局邀请高层民主人士座谈时作记录，并把记录材料整理上报分局，平时协助连贯处理一些日常事务，着重走访他指定的经常联系的或他临时指定要联系的民主人士。后来，连贯指派我以分局统战委员身份，参加由民盟秘书长周新民主持的有三四十位在港的各党各派、无党派民主人士参加的双周座谈会，将座谈会的一些比较特别的意见，及时向他作口头汇报。连贯把一些上层分子如李济深、蔡廷锴、何香凝、郭沫若、沈钧儒、谭平山、马叙伦、陈其尤、李章达、丘哲、彭泽民、朱蕴山、陈劭先等的名单，以及他们的住地和电话都告诉我。统委要开会，或有什么事要向他们转达或征求他们对某一问题的意见时，连贯往往把事情交我负责，有时也不一定要我全部通知。潘汉年说已发现有人窃听他家的电话，所以我绝少用电话与高层民主人士联系，特别是重要会议或分局意见的转达，都是采取登门拜访的办法。另外，通知参加双周座谈会或有其他任务要联系，则由连贯或潘汉年委托其他同志负责，或用电话通知。章乃器、章伯钧、沈雁冰（茅盾）、王绍鏊、胡愈之、沙千里、梅龚彬、邓初民、李伯球、吴茂荪、许宝驹、陈其瑗、朱蕴山、韩兆鹗、严信民等参加会议，则无须我通知。

分局负责同志与留港的高层党外人士讨论，交换对政治问题的意见，除个别联系外，一般是沿袭周恩来同志在重庆举行的双周座谈会的方式。所谓双周座谈会只是约定俗成的叫法，民主人士都知道那是中共与民主党派、民主人士交换意见的集会。开会时间原则上是每两周一次，也可提前或推后。参加的人按需要而略有增减。1948 年"五一口号"发布后，留港高层民主人士的会议则多在分局统战委员会内举行，主持会议的是方方或潘汉年。会议的参加者多则 20 多人，少则十六七人。有一次会议，为使发言普遍，分四组讨论，把所有房子都坐满了。有两次会议正值解放军攻克济南，全歼敌军 11 万人和辽沈战役歼敌 47 万人的胜利消息传来，大家异常兴奋。因为这两次大胜利，大家把注意力离开原定讨论新政协的内容，大谈解放军空前的大胜利和大好的军事形势，并决定由各党派联名向中共中央毛主席和朱德总司令发贺电。电文的起草人分别是茅盾和郭沫若。在议论打胜仗的场合，蔡廷锴特别活跃。

一份历史性的记录

分局在统委会开的高层民主人士座谈会，大约有七八次，都是征求听取召开新政协的意见。由于在香港的各党派和无党派、各界民主人士都于"五一口号"发出后先后表态，赞同中共提出的召开没有国民党反动派参加的新政协，实现召开人民代表大会，成立民主联合政府的主张，这实际上已形成一条新民主与旧民主、新政协与旧政协明确的分界线。当时，曾于 1946 年参加蒋介石一手包办的伪国大的民社党头子伍宪子趁机想改头换面，用革新的民主社会党名义发表响应中共"五一口号"的声明，企图钻进新政协的准备活动中来，又想保持他在旧政协和解放战争时追随蒋介石的立场。连贯约伍面谈，代表在港各党派意见，严词拒绝了伍的要求。反之，旅居美国的致公堂领袖司徒美堂先生，态度十分明朗，他说蒋介石当政中国必亡，中国共产党当政，中国必兴，全世界华侨都希望中国强盛起来，不要再受洋人的气。他主动表示要发表声明，拥护中国共产党，赞同召开新政协，并当即口授，由司徒丙鹤记录整理成文。司徒美老看后签字同意，第二天就见了报。座谈会上，大家一致认为一定要司徒美老参加政协会。

在分局统委会开的双周座谈会中，6 月 30 日的座谈会集中谈了关于召开新政协的问题，留下一份是我整理的十分完整的记录，现在把当日大家发言的记录分项摘录于下：

（一）关于召开新政协的时间问题。沈钧儒认为召开时间可以迅速，不必等得太久，因为开新政协号召力度大，利于鼓舞人民解放军军事上迅速发展，同时可以加速敌人的崩溃和他们内部的动摇与分裂。谭平山赞成沈老的意见，说新政协的召开愈早愈好，本年"双十节"能召开最好。马叙伦认为"双十节"召开太快，可考虑到明年（1949）元旦，还有半年。王绍鏊赞成马老意见。李章达认为需要看局面发展而定，国内局面发展快，当然要快；国际局面发展得愈凶险（意指第三次大战，和美帝可能出兵支持蒋介石），也要快。郭沫若初时发言，认为讨论时间问题还早，后来又说，无论对内对外来说，新政协的召开已是时候。茅盾认为新政协开会的时间，需要同其他许多问题联系起来考虑，由住在香港的我们来决定，恐怕有许多困难。李济深请假，他托连贯转他对开会时间的意见是：为使新政协的号召力加大，等拿下平津后才开最好。李章达认为任公这观点不对，这样政协的召开就不是以政治为前提，而是以军事为前提了。谭平山认为，拿不拿下平津是客观事实问题，不是主观愿望问题。

（二）关于新政协召开的地点问题。这也有各种不同的意见。马叙伦认为在解放区召开不成问题。王绍鏊认为地点应在关内。茅盾认为在关内或在关外召开都不成问题，只要在解放区便成了。谭平山认为只要与中共靠近，在关内关外都无所谓。李章达认为开会地点不可用单纯的地理观点看，只要是象征新民主的地方就行。例如在哈尔滨，劳动大会已在那里召开了，科学院也已成立，很有意义，延安则是人民军队组训的地方，人民军队则是人民所独创，这两个地方都可象征新民主主义。王绍鏊说，他之所以主张在关内，不是为了别的，乃是因为有人会借此造谣说，在东北开有国际背景，说有人想做傀儡，如果在关内召开，可象征人民的胜利已进了一步。连贯代传达李济深的意见是，不要在东北开会，要拿下平津后，在平津开最好。李章达说，李任公的观点不妥。他反问道，如果打不下平津，新政协是否不开了呢？

（三）关于参加新政协会议的范围、方面或个人问题。如前所述，对这问题，新政协不能让反动派参加的大原则虽已确定，但牵涉到一些具体问题，讨论热烈，分歧也大。马叙伦说，这可分为党派、人民团体和社会贤达三方面来说：党派问题，像革新的民主社会党，已发了响应中央"五一口号"，但要看其历史，不能专看其宣言；人民团体有多种，蒋管区里面也很多，有许多是不足论的，如御用的，过了时的像光复会和许多同乡会不能算数，蒋管区的文协，虽有全国性，也有些人才，但是它是反动的，也不能算数，有些是全国性的团体，须得人民的同意和承认，而这一要有工作，二要有群众，像光复会，虽有历史，但其工作和群众基础则甚成问题；至于社会贤达，必须具有人望、声望，地位则属次要，参加民主运动必须有工作表现。郭沫若认为参加政协的代表，先看承认哪些党派、团体，承认以后，代表由他们自己选；社会贤达没有自己的团体，不能自己产生，可参考旧政协由中共、民盟和民革三方面推荐的办法，也可由各党派各社团推荐并共商决定。郭沫若还认为社会贤达应选那些专家，如对经济问题、宪法问题、自然科学、社会科学、文学艺术各种专门学问有研究的专家，选这些人参加，必然可以对建国具体方针作出具体的贡献。马叙伦对郭老这些见解持不同意见，认为专家问题可以采用旧政协时请顾问的方法解决，应看其是否自抗战以来对民主运动有贡献，是否有全国的代表性，像全国学联那样就应该有代表；要不要沿用社会贤达名义，或改称什么专家，都不是重要的问题，重要的是有德望和声望，有贡献和号召力，又具有专家之长，便不论他是否个人；上海尚未解放，但如能出代表，其重要性一定很大；华侨、西北地区、上海及少数民族，均应有代表参加。胡愈之认为旧政协没有华侨代表，当时有人提名让陈嘉庚参加，也只放在社会贤达内来讨论；有陈嘉庚作为华侨代表参加新政协，意义必甚大，他在抗战中和抗战后均有贡献。

谭平山认为新政协代表的产生，不能强调法律问题，像陈嘉庚参加是很好的，他也可以得到绝大多数侨胞的支持；马寅初也是很好的代表人物，沈衡老是律师公会领袖之一，当然应该参加政协，但如要强调依法律程序，这三位代表的产生就都有问题了；人民代表也有这个问题，哈尔滨的劳动代表会，有蒋管区的工人代表参加，当然很好，而且合法，现在蒋管区中有很多合法的工人团体，也有些人才，但如何产生代表呢？所以不应该过于强调合法性，只要看代表的作用和本质。茅盾认为参加的代表，党派方面，要看他们是否赞同新民主主义和土改这许多问题而定，马老所提的光复会廿余年来已无法活动，当然谈不上，长江以北的人民团体的代表不成问题，在蒋管区却不容易推选，而他们却可以利用这点来反对我们，因为他们是御用工会或公会，他们如果用合法外衣推选代表要求参加，我们也可以不承认他；在蒋管区有些秘密公会、地下组织，如果是有群众的，可以让他们参加。茅盾还以为在香港可以组织一个小型的什么委员会。像个雏形的政协来研究，定出草案，看看哪个党派、哪个团体、哪个人可以参加。李章达提出可否出些地方代表？王绍鏊认为代表及人民团体问题，原则上是两年来对民主运动有贡献的，应出代表，像光复会，显然没有资格了。至于社会贤达，也有三个原则，一是有声望，即背后有群众，二是对民主运动有贡献，三是经各党派承认。对李章达提出的地区性代表问题，王绍鏊认为不必很重视地区性问题，因为政协是全国性的政治性问题。马叙伦认为政协要包罗全国的代表，代表全国，现在就要研究如何争取其他的人。郭沫若认为代表问题要注意保密，争取要有原则。

连贯反映李济深认为新政协的范围要扩大到蒋介石下面的拥护新政协的各种力量。谭平山认为任公宽大主义甚有问题，但他又说，任公所讲的那些人能争取的也要争取，但只能是个别的争取，不能整个争取；白崇禧和李任公决不能相容，白拿李宗仁来对付任公，任公是大好人了。李章达也认为把许多蒋介石的反对派都看作是革命的力量是太宽大了。马叙伦同意对蒋区的人要个别争取，更不可把政协代表作为酬佣的工具。

（四）新政协开会要解决哪些问题？郭沫若认为要成立临时人民政府，待人民代表大会召开后，成立正式政府；政协不要订出临时施政纲领，中共在解放区已有一套办法，问题不大。李章达说，各党派都有自己的纲领，这些纲领都有共同点，所以容易作出各方都可接受的纲领。沈钧儒认为政协应规定共同纲领，宪法则可另组机构来研究起草；人民代表大会问题，主要各省市县选出代表问题，在蒋管区还拥有半壁河山的情况下，谈不上全面选举。对这问题，在几次座谈会中都没有展开讨论。对新政协的性质问题，大家比较接近的意见是，新政协应该是新民主主义性质，反对帝国主义、官僚资本主义和封建主义是应有之义，国民党反动派以及其他一切反动派都无权参加新政协，这也是大家一致赞成的。

（五）关于新政协由何方召集的问题。主要有两种意见：一是由中共召开；二是由各党派委托中共召开。

方方和潘汉年参加了这次会议，他们讲北上交通问题和请各人充分反映各方面有关新政协问题的意见外，没有就大家所讨论的问题发表任何意见，因为中央只是委托他们听取党外人士的意见，若他们就上述问题有任何发言，别人可能误认为中共已成竹在胸，要大家讨论不过是形式。实际上党中央在新政协召开的问题上是十分尊重党外人士的意见的。分局把留在香港人士的意见如实向中央反映，不加进党内同志的意见。

千里迢迢，电波传政声

据我所知，不论是在分局负责人方方、潘汉年主持的在港高层民主人士座谈会，抑或是周新民主持更大范围的民主人士座谈会，所反映的关于召开新政协的有关问题的主要意见，都由分局及时报告党中央，再由党中央转达给后来成立的新政协筹委会。9月底由香港到达哈尔滨的沈钧儒、谭平山、章伯钧、蔡廷锴、王绍鏊等人与先到达东北的高崇民、朱学范、李德全等人于 10 月下旬参加高岗、李富春主持的就中央统战部同在河北平山县李家庄的民主人士商讨后提出的《关于召开新的政治协商会议诸问题》的文件草案进行了两次商谈。在商谈之前，中共中央为此事预先致电告诉高岗和李富春，请他们向在哈尔滨的党派代表讲明：这是中共中央委托东北局与民主党派代表商谈的书面材料，正式征求他们的意见，请他们过细加以斟酌：草案所提名单，也只是中共的希望，完全可以增减和改动。中共中央 10 月 30 日将在哈尔滨讨论修改过的上述文件电告华南分局，并请分局即抄民革的李济深、何香凝、民盟的周新民，民进的马叙伦，致公党的陈其尤，救国会的李章达、沈志远，第三党（后改名为农工民主党）的彭泽民，民建会的章乃器、孙起孟及无党派民主人士郭沫若等 11 人，由潘汉年、连贯分别征询他们的意见。11 月 20 日，分局由方方、潘汉年和连贯联名致电中央，报告在港与各民主党派、无党派民主人士座谈《关于召开新政协会议诸问题》的情况及提出的意见。现将这些南北千里迢迢通过电波上报中央的意见转录于下：

（一）有人提出，民社党革新派可参加新政协筹备会，与会者均不赞同。

（二）有人提出，国民党反动集团内，特别是国民党地方派系人员中，如有赞成反帝、反封建、反官僚资本主义并见诸行动者，似应准其参加新政协。

（三）有人提出，中华全国文艺协会可否作为一个单位参加？与会者认为文协大多数理事均在国统区，且多是蒋系人物，无从推派代表，文协中好的理事，仍从文化界民主人士提名较妥。

（四）有人提出，华侨民主人士各阶层都有代表参加筹备会则更好。

（五）有人提出，东北政治建设协会，可否作为一个单位参加？与会者认为可以在哈尔滨方面征求意见。

（六）有人提出，梁漱溟的"乡村建设派"似应列为一个单位，与会者认为梁先生个人参加是不成问题的，但其组织不应列为邀请单位。

（七）有人提出，华南各省游击区人民武装有数万人，有斗争历史（如琼崖、东江等），似应列为一个单位。

（八）有人提出，国旗、国歌应先研讨准备。

（九）关于《共同纲领》草案，各党派正在研讨中，对以"新民主主义"为今后建国最高原则问题，民革方面有两种意见：一种赞同，一种坚持用"革命的三民主义"；民盟方面，有的主张用"人民民主主义"，有的主张用"民主主义"，不必加上"新"字，但大多数人的意见，均赞成用"新民主主义"。

以上所记的在港民主人士对新政协的筹备所表达的意见，都是有根有据的。从此也可看到：中共中央和中共香港分局的负责人与当年留港民主人士商讨召开新政协的准备工作，是十分严肃认真的。正面的反面的意见，都受到重视并被及时反映给中央。这种充分发扬民主的做法，是对党对人民负责，对建立和建设好未来新中国高度负责的表现。

至于党中央在筹备新政协过程中，也是十分尊重党外人士的意见的。就我所知，有两件事足以证明这点。第一件是关于召开政协的时间和地点问题。中央曾于内部设想过在1948年秋间，在哈尔滨召开新政协会议。"五一口号"中关于迅速召开新政协的提出，表达了这个设想，而那时辽沈战役尚未进行。后来随着形势迅速发展，同时考虑了各方面民主人士的意见，政协代表会议在1949年9月底才在北京召开。第二件是"五一口号"曾提出新政协会议的任务是"讨论并实现召集人民代表大会，成立民主联合政府"。后来经参与筹备各方研究后，确定为"中国人民政治协商会议代表全国人民的意志，宣告中华人民共和国的成立，组织人民自己的中央政府"并决定"在普选的人民代表大会召开以前，由中国人民政治协商会议的全体会议执行全国人民代表大会的职权，制定中华人民共和国中央人民政府组织法，选举中华人民共和国中央政府委员会，并付之以行使国家的职权"。这是在经过会议之后更完整、更完善、更符合中国国情的意见。

回顾我作为一个工作人员参加中共香港分局与留港各方面民主人士商讨召开新政协的一些具体工作过程，从人民政协的成功召开中可看到和认识到一些什么问题呢？

必须有中国共产党的正确领导。中国共产党在全国人民心目中有崇高的威望，而这种威望是在领导中国人民进行抗日战争和解放战争中取得伟大的胜利而树立起来的，它自然而然地在全国各民主阶级、各族人民的心目中成为不可代替的领导和团结的核心，中国人民相信只有共产党的领导才能建立新中国。而中国共产党在新政协的顺利召开和建立中华人民共和国的进程中，靠的是说服整个中国，从没有滥用威信的现象，更无权力可以滥用。正是靠以理服人，中国共产党的正确领导才能顺利实现。中国共产党在中国各革命阶级、各族人民中，由思想威信到权力的威信之取得，也就如高屋建瓴，水到渠成。

党正确运用了民主协商，使之为妥善而有效的为全国民主阶级、各族人民所乐于接受的解决人民内部矛盾的方式。一般说来，民主是协商的基础。没有民主，根本谈不上协商；民主不充分发扬，协商也不能收到充分的效果；真民主才谈得上真协商；民主流于形式，协商便走过场。当然，绝对的民主不会有，也不能有；有就无从协商了。有的资产阶级学者也主张民主与自由是天赋的，不能有任何限制的。但没有限制的民主与自由，是人类分化为阶级以来古今中外都没有的。所有资产阶级掌权的国家，都以不动摇和不推翻资产阶级的专政或叫统治为民主与自由的最大限度。超过这个限度，标榜超阶级、超政党的独立的国防军，就会被资产阶级动用，对异己的力量加以镇压的。在我所见到的在香港关于新政协召开问题的民主协商中，各方人士都是深明此义的，我们从后来在全国筹备新政协的召开和成立中华人民共和国的整个过程中，也充分看到民主协商的重大作用。在上文引用的 6 月 30 日的座谈记录中，最后记着潘汉年这样的话，他说："现在是许多方面对政协问题都还有意见，只是没有充分发表出来。"潘汉年这话，是代表中国共产党的意见的，往后在香港关于新政协召开问题的座谈和我所体会到的全国范围的新政协筹备的座谈，都是本着力求各民主阶级、各民族的意见都尽可能充分地表达出来，得到充分的协商的。

中国人民解放军是中国人民解放的支柱，没有人民解放军在全国范围的重大胜利，新政协的召开和中华人民共和国的成立，都是不可能的——至少不会那么顺利的。人民解放军于 1948 年下半年到 1949 年初春，继攻克济南之后，迅速取得辽沈战役、淮海战役和平津战役共歼灭和改编国民党军 150 万人的胜利。自此而后，百万雄师渡长江，先后攻占南京、杭州、武汉三镇和上海，长沙和平解放，接着解放福州和兰州，9 月 19 日和 25 日先后和平解放绥远和新疆。"五一口号"发布仅仅一年多，解放战争取得如此迅速和重大的胜利，许多原先遇到的问题，例如在东北开新政协呢，还是在平津开，关外开呢，还是关内开，接受和平解放的国民党军参加政协的问题与那些想玩弄"和平"伎俩以保持实力的人物的问题，那些担心由交通问题解决不了，和工、青、妇没有全国性组织会降低新政协的代表性问题，一概由于有了上述解放军这些伟大的胜利而不待争议就一一顺利解决了。新政协的筹备和人民政府的成立的代表性问题和地点问题等，一概解决了。

与人民解放军取得胜利密切相联系着的是国统区人民反对美蒋的第二战场的开辟。1945 年 9 月，蒋介石仗着美军的帮助而坚持要独占他 14 年前拱手送给日本侵略者的东北。为了粉碎蒋介石这种倒行逆施，除了解放军坚决反击蒋军的进攻之外，蒋管区的革命人民，先后燃起反对蒋介石打内战的斗争烈火。重庆各界代表组成反内战联合会，号召全国人民用一切办法制止内战。跟着昆明学生 6000 余人举行反内战时事晚会。一个以学生运动为主的反内战运动，席卷了整个国民党统治区。1946 年 7 月间，国民党特务在昆明接连刺杀民盟中央委员李公朴和著名教授闻一多，激起全国的民主人士和爱国知识界的抗议运动。蒋介石于攻占张家口后，下令召开的伪国大，走上自绝于人民的道路。国民党政府与美国签订了丧权辱国的《中美友好通商航海条约》。上海摊贩的自救斗争，发展为全市性的反蒋群众运动。北平爆发抗议美军暴行的斗争，全国城市参加这场斗争的达 50 多万人，斗争得到工人、教员和其他人民群众的支持。1947 年 5 月 4 日，上海学生举行反内战的宣传示威，国统区其他大中城市纷纷响应。五六月间在蒋管区 60 多个城市发动了"反饥饿、反内战、反迫害"运动。国统区的爱国、民主、反内战的群众运动，形成了人民大革命的第二战线。解放区人民解放军的军事胜利，直接促进了国统区这条战线的开展，使国民党政府处于全国人民的大包围之中。中共中央召开的全国土地会议制订了《中国土地法大纲》，对全国农民在全国范围内消灭封建制度，提供了一个战斗纲领。解放区率先实行，蒋管区的广大农民受到极大的鼓舞。在哈尔滨召开的全国第六次劳动大会，号召全国工人阶级团结各阶级人民，支援前线，推翻国民党反动统治，建立新中国。这使一切有爱国心的、长期以来从事民主运动的各阶层人士预感到国民党在蒋管区也不能统治下去了。解放战争的全国胜利已日益接近，新中国诞生的曙光已经十分耀眼了。

"拼将生死任扶颠"

到 1948 年下半年，当香港地区讨论新政协召开的工作进入到和全国性的筹备新政协的行动汇合起来的阶段，中共中央向全国各地的党组织提出邀请和护送大批民主人士到东北、河北，最后到北京筹备召开新政协的任务。这项任务由周恩来同志总其成，其中安全护送居留在上海和香港的民主人士北上的任务特别繁重。

8月1日，周恩来致电在大连的钱之光等同志，要钱以解放区救济总署特派员名义前往香港与分局负责人安排护送民主人士北上。周恩来亲自筹划交通工具和护送人员等。为安排李济深北上，周曾致电大连负责同志与苏联驻大连的有关部门交谈，要求安排最好、最安全的旅馆等。同年8月9日，中共中央致电方方并香港分局指出："为邀请与欢迎港、澳及南洋民主人士及文化界朋友来解放区"，要"为他们筹划安全的道路"，并指定潘汉年、夏衍和连贯负责计划，并协商一个名单电告中央。分局负责人阅了电报说"兴奋与担心交并"。所谓兴奋，自然指的是组织在香港的民主党派、民主人士进行座谈，就召开新政协征询意见的任务差近完成，新政协的召开和新中国的诞生在望；所谓担心，当然是指要护送这么多民主人士北上，旅途上安全可虑，因为那时陆上、空中都没有通路，只能由香港乘船北上，而这要冒港英政府留难、破坏和台湾美蒋势力在海、空干扰拦截的风险。

我也参加送第一第二批民主人士上船的工作。潘汉年和连贯交给我的任务是：先到北上的人家里，不假手他人，乘"的士"把较笨重的行李运到码头，雇小船送到泊在维多利亚港的一艘挂苏联国旗的波尔塔瓦（BOLTAVA）号货船，人员一次过登轮，这事千万要保密。我一一照办了。1948年9月，第一批北上的人不多，他们是沈钧儒、谭平山、章伯钧、王绍鳌、蔡廷锴和蔡的秘书林一元。除蔡、林先到谭天度家集中外，其他四位先到天后庙道4号4楼集合。提早吃了晚饭，大家化了装，笑谑了一回，潘汉年和连贯与他们告别，由我带路，各人各间开几步行走，装作彼此不相识的样子。到了铜锣湾，汇齐了蔡、林两位，连我一起合雇一艘小艇向着波尔塔瓦货船划去，我把他们送上了货轮，苏联的船员同志满脸笑容，一一握手，连呼"打瓦里士"和"顶好"。我身子顿时轻了一半似的。到了船上，小客厅中已有章汉夫和李嘉人等着，大家知道有章、李两人同船，十分高兴，好似他们都是安全的靠山似的。其实，台湾海峡才是险境，在那里经常监视着海面的美蒋飞机、舰艇，才是安全的真正威胁力量。当我辞别他们时，蔡廷锴特意送我出舱外，附着我的耳朵说："你回去一定要实践诺言，马上打电话给你宗妹（指蔡夫人罗西欧女士）。"我如约履行诺言。同年 11 月末，我又做与前次同样的工作，送郭沫若、丘哲、陈其尤和翦伯赞等人上船。这一次由连贯陪他们一起北上，一路平安无事。当分局要我把这好消息分头上门告诉他们的家人时，陈其尤夫人患病躺在沙发上，听到好消息，马上坐起，连说好消息使她的病都好了。我探郭沫若夫人于立群时，她有事外出，我留了一张条子将郭老安抵东北的事告诉她。后来有一次，当我们在广州看着郭老挥毫时，于立群一本正经地对我说："我藏有你的'墨宝'呢。"我急忙用广东话回答说："讲笑搵第二样。"她认真说出缘由，告诉我那张留条一直夹在当时她正读着的书里，至今犹存云云。

我完成了协助上述两批民主人士北上任务之后，由于下文还要提到的一个特殊的原因，我的"送船"差使意外地中断了。后来听到第三批护送的人中有李济深这位港英特殊人员日夜监视着的特殊人物上船的曲折而又惊险的故事，简直可以编成一个有惊无险的小剧本来演出。对比之下，我的"送船记"平凡得多了。

香港分局到 1948 年 12 月底止，护送了四批高层民主人士北上之后，上海和内地以及南洋一带的民主人士陆续到港北上。这当然也是香港分局很重要的一个任务。总计自 1948 年 8 月至次年 8 月，共分 20 批，护送的民主人士 350 人，其中之后成为政协第一届全体会议代表的有 119 人，加上中共及其他人员北上的共 1000 多人。所搭轮船有苏联货轮"波尔塔瓦号"和"阿尔丹号"，苏朝合办的商船"AIIIIAB 号"，分别挂挪威和葡萄牙旗的华中轮，希腊的"大西洋号"、太古轮，太古公司的"岳阳号"，英国商船"宝通号""东方号""振兴号"等 10 多艘，安全北上的全国性重要人士有李济深、何香凝、沈钧儒、郭沫若、蔡廷锴、蒋光鼐、谭平山、陈叔通、黄炎培、柳亚子、陈嘉庚、司徒美堂、章伯钧、章乃器、马叙伦、茅盾、陈其尤、李章达、朱蕴山、邓初民、马寅初、钱昌照、龙云、黄绍竑、刘王立明、许宝驹、黄琪翔、丘哲、李达、包达三、叶圣陶、陈其瑗、王绍鏊、李任仁、千家驹、曾昭抡、郑振铎、曹禺、马思聪、王亚南、郭大力、史东山、洪深等。每艘北上的船，分局都派有相当的党员负责陪送，一路平安无事。唯有 3 月 4 日晚上，上海重要人物陈叔通、马寅初等 27 位乘搭的挂葡萄牙国旗的华中轮在海上曾先后和两艘国民党的军舰相遇，受到盘问，还将华中轮夹在中间，出语威胁，幸得船长佯称是开赴南韩仁川港的，并将船驶近仁川后掉头驶到山东烟台，才脱离险境。

在第二批北上时，丘哲在船上吟诗见志，他有《十一月二十三日自香港乘轮赴东北口占留别亲友》诗一首，如下：愿抱澄清酬故友 / 拼将生死任扶颠 / 关山极目风云急 / 剑匣长鸣起执鞭。大概在船上风急浪高，丘老到北方后血压高起来，同室相处的郭沫若诗以慰之。诗云：君患血压高 / 我患血压低 / 高低之相悬 / 百度足有奇 / 君不见凫胫短 / 鹤胫长 / 短者不必展 / 长者不必断 / 一身之事任其自然 / 人民解放不可缓。20 世纪 60 年代初郭沫若对我谈起佚诗之事，我说我在丘哲的《断金零雁》集《引夫剩稿》中见到他有一首慰丘诗是有他亲笔书写为证的。郭老说他全忘了，我念给他听，郭老说确像是他的"打油"诗。当我取出《断》集给他看时，他对自己的字却自赞不置，说现在写不到那水平了。最后郭老说，凭他与丘老的感情，"这本子我要定了"。他看看我说，你问丘夫人再要一本吧。我当时不置可否，但"文革"后却不见了该书，很有可能因为是线装本，给造反派当作封资修的书抄去了，也可能"割爱"给了郭老。20 多年后，丘夫人梁淑钏送一本给我，方补了损失。当我每次看到它，就对丘老肃然起敬，"拼将生死任扶颠"的句子，便脱口而出。当然，为了中国人民解放事业而舍生奋斗的工人、农民、知识分子、各阶级、阶层的爱国人士何止百万千万，但作为高级知识分子、高层民主人士的丘哲，在登上北上的轮船时，便和一切革命者呼吸相通，并用诗的语言表达出来，是十分难能可贵的。

港英政府给上的最后一课

1948 年 11 月，饶彰风自新加坡回来，任香港分局秘书长并接替北上的连贯任统战委员会的负责人。他第一次到统战委员会只见到林琊和我，他说，等"小开"有空，就要开个会。我问他，好些高层民主人士已北上或者正准备北上，我们今后的工作怎样，他说："一切照旧。"

1948 年 12 月 11 日，南方还天朗气清，不热也不冷，恰是惠风和畅，但对统战委员会以至分局往后的日子来说，至少可以说它距离什么"黄道吉日"太远了。是日一早，我和吕维多像平常那样吃了一顿煎鱼送潮州粥的早餐，一同出门，便分道扬镳。吕往西走，我往南到九龙，拜访了有事相商谈的人。转回香港岛，到一间小吃店草草吃了一碟炒沙河粉，又按先期之约找了抗战时在桂林"报屁股"写短小杂文的陈闲同志。陈闲是笔名，真名字叫冯培兰，广西博白县人。他觉得在香港党组织内受不到应有的重视，满腹牢骚。他年纪大我 10 多岁，我一向尊重他为老前辈。在《柳州日报》时，我转载了他好些短小精悍的杂文，没付他稿费，只到他教书的桂林中学见他一面，略致谢意。这时也把这旧事重提了，说他的杂文好，影响大。陈闲霎然间站了起来，伸出右手，令我莫名其妙，原来此公要同我握手，说昔日在桂林的老朋友没几个人真认识他，现在香港那么大，就只罗某一人"识得人才"，他还对我说许多他在桂林做了很多很大贡献的话，我也只得听下去，可是我越表现出"听"得下他讲话的神情，他尽摆"想当年"参加革命斗争如何不怕死，文化贡献如何大等等。我整个下午的时间平白给他占了两三个钟头。最后我说请你让我说个也许是你也懂得的故事给你听好不好？他说："好，你听我的，我也听你的。"他收敛了激动的情绪。我慢慢讲了《伊索寓言》中水牛与蚊蚋的故事。他听了之后，木无表情，我便与他握手告别。

与陈闲分手后，时间将近下午 5 时，我急忙搭巴士赶到铜锣湾一个站下车。正待转车回天后庙道，忽然背后伸来一只手，拍一下我的肩膀。回头一看，原来是许涤新同志。他拉我离开乘客的队列，悄声告诉我说："你住的统委会的地址已被英警搜查，他们已将上门的谭天度抓了去，还有警察等在那里，可能是等待你回去找麻烦。"许叫我千万不要回去，到朋友家住下，再同"小开"联系。许涤新住在跑马地，他在等着转车，不迟不早我们凑巧碰上了。如果我和陈闲再谈久一点回来，就没可能遇上许涤新，回到家里就可能与谭天度同样的遭遇，被拘留到警察局去，因为警察一直等到夜里很晚才撤走。

我和许告别后，马上打电话用暗语告诉吕维多，请她不要回家，跟秦牧夫人吴紫风一起到吴的住宅去等我。这事办妥，我致电潘汉年家，他约我到《华商报》面谈一切。他约了饶彰风一起来。我告诉他们我房中仅有一份方方叫我记下的高层民主人士开会的大事记，其他只是普通信件，没有别的秘密文件。连贯和林玼夫妇给搜去了什么我不晓得。"小开"说，这事恐怕同香港政治部为了弄清民主人士北上的事有关。大家商定，为减少可能的牵连，我未了的事项，由罗理实负责，我今后的工作由分局考虑后再定。

当晚我们聚会在学士台秦牧家。我把被抄家和警察正张着罗网要抓我的事讲了，他们二话没说，要让床铺给我们。这种感情的真诚流露，使我感激不置。我们坚持睡地板，而且说要不然，我们就另找地方住，他们才答应下来。本来，在香港也有好些亲戚朋友，所认识的党内党外的朋友也不少，要找地方藏身，不是没有去处，但我们认为秦牧夫妇也是我们"堪托死生"的人。吕和紫风白天要教学，秦牧白天除有社会活动外，埋头写作。我则除了要办一些统委未了之事，并把一些事移交给罗理实外，看报读书打发日子。晚上大家在一起的时候，秦牧除了写文章外，总是弄点什么廉价的零食回来。我们以兴奋的心情读秦牧每晚定必带回的《华商报》，谈论解放战争中几个大战役胜利的新闻和喜悦彼此感染着。心境上唯一不同的是，我是被缉捕之人，秦牧夫妇之家便变为逋逃之薮。我有时不免露出不安的神色，这种心情，秦牧夫妇都是作家，是看得出来的，但他们从没有半点不安的表情，相反，处处显出风雨同舟的情谊，尽量谈些笑话宽解我们，这一直成为我一生中美好回忆的一个篇章。

关于港府搜连贯和我的住所并捉去来访的谭天度的事，后来才知道一个梗概。港警拿去了我们与民主人士来往的一些普通的信件。据分局估计，港府主要目的为突击查明我们如何送走民主人士，找到材料可以借口打击我们。分局为此派乔木（乔冠华，新华社香港分社社长）致一份备忘录给港府派出与我方联络的人员，向其提出抗议。港大校长及会督何明华都打官腔说：事出意外，很抱歉，是下层搞的，希望以后可以不发生类似事件。后来分局又去交涉释放谭天度的事，当月 13 日谭被释放出来。据罗理实对我说，谭天度告诉他，当他被释放的时候，警方备致歉意，说原来你就是久闻大名的谭天度先生。委屈了，委屈了，你早告诉我真名，就没有这场小小的误会了。警方负责人还请问谭天度对他们的狱政管理有何意见，请多加指教云云。我听讲过一些共产党员，并无触犯任何刑律，被捕到赤柱监狱，为了逼供，警特就什么事也做得出来的。

我自己家被搜查，到朋友处躲了个把月，后来回到广东的解放区，才舒了一口气。

1948 年底，潘汉年通知我，分局决定让我进入中国人民解放军粤赣湘边纵队司令部报到。我急忙脱下西装换上唐装后，离开香港这"自由之地"。我这个见习生在香港的最后一课总算上完了，再会吧，香港！

（节选自《无悔的选择——罗培元回忆录》，花城出版社1999 年版）

记平津通往晋察冀边区的一条秘密交通线

陈鼎文 *

我到北平前后

1944 年冬，我自成都燕京大学毕业后，继续担任成都民主青年协会（党的秘密外围组织，简称"民协"）及燕京大学民协的工作，并参加成都市中国民主同盟的一些具体工作。我还与民协的组织者杨伯凯、刘明章（中共地下党员）、罗启维参加筹备《民众时报》的出版（该报是当时一些民主势力所支持出版的）。同时李相符（四川大学教授，民盟成员）、杨伯凯还介绍我参加唯民社（刘文辉所支持的文化团体）的活动。这些活动使我结识了四川的许多位社会知名人士，特别是知识界的著名人士，如马哲民、邵石痴、刘文辉等。这时我的社会职业是基督教青年会《天风》周刊编辑，这份刊物是吴耀宗主编的，也是他介绍我去的。

1945 年日本投降后，四川的学生运动形势发生了新的变化，蒋介石蓄谋打内战，夺取抗战胜利果实。学校里的三青团气焰嚣张，撕毁墙报，大打出手，有目标地攻击进步同学。1946 年 9 月国民党搞了"反苏大游行"之后，他们更为猖狂，公开要求学校开除学生。致使一些进步同学在

---

* 陈鼎文，曾任北京市文物局副局长，燕京大学校友会副会长。

学校里待不下去了。

1945 年暑假前夕，成都"民协"曾组织输送一部分同学到鄂豫皖边区去参加工作和学习。不久，因军事形势变化，这条路走不通了。李相符、杨伯凯、刘明章和我都为此事着急，急于要为进步同学另辟出路，打开学运的局面。

这时，抗战中迁到成都的一些大、中学校准备返回原地，大部是迁回华北。于是我们想到，如果能以华北的某个城市（例如北平）为集中地，开辟一条经过白区到达华北解放区的路线，是比较稳妥可行的，而华北各解放区又是互相通着的。

我们这群人中大都是四川人，只有我是华北地区人，我的父母又住在北平；我一直主张学运的出路即在于发动同学到解放区去。所以经过商议，由我先去北平探探路。

赴平之前，老汤同志（地下党员）介绍我去重庆见了张友渔同志，向友渔同志汇报了学运情况和自己的情况。张友渔叫我到北平后先去找汪骏（又名汪行远，解放后任贵州省委秘书长，当时为北平民盟的负责人之一），必要时可以去找徐冰（解放后任中央统战部副部长），徐冰当时在军调部工作。我即返回成都办理工作上的移交，罗启维等同志为我凑了路费，刘明章同志专派一名青年和我同行，我们二人于 1946 年 4 月末由成都动身，搭汽车到西安，然后乘火车辗转到了北平。

从 1946 年 8 月起，即开始有人陆续从成都来北平找我了。记得有绵阳六中、川大、光华大、四川医专以及成都其他几所中学的同学，半年之内前后来了近 10 批、60 多人，其中川大同学较多。来人都携带刘明章或杨伯凯的介绍信。他们找到我，我就去找徐冰同志。他虽然很忙，但对此事很负责，每次都临时专项打电报同解放区联系，然后把同学们安全护送到张家口或石家庄等地。可以说，这阶段来北平的同学都没有滞留或耽搁，都如愿以偿地安全及时地进入解放区去了。

秘密交通线初步形成

我到北平时，汪骏同志已有固定的公开职业，经济收入也很好，便于他从事地下工作。我到北平后两个月，1946 年 8 月间，他安排我进入他的单位任职。不久我就熟悉了环境，并结识了一些新朋友，逐渐巩固了自己的职业地位。汪骏同志活动力很强，他整天忙碌，精力充沛，而且颇有人缘。当时他担任了许多工作，曾与他人联合创办北平有名的进步书店"中外出版社"，出版了好几种杂志。他还是北平民盟组织的骨干，与张光年同志（即光未然，解放后任中国文联书记处书记等职）协力团结民盟诸同志，促进民盟工作的开展，与反动势力作斗争。我初到来时，并未参加民盟的活动，通过汪的介绍，也逐渐同北平民盟的许多同志认识熟知了。

1947 年初汪骏离开北平与张光年同去解放区。不久，他独自秘密回到北平，为解放区采购药品等物。此后隔不了几天，他就在北平和解放区之间往返一趟。这么来回地跑，使他走熟了这条从天津经闸口到泊镇的河汊密布的土路。这期间，如果恰有等候去解放区的学生，他也顺便送他们过去，都未出过事。

1947 年初，有一次汪骏从解放区回到北平后来找我，交给我一项任务：在北平为北方大学扩大招生。事后才知道，这是北方大学校长范文澜同志指名要我做的。据汪骏后来讲，他回解放区后被分配到北方大学，任校长室秘书。不久有一天，范文澜校长对他说，要他回北平一趟，找北平民主同盟的陈鼎文，动员北平青年学生、教师和其他知识分子到北方大学学习或工作。范老介绍汪去找晋冀鲁豫边区负责人杨秀峰、戎子和汇报情况，说明任务。经过研究，都认为天津到泊镇路途比较好走，而且从这里进入解放区比较近，于是通过冀中行署把任务转到泊头市政府。汪去找了泊头市政府负责人路一同志商谈了如何接待平津同学，以及将他们妥善转送到北方大学等一系列问题。这样便确定了开辟北平—天津—闸口—泊头这条秘密交通线。

在我和汪骏具体研究怎样完成这项任务时，曾考虑到天津到泊镇这段路的安全问题，需要可靠的、必要的护送和及时了解沿途军事情况的发生和变化。汪就去找了行署汇报，被介绍到冀南行署设在天津的一个商业机构（是我党工作据点），同他们商量，要求支援。他们派孙木根同志（中共地下党员，公开身份是天津商人）在天津协助我们工作。孙为人精干机警，但他事情太忙，贸易活动频繁，不能专做此事，于是他又介绍了其族侄孙大中。大中在天津居住，以蹬三轮车为业，对天津至泊镇一带路的情况极熟。他虽不是党员，但为人忠厚可靠，由他做此事恰与他登记的职业相符，也容易隐蔽。经与汪骏商量，同意了孙木根的推荐。秘密交通线至此算是初步建立起来了。这大约是 1947 年 4 月间的事。

以后汪骏还带来天津的两个可靠的关系，一位是南开大学数学教员胡国定同志，一位是天津社会福利院院长刘绛雯同志。这也给在天津进行工作带来很大方便。

为北方大学招生

1947 年以后，随着解放战争形势的迅速发展，从这条交通线去往解放区的青年学生越来越多。1946 年时只有来自四川的人，1947 年以后，川、陕、云、贵、武汉、广州、广西、上海、安徽等全国各地都有人来。由北平各校（包括在平的东北大、中学校）走的人更多。原来我们只给愿意去解放区的提供帮助，现在是为北方大学招生，这是很有号召力的，也更有意义，所以由此而去的青年学生也更多了。

当时我们几人的分工是这样的：汪骏往返于北平和解放区之间；孙木

根、孙大中主要在天津送人；我主要在北平做动员组织工作，有时（每周一至二次）去天津与孙木根等同志联络，一般当天就返回北平。

由于我在成都曾做过两年学运工作，认识许多进步同学，我们相互之间很了解，也很信任。此时这些同学多已随本校返回北平各地，他们都愿为北方大学的招生工作做一番努力。在地下党组织的指导和帮助下，我们依靠北平、上海两地的学联和民盟组织，依靠各学校内的民协、民青（民主青年同盟）、民联（民主青年联盟），以及社会上其他进步青年团体和进步朋友，动员了很多学生、知识分子奔赴解放区，其中绝大多数都进入了北方大学学习或工作，使他们实现了参加革命的夙愿。

当时做过这种动员工作，并同我有直接联系的人很多，事隔多年，他们的名字已记不全，现只把还记得的名字写在下面：①

北京大学的肖松、赵中立、佘世光、孙庆标；清华大学的吴征镒、张澜庆；燕京大学的曲慎斋、洪定瑞、马健行（马、洪并联系上海学联）、梁畏三、于明（梁、于联系华北学联）、何长亨②、蔡公期、丁磐石；华北文法学院的蒋世同、张洪谟、亢心栽；汇文中学的周世贤。另外，朝阳大学、中法大学、中国大学、师范大学、上海交通大学、天津南开大学，也均有人做联系和组织动员工作。

奔赴解放区，当时在进步学生中是人心所向，已成为一种潮流，而到北方大学去学习更具有相当的吸引力。进步同学走时往往相互串联，相约而行，所以一经发动，便有更多的人也要求走，影响面就更大了。

---

① 北大、清华、燕京三校与我联系的人，是由该校地下党组织或民青组织专门指定的，人员先后变化过几次；其他各校的，也是经过关系介绍，我才与之联系的。——作者注

② 何长亨是燕大的几位联系人中介绍同学走得较多的一位。他联系人广泛，工作方式灵活，同我联系也较频繁。有一次燕大被包围，他出不来了，我很着急。偶然找到一辆国民党军用吉普，借口去拉电影机开进学校，在严景耀、雷洁琼先生家找到何，遂假称放映员一同乘车冲出包围，脱离危险。不久他去了解放区，改名何亮。新中国成立后曾在中宣部工作，50年代调到广东省文教办公室，因结核病不幸去世。谨此记之，以志纪念。——作者注

与交通线有联系的除各校学生外，还有教授和其他知识界人士，也做动员和介绍人的工作。吴晗、张云川、辛志超、沈一帆、杨须知、叶丁易、容肇祖、费青、肖静、郭达、朱葆光、严景耀、雷洁琼、胡国定、刘绛雯、杨大辛（后三人在天津）等，都曾动员自己的学生或朋友前往解放区。为支持共产党，支持解放区的教育事业，他们甘愿冒着个人安危作出自己的贡献。

这里应特别说明一下这条地下交通线与民盟的关系。当初我从成都到北平，与李相符、杨伯凯等同志相约，以后将以民盟的关系进行相互联系。我到北平时，汪骏同志已参加北平民盟的工作，他介绍我与许多民盟的同志相识。以后范文澜同志派他来平为北方大学招生，又是专门指名要他"找民主同盟的陈鼎文"。所以这条交通线与民盟的关系是十分密切的。在昆明时，民盟曾设青年部，此时该部已经撤销了，不再管青年工作。但是民盟中的一些同志仍然很支持介绍青年去解放区的工作。他们不但介绍自己的学生到解放区去，还在上层知识分子中做动员工作。李何林夫妇、葛翔夫妇都是从台湾直接到北平清华大学找了吴晗，而后到解放区去的。著名戏剧家马彦祥去解放区则是通过民盟的沈一帆介绍而成行的。我党的地下工作者临时遇到危难，也有的通过这条交通线撤离北平。王冶秋同志（新中国成立后任国家文物局局长）在孙连仲司令部做地下工作，因电台被敌人破获，情况十分危险，他机警地离开自己的办公室连家也没回，就直奔清华大学找到吴晗，我们把他安全送回解放区。后来，吴晗夫妇、叶丁易夫妇、楚图南和闻一多的家属，也都由此交通线进入解放区。

1948 年，民盟总部辛志超偕徐亦安来到北平，住在一秘密地点。辛找到我说，他这次来平，除受民盟总部的委托来此整顿北平民盟的盟务外，还有一项秘密任务：为响应中共中央召开新政协的号召，上海等地有一大批民主党派人士将赴解放区，怎么走法，安全问题十分重要。他说：你这条交通线是预备走的路线之一，这次来就是要看看安全究竟如何。我同他商量，可找个什么名义请徐亦安同志到解放区走一趟（徐并不知道辛的这项秘密使命），实地看看路，再作进一步研究。辛志超遂以到泊镇与有关领导商讨是否可在解放区建立民盟组织为由，请徐亦安到泊镇走一趟。我给徐办了手续，送他上了路。过了些天，他回来了，谈了他在那里晤谈的情况。并说路上好走，若坐大车，亦不辛苦。后来上海方面来了消息，说已租到苏联货轮，民主党派人士可乘船由上海经香港到大连，进入东北解放区，再转来华北。这样大批人士都可以通过海路走了。仍有极少数人或没赶上船期，或为某种方便，仍向北平走，也都安全地过去了。

1948年下半年，北平民盟的市支部委员走得太多，我进入支部担任委员。为迎接解放，北平市各党派成立联合迎接解放小组，我记得有许宝骙、周范文、孙承佩、张伯驹、亢心栽、李世濂和我等。小组经常轮流在许宝骙或张伯驹家中碰头开会，研究工作。城工部领导指示：要多与张东荪联系，多做护厂护校和和平解放北平的工作。这时根据党的指示，北平各校停止走人，留下来迎接解放，所以交通线虽未停顿，但送过去的人数显然少了。只有个别人因种种原因从外地来迟了，仍要求走的才冒险成行。直到天津解放前夕，尚有人从这条交通线走过去。

交通线沿途的情况

这条交通线的第一段路是北平到天津。1947年，北平到天津尚通火车，每天有三四趟车来回，所以这段一般是乘火车。到了天津，再往前走，走法有几种，可以按当时情况而走：一、南去的火车能通到唐官屯或沧州时，可从天津再乘几站火车到沧州或唐官屯车站下车，一般出站不远即过卡子，进入解放区辖地。二、雇大车从天津市郊直达泊镇。在天津西开，有一家我们熟悉的大车店可以帮助雇车，比较可靠。三、步行。从津郊到闸口步行得走一天多，累是累点，但比较机动、安全。

无论何种走法，都需化装成普通老百姓，去掉学生气，并持有符合化装形象的身份证明，说明必须走这条路到达某地的理由。我和木根、大中帮助走的同志化装，并刻了许多枚木章，用来制造身份证明。曾有一位地下党员给了我几十张空白身份证，真是帮了大忙。另外，到解放区后还得有接头凭证，开始用我开的介绍信，上写有事先约好的暗语，不久就发现这个方法极不安全。于是路一同志出了个主意，用当时 5 元一张的法币，记下其号码，作为接头凭证。这招妙极了，这张"法币"即使被搜去或遗失也没关系，不致误事。到达接待站，只要能说出所持"纸币"的号码，就被认可。因为每张纸币的号码都是不同的。过一段时间（一个月或几个月）解放区无人来的话，就由孙木根（或孙大中）把这期过去的人数及人员基本情况捎到泊镇接待站。

一批同走的人多时，须按三至五人编成组，走前彼此认识一下，路上各组相互拉开点距离，装作互不相识，万一有人出事，既可及时知道，又不受牵连。

外地来的人有的先在北平集中，有的先在天津集中。行前先须对路途情况做些了解，并做好暂时走不了的准备，因为沿途如遇有军事行动，就得停行，在天津小住几天。刘绛雯同志同当时天津民政局长是留德同学，由此能获悉上层的一些动态，包括军事情况。他的社会福利院也可以暂住一些等待上路的同学。我每周都得去天津一二次，处理交通线的有关事情。我住在我老姑家，她一人住一个小楼的二层，很清静。汪骏、孙木根有时也住在这里，吴晗夫妇、王冶秋等去解放区临行前也是住在这里。这里恰与刘绛雯家同在一条胡同里，可以互相照应，极为方便。

南开大学环境比较复杂，我不便常去。胡国定同志是搞学运的，比较可靠，经汪骏同意我把接头凭证交给他一部分，并告诉他路上怎么走，由他独立安排送人的事，我还给他介绍了孙大中，必要时可请孙带路护送。我们商量好，遇到特殊情况再联系。

自 1947 年交通线建立起算，经我手送人共用接头凭证 150 余张（开头用的介绍信未算在内），平均约每张凭证介绍四人，即每四人编一组。记得有五六次是 10 人一起成行的，也有一二人就成行的。

据我了解，在走的这些人中，大学生占多数，家庭生活比较安定的占多数，还有少数中学生、有成就的知识分子以及党的干部。这些青年学生和知识分子大都对共产党有初步了解，并具有较强的爱国热情。1948 年春，北方大学有两个班的同学都是由这条交通线过去的，为此曾受到范文澜校长的表扬。

由于安排得比较细致周密，近两年的时间内，交通线未发生什么事故，只有两次"被扣"事件：一次是三位清华大学的同学路经静海县城时，没有按照事先叮嘱的绕过县城走，而是进了城并在城内留宿，当晚就被驻军扣留了。清华大学学生会得知后，在校内召开大会，贴出布告，派出代表，到静海县驻军交涉才把这三位同学要了回来。不久他们再次化装安全抵达解放区。另一次是林洪（燕京大学同学）等二人过卡子时被驻军盘问扣留，经后面赶到的同学再三解释，并给了军人好处，才放了行。据汪骏说，经泊头接待站核对人数，只有一人未到达解放区，这人是菅宽（燕京大学学生）的弟弟，原是新四军的，因病回家，愿去解放区。不知何故，没能走到。直到解放后，也未查到其下落。根据北方大学和华北局城工部考察，在我们送过去的人当中，未发现异己分子。交通线还曾为北方大学购买图书、药品等其他用品。

交通线领导关系的前后变迁

1946 年当这条地下交通线尚未完全形成时，送人走是经由军调部徐冰同志安排的，这时的领导应是徐冰同志。1947 年交通线明确担负为北方大学招生的任务后，上级应为北方大学范文澜校长。1948 年晋察冀和晋冀鲁豫两边区合并为华北解放区，这条交通线明确由华北局城工部领导，刘仁同志亲自抓，他时常派人来看我，传达指示，有时还布置些临时任务，如动员某人急速离开北平，或向某人传达某事，或调查某个人的情况等。他派来接头的第一位同志是李霄路（解放后曾任焦化厂厂长及全国政协副秘书长），以后还来过两三位，其中一位就是给我那批空白身份证的同志。刘仁同志还送来过两批接头凭证（即 5 元一张的法币）。组织上把曾平同志（解放后曾任北京市文联秘书长）在北平的地址告诉了我，要我遇到紧急情况时去找他。先后在泊镇接待站工作过的有路一、荣高棠、李晨等。接待站的名称也更换过几次，如叫建设公司、平教会等等。

北平解放不久，刘仁同志亲自到我住处来看望慰问我，使我极为感动。他说，送过去这么多人没出事故，这是不容易的。过了些日子，汪骏同志随北方大学进城筹建"中国人民大学"，我们见了面倍加兴奋。汪代表范文澜校长致慰问和表扬之意。孙木根同志于 1955 年初来北京，我们见了面。解放后他在衡水县担任劳改所所长，现已离休在家安度晚年。孙大中同志始终没离开天津。我把他在交通线上的工作业绩报告给北京市委统战部并由他们转告天津市委统战部，组织上对大中的工作和生活都给予安排照顾。孙大中同志于 1965 年患糖尿病去世。

在抗日战争和解放战争时期，青年知识分子奔赴解放区，已成了那一代人投身革命的志向和实际行动，他们认定"只有中国共产党才能救中国"。我们的地下交通线，为这些革命青年实现他们的崇高理想提供了条件，也为解放区输送了不少人才。在同这些奔赴解放区的青年们的接触中，他们那高度的革命热情，深深地教育和感动着我。

（原载《文史资料选辑》第 39 辑，全国政协文史资料研究委员会编，文史资料出版社 1980 年版）

回忆新中国成立前后我参与有关人民政协的工作

刘　焱[*]

　　1949 年秋，辽沈、平津、淮海三大战役已胜利结束，解放军向全国各地胜利进军，蒋介石政权已土崩瓦解，逃出南京。在全国即将解放的时候，9 月下旬，由中国共产党领导的，有各民主党派、各地区、各民族、解放军、海外华侨等各界代表组成的中国人民政治协商会议在北平召开，会议通过了起临时宪法作用的《共同纲领》，选举产生了中央人民政府，建立了中华人民共和国，开辟了中国历史的新时代。

　　新政协成立至今已 69 年，我今年 92 岁了。解放战争时期，我是南开大学学生。那时，抗战胜利不久，全国人民经历多年战乱痛苦，普遍要求和平、民主、团结，蒋介石却坚持内战、搞独裁、分裂。他在美国支持下，发动全面内战，在国统区实行镇压和白色恐怖，激起全国人民、特别是广大爱国青年学生的强烈反对。南开师生和全国许多省市的师生一起，先后发动了席卷全国的"抗议美军暴行""反饥饿、反内战、反迫害"等学生运动。在强烈斗争中，南大地下党不断发展壮大。那时中共有三个领导系统在南大建立了地下组织。1947 年先后建立了分属中共中央华北局和中央南方局系统领导的两个中共南开大学支部，我被任命为中共南大支部（南系）书记。上级领导是南方局平津工委负责人黎智、王汉斌、李之

---

　　*　刘焱，1926 年生。第一届天津市政协委员，曾任南开大学历史学院教授、周恩来研究室主任。

楠。1948 年，中共中央冀热辽分局系统也在南大发展了少量党员和"民青"成员。这年 11 月，根据中央指示：为迎接解放，加强统一领导，天津市各级各系统地下党组织予以合并。南大三个系统地下党组织合并后，成立了中共南大总支，我被任命为中共天津市学委委员兼南大总支书记。我在任南大地下党负责人时期和解放后的一段时间里，曾有机会亲历有关人民政协的某些工作，至今仍留有以下一些印象。

一、1948 年我曾参与秘密安排护送民主人士楚图南、王冶秋去解放区参加新政协的筹备工作。

大约是 1948 年 6 月，中共南大地下党的上级党组织向我传达说：今年中共中央发布了纪念"五一"劳动节口号，提出"打到南京去，活捉蒋介石"，并号召各民主党派、各人民团体、各界爱国民主人士团结起来，迅速筹备召开新的政治协商会议，成立民主联合政府。我向支部作了传达。

大约两个月后，上级党组织又向我下达任务，准备近期送几位民主人士去解放区。那时去南方解放区较困难，南方局系统从 1947 年冬起，就在南开大学建立了一个地下交通站，负责人是我们南系党支部委员、南大青年教师胡国定，上级党组织还从上海派来交通大学的胡荫（胡晓槐），从解放区派来经验丰富的老交通员孙大中，协助胡国定工作。几天后上级

1948 年夏，作者（前排左一）与同学在南开大学合影

通知我，此次去解放区的民主人士是楚图南和王冶秋，他们现在已抵天津，还告诉我他们在津住址和联系办法，叮嘱我一定要把他们安全送到解放区。我将上级下达的任务和要求向胡国定作了传达，并与胡商定，为慎重起见，派交通员孙大中亲自护送他们去解放区。经过几天准备，我找南系另一支部委员、专门负责做证件的林起，帮助楚图南、王冶秋做了两个假国民身份证，交通站帮助二人化装成商人，然后在孙大中护送下赴冀中解放区。大约一个星期后，孙大中返回说他们已安全到达。

楚图南、王冶秋二人曾参加 1949 年 9 月在北京召开的中国人民政治协商会议。中华人民共和国成立后，楚图南曾任全国人大常委会副委员长，王冶秋曾任国家文物局局长。

"文化大革命"中，我下放天津西郊农村张窝，大约是 1975 年秋，北京两位外调人员突然找到我，专门询问楚图南赴解放区的历史，我如实作了回答，并写了证明材料。大约一个月后，我见报载：楚图南率中国人民友好代表团访问日本。

二、1949 年 9 月上旬，在天津市首届各界代表会议上，我被选为该会常设机构（也可说是天津人民政协前身）——天津市各界代表会议协商委员会委员。

在此之前的 1949 年春天，我曾被南开大学全校同学投票选为代表，先后参加天津市学生代表大会和华北学联执委会，被选为天津市学联主席、华北学联副主席。此次我率学生代表团参加各界代表会议，会上选出 19 人为天津市各界协商委员会委员，据当时报纸公布的名单，顺序如下：黄敬、黄火青、吴砚农、李烛尘、罗云、刘再生、刘焱、沈毅、杨石先、周叔弢、穆芝房、李慧培、李耕涛、资耀华、周克刚、杨成武、朱宪彝、王亢之、杜润阁。

不久，中国人民政治协商会议在北京胜利召开，10 月 1 日，在天安门举行了开国大典，成立了中央人民政府。我作为天津市各界协商委员，被推举为天津各界代表观礼团成员之一，赴京观礼，亲眼见证了中华人民共和国诞生的盛况。

天津市首届各界代表会议召开时，天津解放不久，各方面条件较差。会议是在湖北路一个只能容 400 多人的小礼堂（现为天津二十中学礼堂）召开的，代表们早来晚走，回家食宿，只中午招待一顿便餐。我还记得有天中午开完会后，我们学生代表团正集合队伍，准备分散到附近会议指定小餐馆吃饭，黄敬市长主动加入我们队伍，一同步行到餐馆，沿途说说笑笑。吃饭时黄敬市长询问学校情况，征求同学们对会议的意见，气氛非常融洽亲切。解放初期党的高级领导联系群众毫无架子、与群众打成一片的优良作风，我至今难忘。

三、1955 年 3 月，中国人民政治协商会议天津市第一届委员会全体会议召开，这是在天津市各界代表会议的基础上建立的。当时我是中共天津市青委委员，共青团市委常委，被各界代表会推举为天津市第一届政协委员，参加了会议。

以上是我亲历有关政协工作的片段回忆。60 多年的实践表明：中国共产党领导的多党合作和政治协商制度是我国近代革命历史发展的必然产物；是适合中国国情、能调动一切积极因素加快国家建设的、有中国特色的社会主义国家基本政治民主制度。改革开放 30 多年来，我国各方面工作都取得了举世公认的辉煌成就！回首往事，我们坚信科学社会主义仍是人类崇高理想，我们为国家民族的崛起没有虚度年华，至今无怨无悔。展望未来，我们对中华民族的伟大复兴充满信心。我相信：人民政协在中国共产党的领导下，认真贯彻"长期共存、互相监督、肝胆相照、荣辱与共"的正确方针，必将更好地团结各党派、各民族、各界人民，调动一切积极因素更快更好地建设我们的国家。我坚信我们民族的伟大强国梦一定会实现，一个独立、民主、繁荣、富强的中国将始终屹立在世界东方！

暗杀杨杰纪实

郭　旭[*]

1949 年上半年，杨杰将军在重庆策动川、康、滇的国民党军队将领起义，久为国民党特务机关——国防部保密局西南特区所注意，但没有获得确实的证据。该区随时将杨的活动情形，报告台湾保密局转报给蒋介石，蒋指示暗中对杨进行监视。那时，杨住在重庆的山洞，曾一度因和其夫人离婚住在昆明，特务们始终跟踪监视。到七八月间，杨杰写了一封亲笔信，叫他的秘书去策动刘文辉部一团长起义，因事机不密，那封信落到了保密局西南特区重庆组一组长之手，送到了西南特区。该区区长徐远举报告毛人凤转报给蒋介石。蒋以杨为国民党的军事权威，曾任过他的参谋长、陆军大学教育长多年，国民党军队的中上级军官多为杨的学生，恐影响他的军队，对此极为重视，指示毛人凤转知保密局西南特区将杨扣押起来。但那时杨杰将军已赴昆明，云南已成半独立状态，不能下手。

八九月间，卢汉以蒋介石派大军压境，自身力量不够，一时表示向蒋输诚。蒋指示要改组云南省政府并进行"整肃"，卢表示接受后，蒋指示西南军政长官张群派其参谋长萧毅肃偕同徐远举，飞往昆明协助卢汉进行所谓"整肃"工作。萧毅肃带到昆明的黑名单中的第一名，就是杨杰将军。徐远举于是年 9 月 9 日偕同大批特务，首先进行逮捕杨杰的工作，将

＊　郭旭，原国民党保密局（军统）经理处少将处长。1961 年被特赦。

杨杰将军

杨的住宅包围。但杨事前得知消息，早一小时乘飞机逃往香港。蒋介石闻讯，大为震怒，派毛人凤由重庆飞往昆明，协助卢汉"整肃"，并查究杨杰逃走的原因和下落。

毛人凤到昆明后，查得杨杰以杨漱石为名乘飞机逃往香港，在搜查杨的公馆时搜得杨的女公子日记一本，写有杨在香港的通讯地址。毛将这些情况报告蒋介石，蒋指示毛人凤在香港暗杀杨杰。

毛人凤接到蒋的命令后，于 9 月 17 日由昆明打电报到广州，让我转知在香港的叶翔之。我于当日下午由广州乘飞机前往香港，将那个电报亲交给叶。叶看到电报后，对我说，电中无杨的详址，有点儿麻烦，准备叫李天山去找卢广声（卢广声是披着民主人士的外衣为军统工作的，当时住在香港，保密局派特务李天山专与卢联系）。

第二天（18 日）上午，叶叫毛钟新到我的家中告诉我说："制裁杨的工作都已准备就绪，下午即可动手。你赶快离开香港返穗，以免于刺杀杨后，遭到连累。"我即于当日下午 1 时乘飞机返广州。

9 月 19 日上午 10 时左右，叶翔之由香港飞到广州，来到我处，拿了一张当天的香港《星岛日报》给我看，并说："杨杰已于昨天下午被我杀了。报上已将杨被刺的相片登出来了。"我看了报上登载杨杰被刺的消息后，问叶进行暗杀杨杰的经过。叶说："17 日晚，由卢广声处获悉杨杰住在香港轩尼诗道 260 号 4 楼同乡家中，日内即将离港赴北平开会。我即亲往侦察杨的住所的环境，得知杨的住所铁门常关，不易登堂入室，乃假以贺耀组（即贺贵严先生）的名义，写了一封信，邀请杨吃饭商讨问题，并叫毛钟新和盛昌富（保密局香港组组长）备好手枪。次日下午 4 时许，我带了韩世昌（名字记不十分清楚了）等四人前往轩尼诗道 260 号，看到杨在四楼平台上乘凉，凭着栏杆频频地伸出头来俯视街上。我即分派韩到杨的住所借送信杀杨，另一人到楼上把风，我和另二人在 3 楼 2 楼和楼下看风。当我分配任务时，韩正在吃水果。我把他的水果夺过来扔了，拍了他一掌，壮他的胆，叫他快去，干了回来再吃。韩即携信和枪上楼，借送信为名，进入宅内，要求将信亲手交给杨。杨闻声走下平台来接见，韩即将信交给杨，当杨拆开信来看时，韩即拔出手枪对准杨的头部打了一枪。杨应声扑于桌边，韩又打了一枪，见杨已被打死，忙转身退出。另一人持枪看住宅内的工人，不许他声张，将电话线割断，将铁门关好反锁后下楼。五人分乘两部'的士'从容逃逸。次晨，我乘飞机离港，他们四人则乘火车来到广州。"

叶把杀害杨杰将军的经过情况告诉我后，就在我处拟了一个电报报告在昆明的毛人凤，由我交给电台代发了。

过了几天，毛人凤来电给叶翔之和我说，蒋介石对叶暗杀杨杰极为嘉奖，发给奖金银圆 2 万元。毛叫我报告国防部参谋总长顾祝同加发奖金 1 万元，共计奖金银圆 3 万元，指出分配给叶和韩世昌及另一助手各 6000 元，其他两助手和卢广声各发 3000 元，其余的分给有关人员，我也分配到 400 元（我为了使部下供我驱使，将这 400 元分给了我的副手袁寄滨和处员、科长及译电员了）。

以后听说蒋介石由重庆回到台湾后，召见了叶翔之，对叶当面嘉奖，并发给叶"忠勤勋章"一枚。

（原载《中华文史资料文库》第 8 卷）

营救张澜、罗隆基脱险

阎锦文 *

抗日战争胜利以后，在 1945 年双十节国共双方代表在重庆签署"国共会谈纪要"（即《双十协定》）的同时，蒋介石却私下发布《剿匪手本》，指使其嫡系部队与八路军、新四军频繁地制造摩擦，甚至贼喊捉贼地诬陷中共阴谋发动内战。一时，形势极为紧张，战争乌云又重新笼罩在中国人民的头上。在内战迫在眉睫的情况下，一个偶然的机会，我在上海环龙路国民党政府监察委员杨虎的官邸认识了周恩来副主席及夫人邓颖超。

那是在 1946 年 5 月中的一天，在一个天气晴朗的上午，我身着国民党军服去谒见我追随多年的上峰杨啸天先生。杨先生当时正在客厅内接待两位神采奕奕的客人，经杨先生的介绍，这两位原来就是大名鼎鼎的中共领导人周恩来副主席及夫人邓颖超。我毕恭毕敬地深深地鞠了一躬，表示我对他们的敬意，并表示能有机会见到周副主席感到十分荣幸。周副主席平易近人，热情地招呼我坐在他的身旁，询问我在什么部门从事什么职业。还没等我张口，杨先生就抢先作了回答："此人是我的老部下，姓阎名锦文，现在上海警备司令部稽查处任职，如需效力，尽管吩咐。"周副主席语重心长地分析了当时国内的形势，希望大家能为实现和平民主多作贡献，并表示欢迎国民党军队中的各级人员参加人民民主革命，共产党的

---

* 阎锦文（1914—1985），时系上海警备司令部第三大队特务副队长，1949 年后曾任上海市公安局专员。

政策是既往不咎，人民不会忘记曾经为革命事业作过贡献的人等等。从此，我牢牢记住周恩来先生对我的教育与鼓励。由于周副主席的谆谆教导与循循善诱，我逐步对形势有了比较清醒的认识。国民党的独裁统治肯定是不得人心的，如果国民党政权一旦崩溃，我将何以自处？为个人着想，我必须争取为共产党做一些好事，以便为自己留一条后路，这就是我当时的思想状态。

中共驻上海办事处当时设在马斯南路的一幢花园楼房内，距离杨虎在环龙路的寓所很近。为什么周副主席在上海期间与杨虎曾有往来？这里面的关系十分微妙。据我所知，杨虎当时对蒋介石十分不满。这种"不满"并非有什么政治觉悟，而是基于对蒋的私人成见。本来，杨虎与蒋介石同是孙中山先生的亲信。杨虎曾在辛亥革命中，在黄浦江上夺取肇和兵舰并向上海制造局开炮，为上海的光复立过功，因此受到孙中山先生的垂青。孙中山逝世后，蒋介石背叛革命，发动"四一二"政变，大量屠杀革命人民。杨当时是上海淞沪警备司令，是这次血腥屠杀的主要凶手。当时的上海市长是陈群。上海人民对这两人恨之入骨，呼之为"狼虎成群"。后来不知何故，蒋介石在利用杨虎之后，竟将杨虎弃之不顾，让杨虎在上海当个有名无实的监察委员，因此，杨对蒋怀恨在心。

在重庆谈判期间，军统特务头子戴笠指使他们的鹰犬对毛主席、周副主席的住宅进行严密监视，甚至企图暗杀他们。杨虎曾当面警告戴笠不许暗下毒手，否则唯戴笠是问。这一切都说明尽管杨虎是资产阶级政客，屠杀过革命人民，但是，杨虎后来确曾为人民做了一点好事。

抗战胜利以后，我在上海警备司令部稽查处警备大队任大队附，负责沪西地区的社会治安工作。我的警备大队部设在华山路 2092 号陈家祭堂内，管辖卢家湾、徐家汇、常熟路、南市、长宁等警察分局，而杨虎所在的环龙路以及张澜、罗隆基就诊的虹桥疗养院正是在我的辖区内。当时上海警备副司令是周力行，周是杨虎的女婿，稽查处长何龙庆又是周力行的亲信，都是自己人，因此我行动起来比较得心应手。

1949 年 5 月初，南京已经解放，中国人民解放军正以排山倒海之势向上海逼近。国民党的党政要员及所有达官贵人均纷纷向台湾或华南逃窜，留在上海的军警宪特奉蒋介石的旨意，在上海全市范围内大肆搜捕共产党人及共产党的外围组织和一切民主人士，抓人的警车时时呼啸而过，上海呈现一片白色恐怖，人民群众处在水深火热之中。就是在这样紧张的时刻，有一天杨虎在环龙路寓所的楼上召见了我，要我做两件事：1. 调查上海警备司令部稽查处逮捕了多少共产党员？被捕人的姓名、职业？关押在何处？将详细情况写成书面报告，以便设法营救；2. 最近从中共方面获悉，民主同盟主席张澜、罗隆基等人可能要被捕。如果这样事情发生，由你负责营救。上海战役即将开始，张澜、罗隆基及一切政治犯的生命危在旦夕，时间紧迫，刻不容缓。杨说此话时，当时在场的有杨虎的夫人田淑君和杨虎的旧属王寄一、孙履平二人。

王寄一原是国民党的国大代表，孙履平为市立法委员，两人对当时的社会现实都有强烈的不满情绪，因而在营救张澜、罗隆基等问题上与杨一拍即合。王寄一此时已与中共地下党负责人吴克坚取得了联系；孙履平协助杨虎与中共的外围组织和民主人士章伯钧、邓初民、郭春涛等联系；我则负责营救张澜、罗隆基。

解放前夕的上海警察局长毛森是保密局特务头子毛人凤的本家，也是戴笠生前的亲信。此人此时奉令督促上海各界知名人士逃往台湾，对在押的革命人士采取秘密处决的办法。惨遭杀害的不计其数，甚至在警察局的楼上刑讯时即杀人。毛森是一名穷凶极恶的特务和杀人魔王，上海人民一提起毛森，就感到毛骨悚然。

1949 年 5 月 9 日，国民党上海警备司令部突然召集各警备大队附、大队长开紧急会议，会议内容事先不通知，由稽查处长何龙庆主持。何龙庆在简单地分析了上海当时的危险形势后说，奉上峰指示要逮捕民主同盟

1949 年，张澜（右）、罗隆基（左）在虹桥疗养院期间留影

主席张澜和民盟副主席罗隆基。经过调查了解，此二人住在霞飞路虹桥疗养院治病，必须迅速采取防范措施，勿使其脱逃。

上海警备第三大队长聂琮是军统死党，平日与我面和心不和。在这次会后，聂琮未与我磋商，即私自带领王南山、徐良琪、赵振奇等十余名特务分子径往虹桥疗养院，将张澜、罗隆基所住的病区围住。聂琮也深知我与杨虎及淞沪警备副司令周力行关系密切，同时我又是警备大队附，采取重大行动，不通知我似乎有些不妥。于是，聂琮在虹桥疗养院用电话通知我到现场商量，我明知事态发展十分严重，如果让聂琮将张、罗二人押往警备司令部看守所，到那时再想营救，真比登天还难。在这千钧一发的情况下，必须沉着冷静，既不能与聂琮顶撞，更不能暴露我有营救张、罗的动机。怎么办？我装作若无其事的样子，立即驱车前往虹桥疗养院，与聂琮说一些吃喝玩乐的漫无边际的闲话，以取得聂琮的欢心，从而稳住聂琮的情绪，转移聂琮的视线。聂琮简单地向我布置了任务，要把张澜、罗隆基押往警备司令部看守所。我告诉他这点小事何须聂大队长亲自动手，由我负责处理，保证他俩插翅难飞。聂琮此时正在与两位浓妆艳服的少妇闲话，我立即转身来到病房，只见张澜、罗隆基二人睡在病床上，满面愁容，一副病态，惴惴不安地注视着我这位身着国民党军服的不速之客。我又迅速地离开病房，用电话向副司令周力行请示，说明张澜、罗隆基二人病情十分严重，行动不便，可否找一个有社会地位的保人，保证他们不逃跑，就地派人监守，随传随到，保证万无一失……周力行了解我与其岳父杨虎的关系，对我的建议当然表示同意。当时我内心十分高兴，有周力行做靠山，还怕聂琮不答应么？我放下电话筒来到聂琮面前，向他传达周力行副司令的指示，聂琮虽然有不悦的表情，但对副司令的指示又不敢公然违抗，因此，聂琮对我说："你看着办吧！"转身乘车回警备大队部去了。

送走聂琮，我指定两名队员守在张、罗病房门外，并警告他俩，非我的命令，任何人不得接触张、罗。嗣后我又来到虹桥疗养院护士长办公室请来郑定竹副院长，向郑询问张、罗的病情。据郑大夫说，罗隆基先生于 1947 年因患肺结核、糖尿病而住院治疗，一直由郑负责诊治。张澜老先生因患齿槽脓漏与尿道感染，于 1949 年三四月间才住进医院的。接着，我试探性地问郑大夫可否为张、罗二人具保，如能具保，我本人会向郑先生提供必要的方便，如派人看守、加强警戒等等。郑大夫见我说得有理，立刻表示愿与我合作，出具保证书，保证张澜、罗隆基随传随到，决不逃走，并且愿以身家性命担保签名盖章，将保证书交我收存。

郑大夫何以敢冒这样的风险？事后才知道这是有思想基础的。郑大夫因长期为罗隆基看病，因而与罗隆基建立了比较深厚的友谊，同时也因此认识了一些民盟同志，对民盟为中国的民主运动而斗争的光荣历史十分钦佩；特别对民盟主席张澜老先生刚正不阿的品格和一生为民主革命奋斗的事迹，深表敬仰。郑大夫对国民党暗杀民主人士李公朴、闻一多的法西斯行为极为不满，今天面对张澜、罗隆基可能遭遇迫害的局面，岂能袖手旁观？基于义愤，郑大夫终于挺身而出，甘愿以身家性命为张、罗担保。郑大夫如此坚持正义，慷慨助人，当时我内心深受感动，但表面上不动声色，因为我不能向任何人暴露我的秘密身份。

拿到保证书，告别了郑大夫，我驱车回警备第三大队，向大队长聂琼说明办理经过并出示保证书，聂琼又加派几名特务分子每日前往虹桥疗养院轮流看守。

大概在 5 月 11 日晚（具体时间因年代久远，记不清楚），我来到环龙路杨虎家中，将以上经过向杨作了详细口头报告。杨亲切地告诉我说："营救张澜、罗隆基是周先生的指示。周先生来电要求我们营救张、罗二人脱险。"我立即表示豁出性命也要完成任务。

从此以后，几乎每日晚间均向杨报告张澜、罗隆基在医院的情况。杨还提醒我必须防止特务在医院内对张、罗下毒手；同时尽可能对民盟其他领导人和一般盟员的安全亦须设法保护。在上海解放前的那几天，我经常到虹桥疗养院楼上病房，表面上是巡视队员们对张、罗二位监视的情形，说话声色俱厉，咄咄逼人，医护人员对我都有几分惧怕。但到病房内对张、罗二人则婉言劝慰，不时地向张、罗二位透露营救之意。因为执行监视任务的队员都在病房外，我与张、罗谈话的内容，他们是听不到的。我曾利用这个机会告诉罗隆基，警备司令部准备逮捕所有盟员，以便罗隆基趁郑大夫查病房时把这个消息透露出去，使其他盟员早日逃跑。事实证明，我这样做的结果是生效的。在这以后不久，有一次，我在警备大队部内听聂琼说盟员都逃跑了，我心中暗喜，民盟其他成员的脱险，通过郑定竹先生的策划，总算完成了任务。

民盟其他成员脱险的第二天，杨虎通知我必须立即向张、罗"摊牌"，说明真相，然后采取行动迅速转移。我又来到虹桥疗养院 206 病房，向他们二位说明我是奉杨虎的命令，来此负责营救他们的。张、罗二位虽与杨虎相识，但对我的话是真是假，还是半信半疑。忽然，罗隆基先生问我，杨虎的夫人田淑君现在何处？我即告知田夫人现住环龙路，并将电话号码告诉罗，以便罗直接与田夫人通话。这样，罗隆基才深信不疑。

大约在 5 月 14 日晨，聂琮在大队部内向上尉队员刘光琪布置任务，说是奉上峰指示要在虹桥疗养院内干掉张澜、罗隆基，方法是用锋利的匕首在病房内行刺。刘接受指示后，即草拟一份具体行动计划，并将匕首交聂检查，言定次日晚 9 时行动。可是，随着形势的急转直下，学生罢课、工人罢工的事件，在上海已层出不穷，特务深恐社会上因张、罗被刺与李公朴、闻一多事件联系起来，酿成更大的反抗浪潮，故取消在医院行刺的办法，改为将张、罗绑架，用船运到吴淞口外，身系石块，将其投入江内，毁尸灭迹，以掩人耳目。特务头子王新衡对此事作了缜密的安排，并决定将任务交我率领精干队员四名执行。

我得悉这一计划后，心情十分沉重并且感到异常紧张。此时，杨虎为了躲避国民党当局逼他飞往台湾的纠缠，已经转移到别处隐蔽起来。我费了很大气力才找到杨虎。当时在场的有王寄一等人。我将保密局行动计划向他们作了详细报告，经过大家分析，一致认为如果我按照他们的指示进行，在将张、罗沉入大海的同时，我也将被推入大海，这是特务惯用的杀人灭口的伎俩。怎么办？情况紧急，不容迟疑。大家一致决定，在王新衡下命令转移张、罗的同时，即是营救张、罗的大好机会。必须有轿车一辆，亲信助手二人，转移的目的地有三处：一、环龙路杨虎家中；二、西爱咸斯路田淑君家中；三、贝当路小咖啡陈家（陈经理与杨虎是儿女亲家）。以上三处都是花园楼房，电话、前后门都可应用。为了保证张、罗安全转移，杨虎提供了很多方便，还把咖啡烟厂陈经理的汽车借给我用，由我亲自驾驶。同时指定潘云龙、庄儒伶二人作为我的亲信助手，协助我执行任务。

潘云龙、庄儒伶二人都是杨虎介绍到上海警备司令部工作的。当时，潘、庄二人被安排在警备第三大队任尉级队员，干总务工作，专管军饷、粮食等事。这两人枪法很准，能打活动目标，大家称他们是百发百中的神枪手。他们两人身体都很壮，气力过人，百八十斤一手即可提走如飞。因为我们都是杨虎的旧部，平时往来比较亲近，又因我们都属非保密局系统，往往被视作外人，甚至受到排挤。这种分歧更加使我们在精神上团结一致。他们二人待遇较低，我不时地在经济上给予帮助，因此，在感情上逐渐打下基础。由他们二人做我的助手，行动起来，可以说是得心应手，运用自如了。

当时上海解放战争已在外围打响，市内各区都做了战争准备，国民党军警宪特各机关也都做了撤退前的抵抗部署。潘云龙、庄儒伶二人在无人的地方谨慎地问我如何打算，是跟着走还是留下来，我见他二人态度诚恳，但拿不定主意，便亲切地对他俩说："请放心，我们都是杨司令的人，来去都应该听杨司令的指挥。在这兵荒马乱的年头，咱们弟兄应该有福同享，有难同当。杨司令要走，决不会丢下我们；杨司令不走，我们也别乱动，跟着杨司令是没错的。"二人见我说得有理，心中十分高兴，我又进一步向他们宣传当时的形势，要求他俩尊重杨司令的指示，接受我的指挥，二人一一表示同意。可是，表面上我们三人还要装出一副准备随军撤退的样子，否则一旦引起保密局方面的怀疑，事情就不好办了。

事隔两天，杨虎对我说："时局很紧，老蒋逼着我非走不可，我一方面要做出随他撤往台湾的姿态，另一方面到必要时，我还要躲起来。你如见不到我，可与田淑君电话联系。张澜、罗隆基如何脱险，仍由你负责设法营救，这是立功的机会。"

从此以后，我再也找不到杨虎了。孙履平、王寄一等人也找不到了，原来他们躲起来比杨虎还早七八天。正当我感到孤独、焦急的时候，忽然接到随军撤退的命令。这是稽查处长何龙庆亲自到第三大队向全队宣布的，要我做好充分准备，何时撤退，临时通知。如果接到撤退的通知，不能按时到达指定的集合地点，则按抗命论处。是时，看守在虹桥疗养院的警备第三大队队员的心情，自然也随着时局的紧张而紧张，纷纷要求换岗。于是，我就把看守张澜、罗隆基的队员调回，换上庄儒伶、潘云龙二人轮流看守，被撤换下来的队员很高兴，认为他们可以在撤退前乘机掠夺人民的财产了。

1949 年 5 月 24 日上午，我正式接到警备司令部要我移解张澜、罗隆基的命令，指定的集合地点是上海警备总司令部。我当即驱车到虹桥疗养院，对张澜、罗隆基正式声明我奉杨啸天的命令负责营救他们，这几天一切行动须听我的指挥。张、罗二人始则缄默，后经我再三婉解，他们反问我此事有何根据？我说你可用电话询问杨啸天或夫人田淑君。张澜仍不以为然。可是，罗隆基竟在小本子上查出杨家的电话号码，当即拨通电话，因杨已转移，田淑君接到电话，一听是罗隆基打来的，于是就告诉罗隆基在此关键时刻，必须遵照阎锦文的安排，阎是自己人，听阎的话万无一失等等。张、罗得悉真相后，心中欢喜，如释重负，再三向我表示谢意。我又转身来到病房外，通知庄儒伶、潘云龙二人此时此刻必须听我的命令行动，如果有别人来转移张、罗，可格杀勿论。同时，我又回到病房内，告诉张、罗二人，不管外面有什么动静，千万不要出病房。一切布置妥当之后，我即驱车到上海近郊观察解放战争形势，只见各交通要道均已设置路障，军车来往频繁，明碉暗堡，随处可见，西北方向不时地传来隐隐的炮声，气氛极为紧张，眼看解放上海的战役迫在眉睫。张澜、罗隆基二位的生命及我全家的安全系于呼吸之间。此时此刻，我很想与中共地下党及杨啸天先生取得联系，向他们请示具体的行动时间，可是无论如何联系不上。我心急如焚，只得又与田淑君电话联络，万万没想到田此时十分焦急，也正在到处找我。她在电话中告诉我，接到吴克坚先生的指示，要求你今晚 12 时以前完成营救张、罗的任务，转移地点是环龙路杨家。并且也要求我全家必须同时迁出，否则必有被杀害的危险。从整个营救行动计划上看，中共上海地下党及民主同盟中央的几位负责同志对此是有周密安排的。

　　5月24日晚10时许，我亲自驾驶大型轿车开往虹桥疗养院。是时，上海全市已经戒严，各路口均有哨兵把守。因为我身着军官服装，并有当夜口令，所以能在戒严的时间通行无阻。当我将汽车驶入虹桥疗养院院内时，医生护士见汽车漆有警备总部字样标记，又由身着军装的军官驾驶，深夜到此，知道情况不妙，胆小的吓得躲起来，胆大的在一旁观看。我快步来到病房，手提左轮手枪，故意大声吆喝："张澜、罗隆基快些上车，我们是奉命移解，不得延误。"张、罗二人此时心中有数，迅速离开病房，由庄儒伶、潘云龙二人搀扶登上汽车。张、罗二人坐在后排中间，潘、庄二人分坐左右保护。我迅速将车驶出疗养院，转弯拐角，避开大路，在黑夜中向环龙路急驰。一路上有好几处岗哨向我喝问口令，我很熟练地答以当夜的口令。及至环龙路杨虎住宅门口时，碰上国民党军队的夜间巡逻值勤车。值勤军官不仅盘查我的身份，而且检查了我的车内有无武器，车上坐着的是何许人。我即告知张是我的父亲，罗是我的哥哥，为了随军撤退，我需要将家属妥善安置。夜间值勤军官对我的回答深信不疑，让我把汽车开入杨家院内。事后得知，早有解放军的便衣队在杨家院内迎候。田淑君将张澜、罗隆基迎至客厅，互相寒暄祝贺。此时，大家才恍然大悟，原来杨虎的花园楼房已成为中共地下工作的总部了。

　　为了让虹桥疗养院副院长郑定竹先生免遭牵连，我在离开疗养院时，将郑先生代表医院出具的保证张、罗不逃跑的保证书交还了医院，以免事后军统特务找他的麻烦。

　　张澜、罗隆基得救后的第二天，苏州河以南的半个上海都解放了。我的家属也转移到安全地带。正如策划这次行动的领导人所指示的那样，我的家属如不及时转移，就有受到杀害的危险。就在我救出张、罗的第二天，王新衡派人到我家搜查，并扬言要抓我的家属，给我看家的朱书宏先生也受到这些特务的虐待。

　　我由一名国民党军官走向革命，这是中国共产党执行统一战线政策的结果，也是伟大的无产阶级革命家周恩来教育的结果。

营救张澜、罗隆基一事触怒了蒋介石。在上海解放前夕，蒋介石亲自下令悬赏百两黄金通缉我，并派遣保密局少将行动科长朱山猿执行追捕我的任务，甚至妄图杀害我全家老小，以泄其愤。这个万恶的特务，在上海解放初期，即被上海公安局捕获归案，依法枪决，受到了应得的惩处。

解放后，我蒙党的关怀照顾，部队首长在上海市委办公厅亲切接见了我，使我受到极大的教育与鼓舞。人民政府将我安排在上海市公安局任专员，并享受较高的工资待遇，使我感戴不尽。

我现年 72 岁，但身强体壮，还在从事律师业务，争取在晚年为社会主义建设事业作出微薄的贡献。

每当茶余饭后，当我全家欢聚一堂享受天伦之乐的时候，我不时地想起远离祖国的亲朋，特别怀念近在一水之隔的台湾的亲朋故旧。我殷切地盼望祖国能早日和平统一，大家都能捐弃前嫌，共商国是。

度尽劫波兄弟在，相逢一笑泯恩仇，阎锦文愿与台湾的亲朋故旧共勉！

章长炳　整理

（原载《文史资料选辑》第 107 辑）

海　行

黄炎培[*]

（一）

看！看！

这不是我的家吗？

好一片大陆，

很雄壮地横躺着；

从南到北。

无情的太阳下去了，

血染得通红。

这是什么呢？

教人家一会儿歌，

一会儿哭。

这中间还有多少弟兄姊妹，从万死中求一生，

他们的手和足，

不，

连着他们的思想，

一重重桎梏。

＊　简介见前。

（二）

海浪那么汹涌，

一个离开了大群的海鸥，他无聊吗？

不，不，

他羞耻了，

一株株枯黄的杨柳，

啾啾喳喳的娇声，

还在鼓舞中。

他早下决心了，

把伟大的生命，

贡献给天空，

这是当然的，

只有大仁能鼓起大勇。

他想把呼喊来代替吟咏。

看哪！

海浪那么汹涌，

他在憧憬了，

张开着有力的翅膀，

从黑沉沉雾罩下，

几时迎取一轮新的太阳，

红！红！

1949 年 3 月 20 日

北上纪行十首

郭沫若[*]

　　一九四八年十一月二十三日夜，由香港乘华中轮北上，同行者三十余人，在舟中凡八日。舟上有收音机，得收听新华社捷报。曾组织破浪壁报，以俾传阅。每日饮酒赋诗，谈笑博弈，洵足乐也。由安东登陆，即来沈阳，匆匆已逮一月，偶成诗十章，以纪其事。

北上夜登舟，从军万里游。

波涛失惊险，灯火看沉浮。

意逐鱼龙舞，心忘虫鹤忧。

我今真解放，何以答民庥？

破浪人三十，乘风路八千。

音机收捷报，钢笔写诗篇。

扑克投机巧，咖啡笑语喧。

我今真解放，仿佛又童年。

人海翻身日，宏涛天际来。

　　*　郭沫若（1892—1978），第二、三、五届全国政协副主席。曾任中国科学院院长、中国文联主席等职。

才欣克辽沈，又听下徐淮。
指顾中原定，绸缪新政开。
我今真解放，自愧乏长才。

八日波巨乐，难忘数石城。
涟漪青胜靛，岛屿列如屏。
烽镝域中远，云霞海上明。
我今真解放，倍觉一身轻。

卅五年前事，安东一度过。
彼时来负笈，远道去游倭。
弹指人将老，回头憾苦多。
我今真解放，矢不再蹉跎。

鸭绿江头望，烟筒浑似林。
两番罹浩劫，一旦扫沉阴。
东北人民血，春秋内外心。
我今真解放，旧迹渺难寻。

翼翼五龙背，溶溶涌沸泉。
伤痍愈战士，憔悴润莲田。
树待春光发，人期凯唱旋。
我今真解放，尘垢蜕如蝉。

百万雄师旅，浩荡入榆关。
传阄成瓮鳖，蒋李待刀环。

战犯宣头等，政权见一斑。
我今真解放，赤裸入人寰。

革命无容赦，挖根是所期。
和平见攻势，摧毁不低眉。
三反如鼎足，新民是准规。
我今真解放，快乐何如之！

元旦开新岁，春风入沈阳。
大军威岳岳，群众喜洋洋。
胜利争全面，秧歌扭满堂。
我今真解放，莫怪太癫狂。

石城岛属安东境，华中轮最终停泊处也，其地接近庄河。安东市之西有温泉，地名五龙背，我辈来沈时，曾在彼入浴一次。日人经之营之，供有产者佚乐，今则成为荣誉战士疗养圣地矣。一九四九年元旦后五日，书奉刘钧大姊惠存。

北 行 诗 选

柳亚子[*]

（一）

毛主席电召北行，二月二十八日启程有作

六十三龄万里程，前途真喜向光明。

乘风破浪平生意，席卷南溟下北溟。

（二）

三月五日抵烟台，贾参谋长、徐市长来迓

阔浪长风六日程，芝罘登陆见光明。

出郊感谢群公意，宁有毛锥助战争？

（三）

赠军属马大姐

七日抵莱阳之三里庄，借宿军属马大姐家，其夫婿李正滋同志参军已五载矣。马略识字，能言"拥护毛主席八项和平条件"及"打倒国民党反动派"诸口号，文化水准之高，可以想见。敬赠两绝。

人民救主推毛氏，鬻国元凶恨蒋茜。

---

　　* 柳亚子（1887—1958），中央人民政府委员，曾任全国人大常委会委员。时任中国国民党革命委员会中央常务委员兼秘书长。

漫道陌头杨柳绿，参军原不为封侯。

不修云鬓不梳妆，英绝眉痕表健康。
但愿大军驰捷报，夫君早日返莱阳。

（四）

青州夜谈赠舒同同志

抵掌①谈兵态妙妍，人民义战世无前。
几时烧尽横江铁？　父老东南望眼穿。

（五）

青州夜谈赠刘贯一同志

燕赵沉雄见健儿，文才武略两兼之。
相逢喜在青州道，泼墨淋漓为写诗。

（六）

火车中过黄河铁桥有作

已别朱青更李刘②，长桥铁轨卧虹浮。
途穷日暮寻归宿，　月夜驱车赴德州。

---

　①　此处系作者笔误，应作"抵掌"。——编者
　②　朱青，作者好友朱少屏之女，时任新华社记者，此时正准备随军南下。李刘，指的是李澄之和刘顺元，李澄之系作者老友李光仪之子，此时任济南文教局局长。刘顺元，时任济南市委书记。

（七）

途中车覆，戏占一绝

火车至桑梓店止，换乘小汽车，余与叔老、佩妹同车，月夜失道，陷夹沟中，继复覆车公路侧，其不死则幸也！戏占一绝句纪之。

大泽天亡嗟项羽，覆车而死岂家丘。

此身一跌依然好，无复张骞凿空愁。

（八）

抵北平有感

是日上午十时，从陈叔老、马寅老、包达老、张纲老暨蔡、康、邓、杨、区、陈诸女士之后乘专车抵北平，沈衡老、郭沫若、李德全、许广平各同志暨前辈及友好，来迓者数十人，诗以志感云耳。

峥嵘游子思乡梦，辛苦劳人念远情。

今日新都惊喜萃，还疑梦里见光明。

覆车不死吾终幸，敢诩辛劳廿日程？

髯沈风流真绝世，太丘名德亦相成。

旗鼓文坛角两雄，迅翁逝后屹双峰。

东阳病损怜腰瘦，十里郊迎感郭公。

黑海波涛哭焕章，更怜冯郑后先亡。

周蓥差喜坚强甚，百炼千锤是铁钢。

害马名传两地书，抗倭陷狱更艰虞。

难忘握手春申浦，决策南征实启予。

旧游十五年前事，此日重来一惘然。

莫洒碧云应告慰，人民已见太平年。

（九）

三月十八日东交民巷六国饭店夜坐有作

挈妇抛雏记此行，扪心真喜见光明。

百年侵略根先拔，千夜讴歌气未平。

卜宅买邻都不俗，同舟共济漫相轻。

归心慵梦江南好，定鼎终须在北京。

（十）

颐和园益寿堂夜宴

三月二十五日，毛主席自石家庄至北平，余从李锡老、沈衡老、陈叔老、黄任老、符宇老、余寰老、马夷老之后，赴机场迎迓，旋检阅军队，阵容雄壮，有凛乎不可犯之概！是夜宴集颐和园益寿堂，归而赋此。

中国于今有列斯，万家欢忭我吟诗。

华拿陈迹休怀念，希墨元凶要荡夷。

民众翻身从此始，工农出路更无疑。

伫看荼火军容盛，正是东征西怨时。

二十三年三握手，陵夷谷换到今兹。

珠江粤海惊初见，巴县渝州别一时。

延水鏖兵吾有泪，燕都定鼎汝休辞。

推翻历史三千载，自铸雄奇瑰丽词。

赴东北解放区舟中杂写

朱蕴山 [*]

　　一九四八年十二月二十六日，我和李济深等十九人秘密乘船去东北解放区，参加筹备新的人民政治协商会议，讨论成立民主联合政府。历时十二昼夜，到达大连下岸，时在一九四九年元月七日。

夜 出 港 口

环海早无干净土，
百年阶级忾同仇。
神州解放从今始，
风雨难忘共一舟。

中山事业付殷顽，
豺虎纵横局已残。
一页展开新历史，
天旋地转望延安。

---

　　* 朱蕴山（1887—1981），政务院人民监察委员会委员，第五届全国人大常委会副委员长，第五届全国政协副主席，第五届民革中央主席。时任中国国民党革命委员会中央常务委员。

过台湾海峡

台南台北浪花汹，

衣带盈盈一水通。

寇去那堪重陷落，

海天恨望郑成功。

到　大　连

解放声中到大连，

自由乐土话翩翩。

狼烟净扫疮痍复，

回首分明两地天。

（选自《朱蕴山纪事诗词选》）

知北游唱酬诗

编者按：1949 年 3 月 1 日，乘华中轮北上的民主人士组织的晚会上，叶圣陶出了一个谜语，谜面为"我们这一批人乘此轮赶路"，打一篇《庄子》的篇名。宋云彬根据"知识分子北游"的意思，猜中是"知北游"。"知北游"便成为民主人士这次从香港到北平秘密行动的雅称。宋云彬当即向叶圣陶索诗作为奖品。叶于深夜作七律一首，第二天与众人传观，多位民主人士纷纷和作。本组五首诗就是当时的唱和之作，民主人士以诗表达了他们"涓泉归海"，要和人民一起参与新中国建设的心声。

应云彬命赋一律兼呈同舟诸公
叶圣陶

南运经时又北游，最欣同气与同舟。

翻身民众开新史，立国规模俟共谋。

篑土为山宁肯后，涓泉归海复何求。

不贤识小原其分，言志聊须故自羞。

柳亚子和作

栖息经年快壮游，敢言李郭附同舟。

万夫联臂成新国，一士哦诗见远谋。

渊默能持君自圣，光明在望我奚求。

卅年匡济惭无补，镜里头颅只自羞。

陈叔通和作

奔赴新邦未是游，涉川惭说用为舟。

纵横扫荡妖氛靖，黾勉艰难国是谋。

总冀众生能解放，岂容小己各营求。

青年有责今方始，如我终蒙落后羞。

张志让和作

开浪长风此壮游，八方贤俊喜同舟。

经纶首作三年计，衣食须为万众谋。

学运文潮黉沼起，奇才异技野田求。

衔泥聚土成丘陆，群力擎天漫自羞。

宋云彬和作

蒙叟寓言知北游，纵无风雨亦同舟。

大军应作渡江计，国是岂容筑室谋。

好向人民勤学习，更将真理细追求。

此行合有新收获，顽钝如余只自羞。